A fabricação do rei

A gente logo vê, essa majestade toda vem da peruca, dos sapatos de salto alto e do manto... É assim que os barbeiros e os sapateiros fabricam os deuses que adoramos.

William Thackeray

Peter Burke

A FABRICAÇÃO DO REI

A construção da imagem pública de Luís XIV

Tradução:
Maria Luiza X. de A. Borges

ZAHAR

Para Maria Lúcia

Tradução autorizada da primeira edição norte-americana
publicada em 1992 por Yale University Press, de New Haven, EUA

Grafia atualizada segundo o Acordo Ortográfico da Língua Portuguesa de 1990, que entrou em vigor no Brasil em 2009.

Título original
The Fabrication of Louis XIV

Capa
Miriam Lerner

Ilustração da capa
Hyacinthe Rigaud, *Retrato de Luís XIV*, óleo sobre tela, c.1700

CIP-Brasil. Catalogação na fonte
Sindicato Nacional dos Editores de Livros, RJ

B973f Burke, Peter, 1937-
A fabricação do rei: a construção da imagem pública de Luís XIV / Peter Burke; tradução Maria Luiza X. de A. Borges. — 2ª ed. — Rio de Janeiro: Zahar, 2009.

Tradução de: The Fabrication of Louis XIV.
Apêndice
Inclui bibliografia e índice
ISBN 978-85-7110-277-4

1. Luís XIV, Rei da França, 1638-1715 — Opinião pública. 2. Publicidade governamental — França — História — Século XVII. 3. Opinião pública — França — História — Século XVII. 4. França — Reis e governantes — Opinião pública. I. Título.

09-2505 CDD: 944.033
CDU: 94(44)"1643/1715"

EDITORA SCHWARCZ S.A.
Praça Floriano, 19, sala 3001 — Cinelândia
20031-050 — Rio de Janeiro — RJ
Telefone: (21) 3993-7510
www.companhiadasletras.com.br
www.blogdacompanhia.com.br
facebook.com/editorazahar
instagram.com/editorazahar
twitter.com/editorazahar

Sumário

Lista de ilustrações

Agradecimentos

Durante os anos em que me dediquei ao estudo de Luís XIV, recebi auxílios e sugestões de muitas pessoas. Em particular, gostaria de agradecer a Derek Beales, Antonia Benedek, Robin Briggs, Ivan Gaskell, Serge Grozinski, Mark Jones, Margaret McGowan, Maj Nodermann, Betsy Rosasco, Allan Ellenius e ao grupo de trabalho da European Science Foundation sobre. "Iconografia, propaganda e legitimação". O Wissenschaftskolleg, em Berlim, proporcionou-me o ambiente ideal para rascunhar o livro em 1989-90, ao mesmo tempo em que mais um antigo regime estava em processo de demolição. Gostaria também de agradecer às audiências que comentaram várias partes deste estudo, expostas na forma de conferências em Amsterdam, Berlim, Cambridge, Campinas, Ithaca, Jerusalém, Londres, Lund, Munique, Nova York, Oxford, Providence, Tóquio, Uppsala e York. Por melhoramentos da penúltima versão do livro, sinto-me extremamente grato a minha esposa, Maria Lúcia, a meu colega Henry Phillips, do Emmanuel College [Universidade de Cambridge], e a Peter France, com quem ministrei um curso sobre "Literatura e sociedade na época de Luís XIV" na Universidade de Sussex, em 1972. Gostaria ainda de agradecer à equipe da Yale University Press, especialmente a Sheila Lee, por sua ajuda e atenção aos detalhes verbais e pictóricos.

1. A mais famosa imagem de Luís: *Retrato de Luís XIV*, de Hyacinthe Rigaud, óleo sobre tela, *c.*1700. Louvre, Paris

I

Apresentação a Luís XIV

> Ces cordes qui attachent le respect à tel ou tel en particulier, sont des cordes de l'imagination.*
>
> Pascal, *Pensées*

Luís XIV, rei de França, subiu ao trono em 1643, aos quatro anos de idade, e reinou por 72 anos, até sua morte em 1715. Ele é o protagonista deste livro. Este não tem por objetivo, porém, propor mais uma biografia do Rei Sol. Há muitas delas, algumas excelentes.[1] Este estudo, por outro lado, está menos voltado para o homem ou para o rei que para sua imagem. Não sua autoimagem, embora ela tenha sido reconstruída.[2] Não sua imagem aos olhos da posteridade, que foi objeto de outros estudos.[3] O que este livro vai focalizar é a imagem pública do rei, o lugar que Luís XIV ocupa na imaginação coletiva.

Este estudo, como outros do autor, pretende ser uma contribuição para a história da comunicação, a história da produção, circulação e recepção das formas simbólicas.[4] Preocupa-se com representações de Luís XIV em seu tempo, com sua imagem tal como era retratada em pedra, bronze, tinta e até em cera. Trata também de sua "imagem" no sentido metafórico da visão do rei projetada por textos (poemas, peças teatrais, histórias) e por outros meios, como balés, óperas, rituais da corte e outras formas de espetáculo.

A imagem pública de Luís foi tema de um número considerável de estudos feitos por especialistas em arte, literatura, numismática e assim por diante, não apenas na França como nos Estados Unidos, na Alemanha e em outros países. Escreveram-se monografias sobre a iconografia de seus retratos, sobre suas estátuas equestres e sobre as medalhas que representam os principais acontecimentos de seu reinado.[5] O *décor* teatral de Versailles, que deve ser visto tanto como "mensagem", quanto como "cenário", foi objeto de grande número de estudos.[6] Há um levantamento geral das representações de Luís XIV na literatura francesa de seu tempo, bem como uma minuciosa análise de determinados retratos literários

* Essas cordas que atribuem o respeito a este ou àquele em particular são cordas da imaginação. (N.T.)

e das estratégias usadas pelos escritores.[7] Há monografias sobre os historiadores oficiais do reinado e sobre a propaganda do governo durante a Guerra da Sucessão Espanhola.[8] Balés, óperas e outros espetáculos foram tema de muitos estudos.[9] Na busca da origem da ideia de um Rei Sol, remontou-se até a Antiguidade.[10] A relação entre arte e política nesse período, que Voltaire praticamente silencia em seu famoso *Siècle de Louis XIV* (1751), foi cuidadosamente estudada nos últimos cem anos, em especial por Augusta Dilke (senhora que tinha suas razões para se considerar o modelo da Dorothea de George Eliot) e por Ernest Lavisse (cuja posição na intelectualidade da época lhe permitiu desvendar situações ocorridas 300 anos antes).[11]

Ainda assim, não existe, ao que eu saiba, nenhum estudo geral das representações de Luís XIV em sua época. Como um historiador de rituais da realeza observou alguns anos atrás, "O culto ao Rei Sol... ainda não recebeu o estudo abrangente que merece".[12] Mesmo as visões negativas de Luís, em seu país e no exterior, só foram examinadas de forma fragmentada.[13]

Neste livro, meu objetivo é considerar a imagem real como um todo. Uma vez que o próprio Luís e seus ministros deram atenção a todo o sistema de comunicação, deveríamos seguir seu exemplo e reunir o que foi disperso por diferentes disciplinas acadêmicas.[14] Minha intenção é analisar as imagens individuais de Luís XIV para revelar sua imagem pública em seu tempo. Esta análise, no entanto, não tem seu fim em si mesma. Concebo este livro como um estudo de caso das relações entre arte e poder e, mais especificamente, da "fabricação de um grande homem".[15] Por isto as comparações e contraposições feitas no Capítulo 12 são uma parte essencial do projeto.

Luís é uma escolha óbvia para tal estudo de caso por várias razões. O próprio rei e seus conselheiros tinham grande preocupação com a imagem real. Afora o tempo tomado por rituais de diferentes tipos, o rei deve ter gastado muitas horas posando para seus vários retratos. Temos uma pista da minúcia com que estes eram examinados numa anotação feita sobre um desenho do rei em campanha em Flandres: "o Rei deve aparecer erguendo o bastão, não apoiado nele" [*il faut que le Roi ait la canne haute, au lieu de s'appuyer dessus*].[16] Luís foi também extremamente aquinhoado pela sorte na qualidade dos artistas, escritores e compositores que o serviram. A fabricação de sua imagem foi modelo para outros monarcas (abaixo, p.180). Além disso, está extremamente bem documentada. Centenas de pinturas, medalhas e gravuras do rei se conservaram. Versailles ainda existe, numa forma que nos permite imaginar sua aparência no tempo do rei. E, o mais notável de tudo, preservaram-se muitos documentos confidenciais, de cartas pessoais a minutas de reuniões de comitês, que nos permitem vislumbrar as intenções e os métodos dos fabricantes da imagem do rei através de diferentes meios de comunicação.[17]

O grande valor de considerar esses meios como um conjunto é que este ponto de vista torna as mudanças mais visíveis. De fato, teria sido estranho se as representações de Luís não tivessem mudado ao longo de um reinado que durou 72 anos (incluindo 54 do chamado "governo pessoal"). Seus primeiros retratos nos mostram um bebê enrolado em cueiros; os últimos, um velho numa cadeira de rodas. Entre essas datas, seu perfil em medalhas e moedas mudou várias vezes. Com o passar dos anos, novas instituições foram fundadas para glorificar o rei, artistas e ministros surgiram e desapareceram, vitórias foram seguidas de derrotas.

Uma das vantagens de uma abordagem estritamente cronológica é revelar se as mudanças nos diferentes meios de comunicação são simultâneas (o que indicaria elevado grau de controle central) ou seguem seu próprio ritmo (o que indicaria que as artes eram relativamente autônomas). Infelizmente, não é fácil ter rigor cronológico. A imagem do rei estava sob constante revisão. Assim, por exemplo, novas moedas eram cunhadas para celebrar, ou reinterpretar, acontecimentos ocorridos em épocas anteriores do reinado. Somos obrigados, portanto, a ter em mente duas escalas de tempo, considerando o que poderíamos chamar de "tempo das medalhas", ou "tempo metálico" dos acontecimentos ao lado da sua sucessão cronológica.[18] Desse modo, a Grande Galerie de Versailles precisa ser estudada tanto como representação de acontecimentos anteriores (como de 1661, ou 1672) quanto como um evento cultural em si mesmo, da década de 1680.

Não surpreende muito, portanto, verificar que os historiadores, embora tenham frequentemente identificado pontos cruciais na história da imagem real, discordem entre si quanto às datas relevantes. Alguns enfatizam 1670 (ou por volta disto), quando o rei parou de dançar nos balés da corte e as comparações com Alexandre Magno tornaram-se menos comuns.[19] Outros fazem a defesa de 1674, como ano em que a linguagem dos festivais começou a mudar, e de 1677, como o apogeu do culto ao rei.[20] Assinalou-se muitas vezes a importância de 1679, quando um projeto mitológico para a Grande Galerie foi substituído por um projeto histórico.[21] Outros estudiosos sublinham 1682-3, quando as grandes festas declinaram e a corte se instalou em Versailles, ou 1685-6, quando se projetou a instalação de estátuas de Luís em praças públicas por toda a França.[22] Espero ter reunido, nas páginas que se seguem, material suficiente para permitir ao leitores chegar à sua própria conclusão.

É claro que um estudo deste tipo é filho de seu tempo. Já em 1912, a "exploração da glória" de Luís XIV fazia um estudioso francês pensar na publicidade contemporânea.[23] O paralelo tornou-se ainda mais óbvio neste final de século XX, quando chefes de Estado, de Richard Nixon a Margaret Thatcher, confiaram suas imagens a agências de propaganda.[24] Em termos modernos, o que me interessa é "a venda de Luís XIV", o pacote do monarca, com ideologia, propaganda e a manipulação da opinião pública.

O risco do anacronismo é bastante óbvio. Não tenho nenhuma intenção de apresentar os panegiristas de Luís XIV como equivalentes exatos de Saatchi and Saatchi. De fato, porém, a referência à venda não é uma ideia tão anacrônica quanto se poderia pensar, pois o duque de Saint-Simon, que conheceu o rei pessoalmente, afirmou certa feita que ninguém melhor que Luís sabia "como vender suas palavras, seu sorriso, até seus olhares". Ainda assim, a cultura do século XVII era muito diferente da nossa e essas diferenças não podem deixar de se refletir nas imagens dos governantes (abaixo, p.209-10).

Outra maneira moderna de qualificar este livro seria chamá-lo de um estudo da "propaganda" de Luís XIV, de tentativas de moldar ou manipular a "opinião pública", ou um estudo da "ideologia" (no sentido dos "meios em que os significados servem para reforçar relações de dominação").[25] Todos estes três conceitos – propaganda, opinião pública e ideologia – inexistiam no século XVII. A *Congregatio de propaganda fidei,* de Roma, foi um comitê para "a propagação da fé", não para fazer "propaganda" no sentido político do termo. O conceito moderno de propaganda remonta apenas ao fim do século XVIII, quando as técnicas de persuasão usadas pelos defensores da Revolução Francesa foram comparadas às técnicas cristãs de conversão.[26] É sempre de bom alvitre, para os historiadores, procurar o que não está presente em determinado lugar e tempo – estas ausências particulares são certamente significativas.

Elas não significam, contudo, que os observadores e ouvintes do século XVII não percebessem tentativas de persuasão, ou até de manipulação. Graças à ênfase dada à retórica na educação das elites da época, seus membros tinham provavelmente mais consciência de técnicas de persuasão que a maioria de nós, atualmente.[27] Se o termo "propaganda" for definido com suficiente amplitude, por exemplo como "tentativa de transmitir valores sociais e políticos", é difícil objetar a seu uso com relação ao século XVII.[28] Há, contudo, um perigo potencial em chamar um estudo como este de análise da propaganda de Luís XIV. Trata-se do perigo de encorajar tanto autor como leitores a interpretar os poemas, pinturas e estátuas que representam o rei como se fossem meras tentativas de persuadir, e não (digamos) expressões do poder do rei e da devoção de pelo menos alguns de seus súditos. Como o historiador da Antiguidade Paul Veyne sugeriu recentemente, certas obras de arte são criadas mais para existir que para ser vistas. Os relevos da Coluna de Trajano, por exemplo, não são invisíveis do chão.[29]

Talvez seja mais exato dizer que as representações de Luís eram encomendadas para aumentar sua glória. Os escritos do período não deixam dúvidas acerca da importância da reputação ou glória de reis ou nobres semelhantes. Num dicionário do período, glória distinguia-se de louvor porque "o louvor é dado por indivíduos e a glória por todo o mundo" [*la louange se donne par les particuliers et la gloire par le général du monde*].[30] *Glória* era uma palavra-chave da época.[31]

Sua importância foi sublinhada nas *Mémoires* de Luís.[32] Mademoiselle de Scudéry ganhou uma medalha da Académie Française por seu ensaio sobre o tema.[33] A personificação da Glória aparecia em peças teatrais, em balés e em monumentos públicos. Há uma Fonte da Glória nos jardins de Versailles.

Era também lugar-comum no século XVII a constatação de que a magnificência tinha uma função política. Dava *éclat* ao rei. *Éclat* era outra palavra-chave da época, com significados que iam desde "lampejo" de luz ao "estrondo" de um trovão, mas referia-se sempre a algo inesperado e impressionante. A magnificência era considerada impressionante, no sentido literal de deixar nos espectadores uma "impressão", como um sinete num pedaço de cera.

Assim, na descrição de Colbert, o palácio do Louvre imprimia respeito aos povos do mundo [*toute la structure imprime le respect dans l'esprit des peuples*].[34] Provavelmente referia-se aos povos da Europa, não apenas ao da França. Como, por sua vez, Luís (ou, mais precisamente, um de seus secretários) explicou ao Delfim, os festivais agradam aos súditos e dão aos estrangeiros "uma impressão extremamente vantajosa de magnificência, poder, riqueza e grandeza" [*une impression très avantageuse de magnificence, de puissance, de richesse et de grandeur*].[35] Bossuet usou linguagem semelhante ao observar, em seu tratado sobre política, que a corte de um rei é "deslumbrante e magnífica" [*éclatante et magnifique*] para "imprimir aos povos certo respeito" [*pour imprimer aux peuples un certain respect*].[36] O teórico social Montesquieu, que cresceu no reinado de Luís XIV, fez um comentário parecido: "O fausto e o esplendor que cercam os reis são uma parte de seu poder" [*Le faste et la splendeur qui environnent les rois font une partie de leur puissance*].[37]

As ideias do século XVII sobre a relação entre arte e poder podem ser dispostas ao longo de um espectro. De um lado havia os escritores que pareciam conferir à imagem real seu valor nominal, fossem eles poetas a escrever odes ao rei, historiadores a narrar suas vitórias ou eruditos a descrever as decorações de Versailles. Descreviam estátuas e outros monumentos como meios para "instruir o povo", incentivando-o a amar seu príncipe e obedecer-lhe.[38]

Do lado oposto havia os observadores, moralistas e satiristas, que viam a glorificação do rei, essencialmente, como uma peça pregada ao público por bajuladores cínicos e oportunistas. Já na geração anterior, um escritor a serviço do cardeal Richelieu havia sugerido que "belas palavras" eram para o príncipe uma maneira de "seduzir" o povo, "de enganá-lo com as aparências", de "dominá-lo".[39] De maneira similar, os críticos de Luís XIV fizeram considerável uso da ideia expressa por uma outra palavra-chave da época, *divertissement,* "divertimento" no duplo sentido de "entretenimento" e "desvio da atenção". Afirmavam que festejos e espetáculos – como os antigos circos romanos – eram encenados para desviar a atenção do povo da política, ou, na expressiva frase de La Bruyère, para fazê-lo dormir [*laisser le peuple s'endormir dans lês fêtes, dans les spectacles*].[40]

Não há dúvida de que conceitos do século XVII, como estes, lançam luz sobre Luís XIV. Não podemos nos dar ao luxo de ignorá-las. Por outro lado, um historiador do século XX, que escreve para um público do século XX, tem de considerar também conceitos modernos, venham eles da ciência política, da antropologia social ou da psicologia social. O que me interessa quando escrevo sobre história é sobretudo a tarefa de fazer mediação entre duas culturas, entre o passado e o presente, de estabelecer um diálogo entre os dois sistemas de conceitos, de traduzir de uma língua para a outra. "Propaganda" é um conceito moderno útil, mas há outros.

Poderia ser útil, por exemplo, pensar este livro como um estudo do mito de Luís XIV.[41] À primeira vista a expressão parece apropriada, porque Luís XIV era constantemente comparado com os deuses e heróis da mitologia clássica, como Apolo e Hércules. Entretanto, o termo "mito" poderia ser empregado de uma maneira mais ambiciosa, e também mais controvertida. Poderíamos definir mito como uma história com significado simbólico (como o triunfo do bem sobre o mal), em que os personagens, quer sejam heróis ou vilãos, ganham dimensões maiores que na vida. Cada história se situa no ponto de interseção entre o arquétipo e uma conjuntura, em outras palavras, entre imagens herdadas e acontecimentos específicos e individuais.[42]

Existiu um mito de Luís XIV no sentido de que ele era apresentado onisciente [*informé de tout*], invencível, divino, e assim por diante. Era o príncipe perfeito, associado ao retorno da idade de ouro. Poetas e historiadores qualificaram o rei como "herói" e seu reinado como "uma série ininterrupta de maravilhas", para usar as palavras de Racine.[43] Sua imagem pública não era simplesmente favorável: tinha uma qualidade sagrada.

Historiadores profissionais usam com frequência o termo "mito" para designar "uma história não verdadeira" (em contraste com as histórias que eles mesmos criam, tal como as veem). O que me importa aqui, contudo, não é o Luís "real" em contraposição ao mítico. Ao contrário, o que me interessa é precisamente a realidade do mito, isto é, seus efeitos sobre o mundo externo aos meios de comunicação – sobre estrangeiros, sobre súditos de Luís e igualmente sobre o próprio rei. O termo "mito" tem também a vantagem de nos lembrar que artistas e escritores não se restringiram a imagens estáticas do rei, tendo procurado propor uma narrativa, *l'histoire du roi,* como a chamavam, tanto em pinturas, tapeçarias, medalhas e gravuras como em histórias oficiais. Para combinar esse sentido de movimento com o sentido de espetáculo, poderíamos empregar o conceito de "teatro" de Luís XIV.

É tentador ir ainda mais longe e falar do "Estado de teatro" do Rei Sol. O conceito de "Estado de teatro" foi lançado uma década atrás pelo antropólogo norte-americano Clifford Geertz em seu influente estudo sobre Bali no século XIX.[44] A expressão certamente agradaria aos contemporâneos de Luís XIV, muito habituados a ver o mundo como um palco. O próprio Luís usou a metáfora por vezes (ver abaixo, p.20, 56, 58). O duque de Saint-Simon empregou termos como *comédie* e *scène* em suas descrições da corte.[45] Mais de um dos sermões pregados por ocasião da morte do rei referiram-se à sua morte como um magnífico "espetáculo".[46]

O ritual, em particular, era visto como um tipo de peça teatral que devia ser encenado para incentivar a obediência. Um estudioso alemão, J.C. Lüning, que publicou em 1719-20 um estudo geral sobre as cerimônias públicas, deu a isso o nome de *Theatrum Ceremoniale* e explicou por que tal teatro era necessário: "Entre a gente do povo... impressões físicas têm um impacto muito maior que a linguagem, que faz apelo ao intelecto e à razão." Nas memórias de Luís encontramos observação similar.[47] Análises da importância do ritual na política contemporânea partem de pressupostos semelhantes.[48]

Nas páginas que se seguem, farei um uso considerável da perspectiva dramatúrgica, inspirando-me em particular no trabalho do antropólogo social Erving Goffman, que enfatizou a importância do desempenho, ou do que chamou de "apresentação do eu" na vida cotidiana, a arte da "administração da impressão", a diferença entre as "regiões de fachada" e de "fundo", a função do cenário e suas "propriedades", e assim por diante.[49]

Todos estes termos modernos têm sua utilidade no estudo de Luís XIV. Versailles, por exemplo, serviu ao rei como um cenário para a ostentação de seu poder. O acesso ao monarca era cuidadosamente controlado e comportava uma série de etapas. Os visitantes passavam de pátios externos a pátios internos, subiam escadas, esperavam em antecâmaras etc., antes que lhes fosse permitido vislumbrar o rei.

A linguagem de Goffman teria causado muito pouca surpresa em contemporâneos do rei como La Rochefoucauld ou Saint-Simon. Este último, por exemplo, usa frequentemente o termo *les derrières* para se referir aos "bastidores" da corte. Luís é por vezes descrito como vivendo a totalidade de sua vida em público. Num certo sentido isto era verdade: o rei estava sempre sendo observado por alguém, pelo menos por seus camareiros. No entanto, algumas de suas atividades, políticas ou não, eram menos públicas que outras. Sua relação com as amantes, assim como seu casamento com Madame de Maintenon, ocorreram nos bastidores. Não há referências a essas relações nos meios oficiais de comunicação, ainda que todos soubessem delas. É preciso reconstruí-las a partir de várias fontes não oficiais, incluindo cartas pessoais e até as memórias de um dos camareiros reais. (Infelizmente suas observações se encerram em 1653, quando caiu em desgraça.)[50]

Outro termo relacionado com o teatro tem também sua utilidade para este estudo: "representação".[51] Um de seus principais significados era "desempenho".* O jesuíta Menestrier, um especialista em emblemas, espetáculos e outras formas simbólicas, publicou um livro sobre "representações musicais" em 1681. Quando viu pela primeira vez a duquesa da Borgonha, então com 11 anos, Luís comentou com Madame de Maintenon que, quando chegasse para a menina o momento de representar seu papel no palco da corte, ela o faria com graça e encanto [*Quant il faudra un jour qu'elle représente, elle sera d'un air et d'une grâce à charmer*].[52] Outra definição de representação num dicionário desse período é: "imagem que nos traz de volta à ideia e à memória os objetos ausentes" [*Image qui nos remet en idée et em la mémoire les objets absents*].[53]

"Representar" significava também "tomar o lugar de alguém". Neste sentido, embaixadores, governadores de províncias e magistrados, eram todos representantes de Luís. Também a rainha o foi, enquanto o rei estava em campanha em 1672. Também o eram, num sentido algo diverso do termo "representação", os secretários reais, que estavam autorizados a imitar não só a assinatura como a letra do rei.[54] Até as cartas de amor de Luís eram escritas por outrem (certa feita, pela marquesa de Dangeau). As memórias reais comparam as cartas escritas em nome do rei com aquelas que ele escreveu de próprio punho; ironicamente, porém, essa passagem é, ela própria, como aliás todo o resto das famosas *Mémoires,* da lavra de um secretário *ghost-writer*.[55]

Objetos inanimados também representavam o rei, em especial suas moedas, que traziam sua imagem e por vezes seu nome (o *louis* de ouro valia cerca de 15 libras). No mesmo caso estavam seu brasão e seu emblema pessoal, o sol. E também seu leito, ou a mesa posta para sua refeição, mesmo que ele estivesse ausente. Era proibido, por exemplo, portar chapéu na sala em que a mesa do rei estava posta.[56]

Entre as mais importantes representações inanimadas do rei estavam seus retratos. A respeito do pintor Claude Lebrun, foi dito que ele representara num retrato do rei "todas as suas elevadas qualidades, como num claríssimo espelho" [*il y représente comme dans une glace très pure toutes ses hautes qualités*].[57] Essas pinturas eram também tratadas como substitutos do rei. O famoso retrato pintado por Rigaud (ver Figura 1), por exemplo, fazia as vezes do monarca na sala do trono, em Versailles, quando ele não estava lá. Dar as costas ao retrato era uma ofensa tão grave quanto dar as costas ao rei.[58] Outros retratos presidiam festividades em homenagem ao rei nas províncias.[59] Ocorria-lhes até ser carregados em procissão, como a imagem de um santo.[60] A comparação não é tão exagerada quanto pode parecer, pois algumas vezes o rei foi representado como são Luís.

* Esta equivalência entre desempenhar e representar continua tão presente no português quanto no francês. (N.T.)

Seria útil olhar Luís como alguém que representava a si mesmo, no sentido de que desempenhava conscientemente o papel de um rei. Sua consciência de si mesmo, e também a diferença entre as regiões de fachada e de fundo na corte, podem ser ilustradas a partir das memórias de um italiano que visitou a corte na década de 1670. "Na intimidade" [*en son parriculier*] – em outras palavras, em sua alcova, cercado por um pequeno grupo, de cortesãos –, Luís abandonava a gravidade; se a porta se abrisse, porém, "ele compunha imediatamente sua atitude e assumia outra expressão facial, como se fosse se exibir num palco" [*il se compose aussitôt son attitude et prend une autre expression de figure, comme s'il devait paraître sur un théâtre*].[61]

Luís tomava também o lugar de Deus, como foi assinalado pelo pregador da corte Jacques-Bénigne Bossuet e outros teóricos políticos. Os soberanos eram "imagens vivas" [*images vivantes*] de Deus, "os representantes da majestade divina" [*les représentants de la majesté divine*].[62]

Poderíamos dizer também que Luís representava o Estado. Segundo um obscuro autor político da época, um rei era "aquele que representa toda a sociedade" [*celui qui représente toute la république*]. Evidentemente, Luís é notório pelo epigrama que lhe foi atribuído: "O Estado sou eu" [*L'état c'est moi*]. Se não disse isso, pelo menos permitiu a seus secretários escrever em seu nome: "Quando se tem em vista o Estado, trabalha-se por si mesmo" [*Quand on a l'état en vue, on travaille pour soi*].[63] Amigos e inimigos do regime concordavam com essa identificação. Bossuet declarou que "todo o Estado está nele" [*tout l'État est en lui*], enquanto um panfleto protestante queixava: "O rei tomou o lugar do Estado" [*Le roi a pris la place de l'État*].[64]

No entanto, representar o Estado não é o mesmo que ser identificado com ele. Bossuet lembrou ao rei que ele morreria, ao passo que seu Estado deveria ser imortal, e, ao que se conta, Luís falou em seu leito de morte: "Vou partir, mas o Estado permanecerá depois de mim" [*Je m'en vais, mais l'état demeurera après moi*].[65] Não se deve tomar o famoso epigrama demasiado literalmente.

Uma vantagem do termo "representação" é que ele pode se referir não só aos retratos visuais ou literários do rei, à imagem projetada nos meios de comunicação ou por eles, mas também à imagem recebida, a imagem de Luís na imaginação coletiva ou, como dizem os historiadores e antropólogos franceses, as "representações coletivas" da época. A desvantagem da expressão "representações coletivas", pelo menos em inglês, é dar lugar à suposição de que todos têm imagens idênticas do rei, ou até de que existe de fato uma imaginação coletiva, segundo o modelo do inconsciente coletivo de Jung. Foi para evitar estes equívocos que escolhi um outro título.

Não intitulei este livro a "fabricação" de Luís XIV para desmontar ou demolir o rei, como os revolucionários demoliram suas estátuas em 1792. Não negaria que o rei foi realmente bastante eficiente em sua função, *le métier du roi,* como as memórias reais o chamam. Ele não tomou todas as decisões que lhe foram atribuídas na época, mas tomou algumas delas. Luís foi muito mais que um "fantoche",* como alguns escritores do século XVII qualificavam os monarcas fracos. O termo "fabricação" não pretende implicar que Luís foi artificial ao passo que outras pessoas seriam naturais. Num certo sentido, como Goffman demonstra com grande habilidade, todos nós nos construímos a nós mesmos. Luís só foi excepcional no auxílio que recebeu nesse trabalho de construção.

O título foi escolhido por mais duas razões positivas.[66] Em primeiro lugar, a palavra "fabricação" designa um processo e eu gostaria de me concentrar no processo de fabricação da imagem que perdurou por mais de meio século. Hoje, graças à nossa perspectiva histórica, a Versailles e às memórias de Saint-Simon, a imagem do rei idoso quase oblitera as de suas encarnações mais jovens. Um termo como "fabricação", assim como a organização cronológica deste ensaio, pode ajudar a transmitir um sentido de desenvolvimento. Pela mesma razão, pode ser útil falar da gradual "mitificação" de eventos reais, como a travessia do Reno em 1672 ou a Revogação do Edito de Nantes em 1685, nas sucessivas representações que recebeu nos diferentes meios de comunicação. A versão que poderíamos chamar de "autorizada" da história do rei sofreu contínua revisão.

Em segundo lugar, a expressão "a fabricação de Luís XIV", e não "a fabricação de uma imagem", sugere a importância dos efeitos dos meios de comunicação no mundo, a importância do que foi chamado de "a feitura de um grande homem" ou "a construção simbólica da autoridade".[67] O rei era visto pela maioria de seus contemporâneos como uma figura sagrada. Atribuíam-lhe o poder de curar os que sofriam de doenças da pele graças a seu "toque real".[68] Era carismático em todos os sentidos, tanto no sentido original de ter sido ungido com o óleo do crisma – um símbolo da graça divina –, como no sentido moderno de ser um líder envolto por uma aura de autoridade. Este carisma exigia, no entanto, renovação constante. Esse era o objetivo essencial tanto da apresentação de Luís em seu palco de Versailles como da representação do rei nos meios de comunicação.

Resumindo. A abordagem adotada neste livro é resultado de certo desencanto com duas visões opostas de soberanos e de suas imagens, a visão "cínica" e a "inocente", como as poderíamos chamar. A visão cínica, que, como vimos, teve seus adeptos no século XVII, ignoraria a imagem do rei por considerá-la fruto de vaidade, megalomania ou narcisismo; ou a explicaria por meio da bajulação de cortesãos carreiristas; ou a apresentaria, à maneira da moderna análise das comunicações, como um exemplo da criação de "pseudoevento" e da transformação de eventos que contrariam a imagem em "não evento", realizadas por especialis-

* No original, *painted king.* (N.T.)

tas nos meios de comunicação que não acreditam no que fazem. Segundo esta concepção, a arte oficial e a literatura desse período deveriam ser interpretadas como uma forma de "ideologia", definida como uma série de truques feitos para manipular leitores, ouvintes e espectadores.[69]

A visão oposta da fabricação da imagem sugere que ela foi e deveria ser levada a sério, porque respondia a necessidades psicológicas. Aqui, o termo "ideologia", quando chega a ser usado, é redefinido para designar o poder dos símbolos sobre todas as pessoas, tenham elas consciência disto ou não. Segundo esta concepção, os louvores a um rei são homenagens prestadas a um papel, não bajulações de indivíduos. Um Estado centralizado precisa de um símbolo de centralidade. O soberano e sua corte, frequentemente vistos como uma imagem do cosmo, são um centro sagrado ou "exemplar" do restante do Estado.[70]

Em seu estudo de Bali no século XIX, Clifford Geertz levou essa linha de argumentação ainda mais longe. Em Bali, segundo ele, o Estado não tinha muita relação com o governo, "que é conduzido de modo indiferente e hesitante". Em contrapartida, apontava "na direção do espetáculo, da cerimônia, da dramatização das obsessões dominantes da cultura balinesa: desigualdade social e orgulho pela posição social. Era um palco de teatro em que os reis e os príncipes eram os empresários, os sacerdotes e os diretores, enquanto os camponeses formavam o elenco de apoio, a equipe técnica e a audiência". A partir daí, Geertz critica a visão cínica, que considera reducionista, e argumenta que o ritual real não era um instrumento, muito menos uma fraude, mas um fim em si mesmo. "O poder servia à pompa, não a pompa ao poder."[71]

Não nos interessa aqui definir se esta é ou não uma descrição adequada de Bali no século XIX. O que nos interessa é o modelo que Geertz propõe para a relação entre pompa e poder. Ele é ou não relevante para a Europa do início da Idade Moderna, e em particular para a França? O exemplo mais óbvio de um "Estado de teatro" na Europa do século XVII é certamente o papado, que carecia de força militar (Stalin perguntou certa vez: Quantas divisões tem o papa?), mas compensava isto com o esplendor de seus rituais e seus cenários.[72] Também no caso de Luís XIV o modelo tem seus usos. Luís era encarado como um soberano sagrado, e sua corte era vista como um reflexo do cosmo. Este era o sentido das muitas comparações entre o rei e Júpiter, Apolo e o sol.

De um ponto de vista comparativo, poderíamos dizer que cada um dos modelos concorrentes enfatiza certos achados ao preço da exclusão de outros. Os cínicos são de fato reducionistas, recusando-se a considerar o mito, o ritual e a adoração como respostas a uma necessidade psicológica. Supõem com excessiva facilidade que as classes dominantes do passado eram tão cínicas quanto eles próprios. Por outro lado, o modelo concorrente presume como muita facilidade que todas as pessoas em dada sociedade acreditavam nos mitos desta. Não abre espaço para casos concretos de falsificação e manipulação.

Também no caso de Luís XIV, ambas as abordagens iluminam certos aspectos. Por um lado, eu concordaria com os cínicos que Luís não foi um monarca tão maravilhoso quanto o pintaram. As provas que serão apresentadas adiante deixam muito claro que o governo tentou enganar o povo em algumas ocasiões, desde o saque de Heidelberg (abaixo, p.122, 138, 199, 217) até a derrota em Blenheim. É provável também que alguns cortesãos e alguns escritores tenham tecido louvores a Luís com os olhos voltados para as próprias carreiras, atrelando seus vagões ao sol.

Seria um erro, porém, dar às ideias de sinceridade e autenticidade um lugar central na análise do comportamento tanto de Luís como de seus cortesãos. O culto moderno da sinceridade não existia no século XVII. Outros valores, como decoro, eram reputados mais importantes.[73] Seja como for, o sistema não era movido apenas pela bajulação. É improvável que todas as contribuições para a glorificação do rei fossem cínicas, isto é, meras tentativas de persuadir outros de algo em que pessoalmente não se acredita. É possível, para dizer o mínimo, que o próprio Luís, a corte e o país acreditassem na imagem idealizada do rei, assim como nas virtudes do toque real (cf. Capítulo 11). Vista fora de contexto, a imagem de Luís XIV como monarca sagrado, invencível, pode sem dúvida parecer um caso de megalomania. No entanto, temos de aprender a vê-la em seu contexto, como criação coletiva e – pelo menos até certo ponto – como resposta a uma demanda, ainda que o público não tivesse plena consciência do que desejava. Os processos pelos quais imagens reforçam o poder são ainda mais eficazes por serem parcialmente inconscientes.

Ambos os modelos, portanto, têm seus usos. Seria possível afirmar que a tensão entre eles é também frutífera. Na medida em que é possível acomodar as oposições e alcançar uma síntese, ela seguiria as seguintes linhas. Tanto o rei como seus conselheiros tinham consciência dos métodos pelos quais as pessoas podem ser manipuladas por meio de símbolos. Afinal de contas, tinham sido instruídos, em sua maioria, na arte da retórica. Contudo, os objetivos com que manipulavam os demais eram obviamente escolhidos a partir do repertório oferecido pela cultura de seu tempo. Tanto os objetivos quanto os métodos são parte da história, e parte da história contada neste livro.

Nos capítulos que se seguem, tento combinar uma abordagem cronológica com uma abordagem analítica. Numa exposição narrativa da fabricação do rei ao longo de mais de sete décadas intercalam-se capítulos temáticos, que discutem os meios de comunicação do período e a recepção das mensagens no país e no estrangeiro. Para concluir a análise, tento recuar e contemplar Luís à distância, comparando e contrastando sua imagem pública com a de outros monarcas do século XVII e situando-a na história das imagens dos soberanos ao longo do tempo.

A finalidade deste estudo poderia ser resumida, numa fórmula tomada dos analistas da comunicação de nosso tempo, como a tentativa de descobrir quem dizia o quê sobre Luís a quem, por meio de que canais e códigos, em que cenários, com que intenções e com que efeitos.[74] O próximo capítulo tratará dos canais e códigos ou, em outras palavras, dos meios de persuasão.

2. O jovem Luís. *Jean Warin apresenta sua medalha ao infante Luís*, pintura anônima, *c.*1648. Musée de la Monnaie, Paris

II

Persuasão

C'est un grand art que de savoir bien louer.*

Bouhours

Este capítulo propõe uma breve descrição, ou melhor, talvez, uma colagem das imagens de Luís XIV, realçando temas, motivos e lugares-comuns recorrentes. No entanto – como os teóricos da comunicação frequentemente assinalam – é impossível separar a mensagem do meio em que é apresentada. Os críticos literários fazem uma observação semelhante a respeito da impossibilidade de separar o conteúdo da forma e sobre a necessidade de conhecer os gêneros e suas convenções. Por isto, este retrato compósito do rei é precedido por uma discussão sobre meios e gêneros.

Meios

Desde que o crítico alemão Lessing publicou seu famoso ensaio sobre Laocoonte (1766), os críticos tenderam a salientar as características específicas de cada meio de expressão artística. Na época de Luís XIV, no entanto, como no Renascimento, dava-se maior ênfase aos paralelos entre as artes, desde a poesia até a pintura.[1] Cenas da vida do rei eram apresentadas de modos similares em diferentes meios. Retratos e estátuas equestres se ecoavam mutuamente, medalhas eram reproduzidas em baixos-relevos e escreviam-se panegíricos do rei na forma de descrição de pinturas, em especial o *Portrait du roi* (1663) de Félibien, que pretende descrever uma pintura de Lebrun.[2]

Nessa confusão de meios, é difícil concluir se as imagens visuais ilustravam os textos ou o contrário. O que importa é que certamente eles se influenciavam e reforçavam mutuamente. A figura da Vitória, por exemplo, aparece não só em medalhas, estátuas e pinturas, mas em peças teatrais, como no *Toison d'or*

* É uma grande arte saber bem elogiar. (N.T.)

(1660), de Corneille. Os arcos do triunfo provisórios erigidos para as entradas reais e os arcos de pedra construídos em Paris e outros lugares eram espelhos uns dos outros. Se os relevos esculpidos em tomo da estátua de Luís na Place des Victoires imitavam algumas medalhas do reinado, cunhou-se por outro lado uma medalha para comemorar a inauguração da estátua. Medalhas e monumentos eram reproduzidos em gravuras. Abundavam as representações de representações do rei e de seus feitos.

Havia imagens visuais de Luís em pintura, bronze, pedra, tapeçaria (ou, mais raramente, em pastel, esmalte, madeira, terracota e até cera). Vão desde a infância (Figura 2) até a digna velhice do retrato assinado por Hyacinthe Rigaud (ver Figura 1). O simples número de estátuas e retratos pintados do rei, dos quais mais de 300 se conservam, era notável para os padrões da época.[3] O mesmo pode ser dito do número de gravuras do rei, das quais quase 700 ainda podem ser encontradas na Bibliotheque Nationale. Igualmente notável era a escala colossal de alguns dos projetos, como o da estátua de Luís de pé na Place des Victoires ou o da estátua equestre para a Place Louis-le-Grand, tão imensa que 20 homens podiam se sentar e almoçar dentro do cavalo – o que de fato fizeram, durante a instalação do monumento.

Imagens do rei eram por vezes agrupadas para compor uma narrativa. O número de representações de Luís em forma seriada é inusitado no período. Uma famosa série de pinturas de Lebrun, conhecida como "a história do rei" [*l'histoire du roi*], representava eventos importantes do reinado até a década de 1670. Essa *narratio*, como a chamariam os retóricos, foi reduzida na forma de tapeçarias e também de gravuras. As medalhas cunhadas para comemorar os grandes acontecimentos do reinado (são mais de 300, outro número inusitadamente elevado) eram gravadas e as gravuras eram publicadas na forma da "história metálica" do rei. Os chamados "almanaques reais", com frontispícios gravados que representavam um evento diferente a cada ano, eram também qualificados, por vezes, como "a história do rei".

A importância dos meios passíveis de reprodução mecânica merece destaque. As reproduções ampliavam a visibilidade do rei. As medalhas, sendo relativamente caras, deviam ser cunhadas em centenas de cópias. Por outro lado, os "impressos" (xilogravuras, águas-fortes, calcografias, gravuras em aço e até gravuras a *mezzotinto*), sendo baratos, eram reproduzidos em milhares de cópias e puderam assim contribuir consideravelmente para a difusão tanto de aspectos de Luís como de informações a seu respeito.[4]

A imagem real era construída também com palavras, faladas e escritas, em prosa e verso, em francês e latim. Os meios orais incluíam sermões e discursos (dirigidos aos Estados provinciais, por exemplo, ou feitos por embaixadores no exterior). Poemas em louvor ao rei eram continuamente produzidos. Histórias do reinado foram escritas, difundidas e até publicadas enquanto o rei ainda vivia. Periódicos, em especial a *Gazette de France*, publicada duas vezes por mês, e o *Mercure Galante*, publicado todo mês, dedicavam considerável espaço aos atos do rei.[5] As inscrições em latim para monumentos e medalhas eram compostas com esmero por escritores eminentes, entre os quais Racine. Eram, em si mesmas, uma forma de arte, combinando concisão e dignidade. Essas inscrições davam considerável contribuição para a eficácia das imagens, uma vez que instruíam o espectador sobre o modo de interpretar o que viam.

Havia também eventos multimídia, em que palavras, imagens, ações e música formavam um todo. Peças de Molière ou Racine eram frequentemente encenadas como parte de um espetáculo que incluía também um balé. De fato, em 1670, a *Gazette* referiu-se a uma encenação de *Le bourgeois gentilhomme* como um balé "acompanhado por uma comédia". *O ballet de cour* não era um balé no sentido moderno, assemelhava-se mais a uma *masque*, isto é, uma forma episódica de espetáculo dramático, em que colaboravam tanto poetas, como Isaac Benserade, quanto compositores, coreógrafos e pintores.[6] Nas décadas de 1670 e 1680, Jean-Baptiste Lully e Philippe Quinault conseguiram substituir o balé por uma forma mais unificada de teatro musical, a ópera. As letras das músicas dos balés e das óperas frequentemente incorporavam referências elogiosas aos feitos do rei, sobretudo nos prólogos.[7] Encenações teatrais, balés e óperas eram muitas vezes encaixados num festival mais amplo, que poderia, por sua vez, destinar-se a glorificar um acontecimento particular; assim, os "divertimentos" de Versailles em 1674 comemoraram a tomada da província do Franche-Comté.[8]

Rituais excepcionais (isto é, não recorrentes) como a unção do rei em 1654 ou seu casamento em 1660, ou rituais recorrentes, como o toque dos doentes para curá-los ou a recepção de embaixadores estrangeiros, poderiam também ser vistos como eventos multimídia, que apresentavam a "imagem viva" do rei.[9] De fato, o mesmo poderia ser dito dos atos cotidianos do rei – levantar-se, fazer refeições, deitar-se –, que eram a tal ponto ritualizados que podem ser vistos como minipeças teatrais.

O cenário desses rituais era, em geral, um palácio: Louvre, Saint-Germain, Fontainebleau e, cada vez mais, Versailles. Este último, em especial, poderia ser visto como uma exposição permanente de imagens do rei.[10] Ali se via Luís por toda parte, até no teto. Quando o relógio instalado em 1706 batia as horas, a estátua do rei aparecia e a Fama descia para coroá-lo com louros.

Um palácio é mais que a soma de suas partes. É um símbolo de seu proprietário, uma extensão de sua personalidade, um meio para sua autoapresentação (Figura 3). Como veremos (p.78-9), Colbert criticou os projetos para o Louvre feitos pelo escultor e arquiteto italiano Gianlorenzo Bernini sob a alegação de que eram desconfortáveis e pouco práticos, mas até Colbert considerava importante se

3. O palácio do Rei Sol. Cour de marbre, Versailles

ter "uma fachada digna do príncipe".[11] Versailles, em particular, era uma imagem do soberano que supervisionou com tanto desvelo sua construção. O palácio não foi somente cenário de encenações, foi ele mesmo tema de peças teatrais, como *Grotte de Versailles* (1668), de Lully, *Les fontaines de Versailles* (1683), de Lalande e Morel, e *Le canal de Versailles* (1687), de Philidor. Gravuras de Versailles eram oficialmente publicadas e distribuídas para a maior glória do rei.

Gêneros

Ler imagens não é tão fácil quanto parece, pelo menos quando a distância cultural entre o autor e o espectador é tão grande quanto a que nos separa do século XVII. Para transpor esse hiato a prudência exige, pelo menos, que se dê considerável atenção a descrições dessas imagens feitas na época de sua produção. Algumas delas podem ser encontradas em guias de Versailles daquele tempo, que, como as inscrições nos monumentos e medalhas, eram feitos para moldar as percepções dos espectadores.[12] Como vimos, descrições de retratos reais foram compostas por poetas e historiadores.

Para não interpretar mal as imagens de Luís, devemos levar em conta não somente os meios de divulgação como os diferentes gêneros e suas funções. Cada gênero tinha as próprias convenções ou fórmulas. A audiência, ou parte dela, conhecia essas convenções, que moldavam suas expectativas e interpretações. Ao contrário dos espectadores pós-românticos, que rejeitam o clichê como uma ofensa à espontaneidade, o público do século XVII não tinha, ao que parece, nenhuma objeção aos lugares-comuns e às fórmulas.[13]

Quanto à função da imagem, ela não visava, de modo geral, a fornecer uma cópia reconhecível dos traços do rei ou uma descrição sóbria de suas ações. Ao contrário, a finalidade era celebrar Luís, glorificá-lo, em outras palavras, persuadir espectadores, ouvintes e leitores de sua grandeza. Para isso, pintores e escritores se inspiravam numa longa tradição de formas triunfais.

A entrada do rei nas cidades, por exemplo, seguia geralmente o modelo de um triunfo romano, e o relato da entrada de Luís em Paris com sua rainha, em 1660, foi de fato intitulado *Entrée triomphante* (Figura 4).[14] Como em outras entradas reais em cidades, o casal passou por uma série de arcos do triunfo provisórios, que marcavam a natureza da ocasião. Construíram-se também arcos do triunfo permanentes durante o reinado de Luís XIV, não só em Paris – nas portas Saint Denis, Saint Antoine e Saint Martin – como em cidades das províncias, de Lille a Montpellier.

Outra forma triunfal foi a estátua equestre, mais um antigo gênero romano, que permitiu carimbar os espaços centrais da cidade com a imagem do soberano. As convenções para esse monumento equestre eram bastante estritas. O cavaleiro era geralmente representado envergando uma armadura romana. O cavalo geralmente trotava. Sob suas patas podia haver uma figura representando a derrota das forças do mal ou da desordem.

Alguns retratos de Luís o mostram de modo relativamente informal, vestindo as próprias roupas, caçando, sentado numa poltrona e até jogando bilhar.[15] É provável, contudo, que tenham sido feitos mais para serem vistos privadamente que para exibição pública. A maioria das pinturas do rei se enquadra no gênero a que os historiadores da arte chamam de "retrato solene", construídas segundo a "retórica da imagem" desenvolvida durante o Renascimento para a pintura de pessoas importantes. Nesses retratos solenes, a pessoa é geralmente apresentada em tamanho natural ou até maior, de pé ou sentada num trono (Figura 5). Os olhos do retratado estão acima dos olhos do espectador, para sublinhar sua posição superior. O decoro não permite que ele seja mostrado usando as roupas do dia-a-dia. Usa armadura, como símbolo de coragem, ou roupas ricas, como sinal de posição social elevada, e está cercado por objetos associados ao poder e à magnificência – colunas clássicas, cortinas de veludo etc.[16] A postura e a expressão transmitem dignidade.

O gênero é igualmente importante no caso da poesia, e um pouco mais óbvio. As regras dos diferentes gêneros estavam resumidas em tratados formais

4. *Arco do Triunfo provisório erguido no Marché Neuf*, gravura extraída de *Entrée triomphante*…, 1660. British Library, Londres

5. Luís entronizado. *Retrato de Luís XIV como protetor da Academia de Pintura e Escultura*, de Henri Testelin, óleo sobre tela, 1666-8. Château de Versailles

6. *Luís como protetor das artes*, extraído de *Panegyricus*, de La Beaune, 1684. British Library, Londres

e na *Art poétique* (1674), ensaio em verso, da autoria de um dos maiores poetas do reinado, Nicolas Despréaux, mais conhecido como Boileau. Ao que se saiba, Luís não foi herói de nenhuma epopeia, o que provavelmente reflete falta de confiança mais no gênero que no monarca. Jean Chapelain, poeta que aconselhava o governo no tocante à glorificação literária do rei, condenou a epopeia com o argumento de que incluía necessariamente "ficções" (sem dúvida tinha em mente o papel desempenhado pelos deuses em Homero e Virgílio) que poderiam prejudicar a reputação do rei, tornando o leitor cético quanto às suas verdadeiras proezas.[17] No entanto, escreveu-se um "poema heroico" em latim sobre as habilidades do rei como cavaleiro, e muitas vezes o celebraram em sonetos, madrigais e odes.[18]

Uma ode pode ser definida como um poema lírico em estrofes que combinam linhas longas e curtas.[19] Sua função – como a da estátua equestre ou do retrato solene – era essencialmente celebrativa. O poeta Píndaro, da Grécia antiga, escrevera odes em louvor aos vencedores nas corridas de biga. Todo um batalhão de poetas louvou as vitórias de Luís de maneira similar. Em 1663, quando o rei se recuperou de uma doença, Racine celebrou o fato com uma ode à sua convalescença, em que descrevia a "perfídia" da "insolente doença" que tivera a ousadia de o ameaçar, comparando Luís ao Sol e seu reinado à idade de ouro.[20] Muitos ecos dessa ode podem ser ouvidos entre os poetas menores do reino, especialmente em 1687, quando o rei se restabeleceu de uma séria cirurgia.[21]

Tanto em poesia como em prosa, a imagem do rei era mergulhada em retórica triunfalista. O panegírico, ou o discurso em louvor de determinado indivíduo em várias ocasiões (de aniversários a funerais), era um gênero tão em voga na França do século XVII como na Antiguidade clássica. Regularmente se realizavam concursos para a escolha do melhor panegírico de Luís no país, ao passo que os jesuítas eram notórios por sua habilidade para compor esse gênero de texto em latim. Um bom exemplo é o "panegírico do generosíssimo Luís o Grande, pai e protetor das artes liberais" (1684),[22] escrito em latim por Jacques La Beaune e recitado no colégio jesuíta de Paris antes de ser enviado ao prelo (Figura 6).

Os sermões eram uma forma de discurso muito apreciada na época. Pregar era uma arte, cujos mestres (sem falar de Bossuet) eram Valentin-Esprit Fléchier, os jesuítas Louis Bourdaloue (que, entre 1672 e 1693, pregou dez ciclos de sermões na corte, durante a Quaresma e o Advento) e Charles de La Rue, e o oratoriano Jean-Baptiste Massillon, que pregou em Versailles com grande sucesso no final do reinado.[23] O discurso fúnebre de Fléchier para o marechal Turenne e o de Bourdaloue para Condé foram considerados clássicos no gênero.[24] Os pregadores da corte (escolhidos pelo próprio rei) comparavam o monarca francês com a monarquia sagrada de Saul e Davi, descrita no Antigo Testamento, e exaltavam Luís muito antes de seu funeral. O sermão feito por Bossuet quando da morte da rainha (1683) incluía muitas referências à virtude do rei. Assim também o que fez por ocasião da morte do chanceler Michel Le Tellier (1686), e muitos outros pronunciados na época da Revogação do Edito de Nantes (abaixo, p.113 s.).[25] No entanto, era permitido aos pregadores lembrar ao rei seus deveres e criticar suas ações (em termos vagos e gerais), especialmente nos sermões da Quaresma.[26]

A história também deve ser encarada como um gênero literário. Esperava-se que uma obra de história incluísse uma série de passagens primorosas dedicadas ao "caráter", ou retrato moral, do soberano, de um ministro ou comandante, o vívido relato de uma batalha e a apresentação de debates, com falas atribuídas a participantes eminentes (mas frequentemente inventados pelo historiador).[27] Por isso, não há por que estranhar que Boileau e Racine tenham sido nomeados historiógrafos reais.

Estilos

Para a pintura narrativa e os retratos solenes, o estilo apropriado era a chamada maneira "grandiosa" ou "magnífica" [*la grande manière, la manière magnifique*].[28] Esse estilo envolve a idealização. Como Bernini observou enquanto trabalhava num busto do rei, "O segredo nos retratos é aumentar a beleza e emprestar grandiosidade, diminuir o que é feio ou mesquinho, ou até suprimi-lo, quando é possível fazê-lo sem incorrer em servilismo" [*Le secret dans les portraits est d'augmenter le beau et donner du grand, diminuer ce qui est laid ou petit, ou le supprimer quand cela se peut sans intérêt de la complaisance*].[29]

Havia importantes variações de estilo dentro dessa maneira grandiosa: por um lado, aquele estilo que os historiadores da arte chamam em geral de "barroco" e associam a Bernini, caracterizado pelo movimento – cavalos que se empinam, gestos teatrais etc.; por outro, o ideal do "classicismo", associado a Poussin e caracterizado por gestos contidos, uma dignidade serena e uma maior preocupação com o verdadeiro, o natural ou, de qualquer modo, o verossímil [*le vrai, le naturel, le vraisemblable*], pelo menos nos detalhes. Ao partir em campanha, Luís levava consigo seus pintores Lebrun e Van de Meulen, para que pudessem representar suas conquistas com precisão.

Como a epopeia, a ode era um dos gêneros que exigiam o chamado "estilo elevado", o equivalente da maneira grandiosa na pintura. O objetivo era exprimir pensamentos elevados em linguagem elevada, empregando eufemismos ou circunlóquios para evitar termos técnicos ou referências à vida comum. A incompatibilidade entre os "bárbaros" nomes de lugar de Flandres e da Holanda e o estilo elevado foi um problema para os poetas da época.[30] A solução encontrada por Boileau para este e outros impasses foi discuti-los dentro dos próprios poemas.

7. *Alegoria da Paz dos Pireneus*, de Theodor van Thulden, óleo sobre tela, *c.*1659. Louvre, Paris

Escreveu tanto epístolas semiformais quanto odes. Introduziu também uma nota irônica, que rompia com a tradição do panegírico e por vezes foi interpretada como subversiva, embora talvez não passasse de uma tentativa de adaptar um gênero antigo às exigências do mundo moderno.[31]

Também os sermões, pelo menos os que eram pregados na presença do rei, deviam obedecer ao estilo elevado. O grande pregador Massillon foi criticado por seu rival Bossuet por não alcançar o sublime. A história, por sua vez, era o equivalente em prosa da epopeia. Era papel dos historiadores celebrar ações heroicas, sendo o estilo elevado uma imposição da própria "dignidade" dos seus temas. Racine nada mais fazia que usar o vocabulário padrão de seu tempo ao descrever o reinado de Luís como "um encadeamento contínuo de fatos maravilhosos", em que um "milagre" seguia de perto a outro [*un enchaînement continuel de faits merveilleux... le miracle suit de près un autre miracle*].[32]

Por outro lado, a *Gazette,* usando tanto a prosa como o verso (como alguns jornais da década de 1660), empregava um estilo "raso", próximo da linguagem comum, sem evitar termos técnicos ou topônimos estrangeiros. O estilo da *Gazette* tendia a ser despojado, com poucos adjetivos e outros ornatos, mas muito informativo. O tom sóbrio (exceto no caso de números especiais comemorativos de vitórias etc.) sugeria imparcialidade e, portanto, confiabilidade. A retórica da *Gazette* assumia a forma da aparente rejeição da retórica.

Como os poetas, os historiadores e os autores de inscrições eram especialistas em eufemismos, por razões tanto políticas quanto estéticas. A tomada de Estrasburgo por tropas francesas em 1681 foi comemorada com uma medalha que exibia a legenda "Estrasburgo recebida" [ARGENTORATUM RECEPTUM]. A legenda da medalha que celebrava o bombardeio de Argel em 1683 era "Argel fulminada" [ALGERIA FULMINATA], envolvendo uma elegante referência clássica a Luís como Júpiter e, ao mesmo tempo, apresentando a ação das naus de guerra francesas como uma força da natureza.

Obviamente, a hipérbole é uma figura retórica constantemente empregada nessa literatura de exaltação. Outra é a sinédoque, sendo Luís a parte que representa o todo, de tal modo que os feitos de ministros, de generais e até de exércitos eram atribuídos ao rei em pessoa (cf. p.86). Ezechiel Spanheim, que reunia a experiência de diplomata em Versailles à de ex-professor de retórica em Genebra, analisou as técnicas dos panegiristas de Luís. "Insiste-se em torná-lo o único autor e causa de todos os êxitos de seu reinado, em atribuí-los unicamente às suas decisões, sua prudência, seu valor e sua direção" [*On s'attache à le faire seul l'auteur et le mobile de tous les heureux succès de son règne, à les attribuer uniquement à ses conseils, à sa prudence, à sa valeur et à sa conduite*].[33]

Outra figura de retórica recorrente é a metáfora, como na clássica comparação do rei com o Sol. Esta metáfora, em particular, é tão minuciosamente

8. *A família de Luís XIV*, de Jean Nocret, óleo sobre tela, 1670. Château de Versailles

explorada nos ornatos de Versailles e outras construções que podemos vê-la como uma forma de alegoria arquitetônica.[34]

Alegoria

A linguagem da alegoria era bem conhecida nessa época, pelo menos entre as elites. Deuses, deusas e heróis clássicos estavam associados a qualidades morais: Marte à coragem, Minerva à sabedoria, Hércules à força etc. A vitória tomava a forma de uma mulher alada. A abundância, a de uma mulher com uma cornucópia. Reinos como a França e a Espanha (Figura 7) e cidades como Paris e Besançon também eram representados na forma de mulheres (por vezes usando traje regional), ao passo que os rios tomavam a forma de anciãos.[35] As alegorias nem sempre eram de fácil decodificação, mesmo para os contemporâneos, mas o interesse por enigmas literários e pictóricos fazia parte do gosto da época.[36]

Frequentemente Luís era representado ao lado de figuras alegóricas desse tipo. A Grande Galerie de Versailles, por exemplo, está povoada de personificações, algumas clássicas, como Netuno ou Vitória, outras modernas, como a Académie Française na forma de uma mulher empunhando um caduceu, ou a

9. Luís como Apolo. *Triunfo de Luís XIV*, de Joseph Werner, guache, 1664. Château de Versailles

10. Luís como Alexandre Magno. *A família de Dario aos pés de Alexandre*, de Charles Lebrun, óleo sobre tela, *c.*1660. Château de Versailles

Holanda, na forma de uma mulher sentada num leão e segurando sete flechas como símbolo das sete províncias. Graças à linguagem da alegoria, o pintor era capaz de representar, numa pequena superfície visível, eventos como a decisão do rei de governar pessoalmente.

O próprio rei era, por vezes, representado de maneira indireta ou alegórica. A pintura que Jean Nocret fez da família real (Figura 8), por exemplo, é um "retrato mitológico", ou *portrait historié,* na tradição renascentista de identificar indivíduos com determinados deuses ou heróis.[37] As séries de pinturas mitológicas do Louvre, Versailles, Tuileries e outros palácios reais, em que Luís figura no lugar de Apolo, Júpiter, Hércules ou Netuno, também se destinavam a uma leitura alegórica (Figura 9). Um concurso promovido em 1663 para escolher a melhor pintura de feitos heroicos do rei exigia que eles fossem "representados na forma de Dânae, adaptando-a à história da retomada de Dunquerque".[38] A famosa Fonte de Latona, em Versailles, que representa os camponeses que tinham zombado da mãe de Apolo transformados em sapos, foi interpretada, com alguma plausibilidade, como referência à Fronda (ver p.52-3).[39]

Representações do passado eram outro tipo de alegoria, devendo com frequência ser entendidas como referências indiretas ao presente (e os espectadores do século XVII eram treinados para isso). Quando Luís pediu a Charles Lebrun que pintasse cenas da vida de Alexandre Magno, estava não só expressando sua

11. *Luís XIV como o Bom Pastor*, provavelmente de Pierre Paul Sevin, sobre pergaminho

admiração por Alexandre como se identificando com ele (Figura 10). Esperava-se que também os súditos fizessem essa identificação. A tragédia de Racine, *Alexandre le Grand,* o equivalente literário da série de pinturas de Lebrun, foi dedicada ao rei quando de sua publicação, em 1666.[40]

Luís XIV foi identificado também com seu predecessor e xará, são Luís (Luís IX, rei de França de 1226 a 1270), sendo representado como ele em pintura e escultura.[41] Considerava-se que seguia os passos de seu predecessor. O erudito Charles du Cange comparou os dois monarcas na dedicatória ao rei que abria a edição que fez de uma biografia de são Luís do século XIII. O dia de são Luís, 25 de agosto, foi celebrado com pompa cada vez maior no decorrer do reinado. Criou-se o costume de incluir nas comemorações um panegírico não somente de Luís IX mas também de Luís XIV.[42]

Além disso, Luís foi identificado a Clóvis, o primeiro rei cristão de França, e a Carlos Magno. Embora o próprio rei não tenha sido herói de uma epopeia, poemas como *Clovis* (1657), de Jean Desmarets, (dedicado ao rei) e as epopeias sobre *Charlemagne* (1664, 1666), de Louis Le Laboureur e Nicholas Courtin, respectivamente, podem ser vistos sem muito esforço como descrições de suas façanhas passadas (ou futuras). Luís chegou a ser identificado até a Cristo, na forma do Bom Pastor, por exemplo (Figura 11).

Os romances históricos do período eram, não raro, *romans à clef,* cujo significado oculto só era inteligível pelos que conheciam bem o mundo da corte. *Clélie* (1654-61), por exemplo, da autoria de Mlle. de Scudéry, celebrava Luís como "Alcândor", ao passo que a *Histoire amoureuse des Gaules* (1665), de Bussy Rabutin, era uma óbvia alegoria de intrigas da corte.[43] Até obras eruditas podiam ter significado alegórico. Não foi por acaso que o padre Jean-Baptiste Du Bos, adido ao Ministério das Relações Exteriores, publicou uma história da Liga de Cambrai contra Veneza exatamente no momento em que havia uma liga de nações europeias contra a França.[44]

O retrato do rei

A esta altura talvez seja possível fazer nossa colagem de imagens visuais e literárias de Luís XIV, reuni-las num retrato compósito.[45] O rei é geralmente retratado vestindo armadura, romana ou medieval, ou o "manto real" ornamentado com flores-de-lis e debruado de arminho. Combina esses trajes arcaicos com uma peruca do final do século XVII. Na mão, traz um orbe, um cetro ou um bastão, todos símbolos de comando. Sua atitude é em geral impassível e imóvel, pose que também simboliza o poder. Provavelmente era a isso que os autores da época se referiam ao comentar o "ar" de grandeza ou majestade dos retratos reais.[46]

12. O malfadado monumento de Bernini. *Modelo para um monumento equestre a Luís XIV*, de Gianlorenzo Bernini, *c.*1670. Galleria Borghese, Roma

A expressão do rosto real, por sua vez, tende a variar entre a coragem inflamada e uma digna afabilidade. Ao que tudo indica, o sorriso era considerado inadequado para um rei de França. De fato, sugeriu-se que foi o sorriso indecoroso no rosto da estátua equestre de Bernini (Figura 12) que provocou sua rejeição, ou, mais exatamente, sua reciclagem num herói da Roma antiga, já que seria pena desperdiçar o mármore.[47]

Talvez seja útil focalizar uma única imagem. Um exemplo óbvio é o famoso retrato solene pintado por Rigaud (ver Figura 1), mais interessante ainda porque se sabe que Luís apreciava particularmente esse retrato, tendo encomendado cópias dele.[48] A coluna clássica (com uma figura alegórica da Justiça na base) e a cortina de veludo são remanescentes do retrato solene do Renascimento. No entanto, a pintura é menos tradicional do que pode parecer. É uma hábil conciliação de tendências opostas.

13. Um modelo para o retrato de Rigaud. *Retrato de Carlos I*, de Antonio van Dyck, óleo sobre tela, *c.*1635, Louvre, Paris

Em primeiro lugar, combina idealização com detalhes realistas. Um historiador recente descreveu o retrato como "fiel ao modelo até os olhos cansados e a boca encovada após a extração de dentes da arcada superior em 1685". Augusto foi sempre representado com a idade em que tomou o poder, e a rainha Elisabete I com aquela arte que os historiadores chamam de "a máscara da juventude", mas a Luís foi permitido envelhecer discretamente em seus retratos. Mesmo assim, Rigaud pôs esse rosto envelhecido num corpo jovem. Outro historiador identificou nas pernas elegantes e na "pose de balé" dos pés uma evocação dos dias de dançarino do rei.[49]

O retrato alcança também certo equilíbrio entre formalidade e informalidade. Representa o rei vestindo seu manto de coroação, cercado por suas insígnias reais: coroa, espada e cetro, os símbolos de seu poder. No entanto, Luís desejava também ser um monarca moderno pelos padrões do início do século XVIII, o primeiro cavalheiro de seu reino, e há uma informalidade estudada no modo como ele segura seu cetro, com a ponta para baixo, como se fosse o bastão que costumava empunhar em público (Figura 18). Rigaud talvez estivesse fazendo uma alusão ao retrato informal que Van Dyck pintara de Carlos I numa caçada, e em que Carlos (que também segurava um bastão) faz um gesto parecido (Figura 13).[50] Luís traz de lado, na cinta, a espada medieval da Justiça, mas o faz como se fosse uma espada comum, não um objeto sagrado. Como Boileau, Rigaud apresenta o rei exibindo sua dignidade com leveza e adapta a tradição clássica renascentista ao mundo moderno.

O retrato de Rigaud sugere que os pintores do período teriam pouco a aprender com Goffman a respeito da importância do que ele chama de "fachada" na apresentação de um indivíduo.[51] Luís é retratado em geral tendo à sua volta todo um feixe de elementos cheios de dignidade ou dotados de propriedades dignificantes, como orbes, cetros, espadas, raios, carros de guerra e vários tipos de troféus militares. Deusas como Minerva e personificações femininas da Vitória ou da Fama muitas vezes estão postadas ao lado do monarca ou pairam à sua volta, quando não lhe põem efetivamente na cabeça uma coroa de louros. Rios como o Reno erguem as mãos, maravilhados ante as proezas do rei. Entre os acessórios incluem-se também várias figuras em atitude de subordinação, entre as quais inimigos derrotados, cativos encurvados, embaixadores estrangeiros prostrando-se perante o rei e assim por diante. Monstros são esmagados sob o pé – o píton da rebelião, a Hidra da heresia, o Cérbero de três cabeças e o Gerião de três corpos (os dois últimos, símbolos da tríplice aliança dos inimigos de Luís).

As representações literárias de Luís têm, para o leitor de nossos dias, a vantagem de deixar claro seu significado pelo uso de adjetivos. Como na Assíria antiga e na Roma imperial, um conjunto padronizado de epítetos era aplicado ao monarca. Um poeta conseguiu introduzir 58 adjetivos – de *agréable a zélé* – num único soneto.[52] Em geral, Luís era qualificado de augusto, belo, brilhante (como o Sol), constante, iluminado, ilustre, generoso, glorioso, heroico, imortal, invencível, justo, laborioso, magnânimo, munificente, piedoso, triunfante, sábio e vigilante. Numa palavra, era "grande", adjetivo oficialmente adotado em 1671.[53] LOUIS-LE-GRAND – era assim, em letras maiúsculas, que seu nome figurava frequentemente no meio de textos em caixa baixa.

O leitor (ou ouvinte) era também informado de que Luís era acessível a seus súditos; de que era o pai de seu povo; o protetor das artes e das letras, campo em que mostrava discernimento seguro e "gosto delicado";[54] o mais católico dos reis; o subjugador (ou destruidor) da heresia; o restaurador das leis; "mais temido que o trovão" [*plus craint que le tonnerre*];[55] "o árbitro da paz e da glória" [*l'Arbitre de la Paix et de la Gloire*];[56] o ampliador das fronteiras; o segundo fundador do Estado; "o mais perfeito modelo dos grandes reis" [*des grands rois le plus parfait modèle*];[57] "nosso Deus visível" [*notre visible Dieu*]; e o mais poderoso monarca do universo.[58]

A imagem do rei era associada ainda aos heróis do passado. Ele foi proclamado um novo Alexandre (a comparação que mais lhe agradava, pelo menos na década de 1660), um novo Augusto (que encontrou uma Paris de tijolos e deixou-a de mármore), um novo Carlos Magno, um novo Clóvis, um novo Constantino, um novo justiniano (ao codificar as leis), um novo são Luís, um novo Salomão, um novo Teodósio (ao destruir a heresia dos protestantes como este destruíra a dos arianos). Charles-Claude de Vertron, da Academia de Arles, produziu uma coleção de paralelos entre Luís e outros príncipes também chamados "grandes", de Ciro da Pérsia a Henrique IV de França.[59]

A necessidade de ter sempre em mente a possibilidade da alegoria é uma das razões que distanciam grande parte dessa literatura dos leitores atuais, que tendem a achar algo esquisitas, se não absurdas, personificações como a Vitória, com suas asas e sua coroa de louros, ou a Abundância, com sua cornucópia. Outra dificuldade é a mudança de atitude diante do estilo elevado, que soa insuportavelmente pomposo aos ouvidos de hoje. Em nossos dias, tendemos a perceber a duplicação de adjetivos, outrora sinal da "riqueza vocabular" do bom orador, como redundância desnecessária. De fato, para a maioria de nós, "retórica" tornou-se um termo pejorativo, como "formalidade" ou "ritual": "mera retórica", dizemos. Por sua vez, o louvor a pessoas importantes, soa aos nossos ouvidos democráticos como servilismo, bajulação. Essas modificações nas mentalidades, nos valores e no "horizonte de expectativas" formam considerável obstáculo à compreensão da arte e da literatura da época de Luís XIV. Elas encorajam julgamentos anacrônicos.

Dada esta distância cultural, talvez seja prudente adotar a estratégia dos antropólogos, especialistas na compreensão de outras culturas, para fazer a arte, o ritual e a literatura desse período inteligíveis para leitores e espectadores atuais. O "Estado de teatro" de Bali no século XIX já foi descrito (p.18-19). Em algumas partes da África, como entre os bantos do sul, ou em Mali, a tradição do poema de louvor ou panegírico ainda floresce, como outrora na Roma antiga e na Europa renascentista.[60] Pensar no poema de louvor como gênero recorrente, ou em Boileau como um *griot* (o termo para "bardo" em Mali), pode ajudar a diminuir nossa resistência natural – ou, mais precisamente, cultural – aos panegíricos de Luís, tão frequentes na França do século XVII. Pelo menos, deveria nos estimular a fazer distinções.

Em primeiro lugar, determinado epíteto, como "heroico", aplicado a Luís em determinado poema, não deveria ser extraído do contexto e tratado como uma mentira inventada pelo autor para lisonjear o monarca. Quando se escrevia uma ode ao rei, ou outra forma de panegírico, era esse tipo de adjetivo que se tinha de usar. A ideia de escrever um panegírico era normal no século XVII. A retórica do louvor e da condenação (retórica epidíctica, como era chamada) constituía uma das três grandes divisões da oratória.

A aplicação de adjetivos lisonjeiros ao rei podia, é claro, ser feita com maior ou menor prodigalidade, e Boileau, por exemplo, criticou asperamente alguns de seus colegas por exceder a dose apropriada. Certa feita, o próprio Luís protestou; Racine registrou a seguinte observação que lhe fez o rei: "Eu o louvaria mais se não me louvásseis tanto" [*Je vous louerais davantage, si vous ne me louiez tant*].

A ideia de servilismo não é anacrônica. O problema é decidir quando e a que ela se aplica, problema que se torna ainda mais agudo porque alguns poetas e cortesãos eram peritos em louvar sem parecer que o faziam. Essa foi, por exemplo, a técnica empregada por Boileau em seu famoso *Discours au roi* (1665). O poeta declarava-se incapaz de cantar louvores ao rei [*je sais peu louer*] e criticava os versos pomposos e previsíveis de poetas rivais, que comparavam o rei com o Sol ou o aborreciam com o relato das próprias façanhas. Essa foi também a técnica do historiador Paul Pelisson, que a explicou num relatório confidencial enviado a Colbert: "É preciso louvar o rei em toda parte, mas, por assim dizer, sem lisonjear" [*il faut louer le Roy partout, mais pour ainsi dire sans louange*].[61] Retornamos à retórica da rejeição da retórica, própria da Idade Clássica.

Um último ponto que é preciso ter em mente ao ler esse tipo de literatura é que um panegírico não era necessariamente pura louvação. Podia ser, pelo menos ocasionalmente, uma forma sutil de aconselhar, descrevendo o príncipe não como era, mas como se desejaria que fosse. Racine, por exemplo, ao dedicar seu *Alexandre le Grand* ao rei, observou-lhe que "a história está repleta de jovens conquistadores" e que muito mais inusitada era a ascensão de um rei que, na idade de Alexandre, já se comportava como Augusto [*qui à l'âge d'Alexandre ait fait paraître la conduite d'Auguste*]. Também La Fontaine, quando tecia loas a Luís, o que não era muito frequente, exaltava as façanhas pacíficas, não as militares.[62]

Advertências desse tipo eram feitas com maior liberdade nos primeiros anos do reinado, que serão discutidos nos próximos capítulos.

III

O nascer do Sol

> La majesté règne dans ce visage
> Où la douceur à la bonté se joint:
> Mais, s'il est tel au levant de son âge,
> En son midi, quel ne será-t-il point?*
>
> Baudouin, *Le prince parfait*

O interesse pela imagem de Luís começou quando de seu nascimento, celebrado pela França inteira com fogueiras e fogos de artifício, repicar de sinos, salvas de canhão e o canto solene do *Te Deum,* e comemorado com sermões, discursos e poemas, entre os quais versos em latim do filósofo italiano Tommaso Campanella, exilado na França, que falavam do bebê como uma espécie de Messias em cujo tempo a idade de ouro retornaria.[1]

Na verdade, a concepção de um herdeiro para o trono e o primeiro movimento da criança no útero já tinham sido motivo de celebração, mais entusiástica ainda porque na altura de 1638 já se tornara extremamente improvável que Ana da Áustria e seu marido Luís XIII viessem jamais a gerar um filho.[2] Foi por esta razão que se aplicou ao menino o epíteto "doado por Deus": *Louis le Dieudonné.*

Em 1643, quando o pequeno Luís ainda não completara cinco anos, a morte do pai o empurrou para o centro do palco. Sua ascensão ao trono, no mesmo ano, foi marcada por enorme mudança em sua imagem. Até então Luís fora mostrado, como qualquer bebê, enrolado em cueiros, ou na camisola geralmente usada pelos meninos até os sete anos. A partir de 1943, ele começou a ser representado envergando o manto real, com flores-de-lis douradas sobre campo azul, e também o colar do Espírito Santo, ordem de cavalaria fundada em 1578 por seu predecessor Henrique III. Aos cinco ou seis anos, Luís já era mostrado sentado no

* A majestade reina neste semblante/Em que a doçura se une à bondade:/ Mas se ele é assim na aurora da idade/ Que não será em seu apogeu? (N.T.)

14. A derrota simbólica da rebelião. *Luís XIV esmagando a Fronda,* de Gilles Guérin, mármore, 1654. Musée Condé, Chantilly

trono, empunhando um cetro ou bastão de comando. Por vezes era representado de armadura (moderna ou romana antiga).

Pintar uma criança pequena de armadura pode parecer estranho ou engraçado para um espectador de nossos dias. Provavelmente, porém, os retratos assumiam essa forma porque a armadura simbolizava as proezas militares esperadas dos reis, as virtudes guerreiras que podiam sempre ser exercidas indiretamente, através de generais e seus exércitos. Quando os franceses derrotaram os espanhóis na batalha de Rocroi em 1653, uma gravura da época mostrou o rei em seu trono congratulando seu general, o duque d'Enghien (Condé); o título da obra é *Les premières victoires de Louis XIV.*[3]

O ritual era outro meio de apresentar o jovem rei a seu povo. Em 1643, para celebrar sua subida ao trono, ele fez uma entrada solene em Paris. No mesmo ano, presidiu seu primeiro *lit de justice* (literalmente, "leito de justiça"),* isto é, uma sessão solene com a suprema corte do reino, o Parlamento de Paris, para alterar os dispositivos do testamento do pai e permitir que sua mãe, Ana da Áustria – orientada pelo cardeal Mazarin – governasse a França como regente.[4]

O Parlamento não era uma assembleia representativa no modelo inglês. Ainda assim, seus magistrados se consideravam guardiães do que chamavam de "leis fundamentais" do reino. Em 1648, quase no mesmo momento em que o Parlamento inglês submetia Carlos I a julgamento, o Parlamento de Paris desempenhou um papel preponderante no movimento político conhecido como a Fronda. Esse movimento, que seus participantes (nobres e magistrados) consideravam um protesto contra a destruição da antiga constituição francesa pelos cardeais Richelieu e Mazarin, era encarado pela corte como uma rebelião contra o monarca. A Fronda pode ser definida, entre outras coisas, como um conflito entre duas concepções de monarquia: limitada *versus* "absoluta".[5]

Na primeira concepção, o poder do rei de França era limitado pelas chamadas "leis fundamentais" de reino, cujo guardião era o Parlamento de Paris. Na segunda concepção, que prevalecia na corte, o rei tinha "poder absoluto" [*pouvoir absolu*]. A expressão era geralmente definida em termos negativos, como um poder sem limites [*sans contrôle, sans restriction, sans condition, sans réserve*].[6] Luís era considerado um monarca absoluto por estar acima das leis de seu reino, tendo o poder de impedir que elas se exercessem sobre certos indivíduos. Não se considerava, contudo, que estivesse acima da lei divina, da lei da natureza ou da lei das nações. Não se esperava que exercesse completo controle sobre a vida de seus súditos.

* A designação tem origem no leito com baldaquino em que o rei se instalava quando presidia sessões solenes do parlamento. (N.T.)

A Fronda, que foi derrotada em 1652, teve considerável efeito no modo como o jovem rei e seu governo foram apresentados ao público. Assim, em 1654, uma estátua de Luís pisando um guerreiro prostrado (símbolo da Fronda) foi instalada no pátio do Hôtel de Ville, em Paris (Figura 14). No mesmo ano, um balé dançado na corte, *Pelée et Thétis,* representava Apolo (isto é, o rei) destruindo um píton (outro símbolo da desordem).[7] Uma série de pinturas feitas nos aposentos do rei no Louvre também celebrava a derrota da Fronda. Por exemplo, uma imagem da deusa Juno fulminando a cidade de Troia com um raio tinha a clara intenção de levar o espectador a pensar em Paris e na rainha-mãe.[8]

Os rituais dos *lits de justice* da década de 1650 foram um recurso adicional que o governo usou para demonstrar a derrota da Fronda, restabelecer a ideia da monarquia absoluta e mostrar o rei como representante de Deus na Terra. Como Omer Talon, um dos mais eminentes parlamentares, declarou ao rei – de joelhos – numa dessas ocasiões: "Sire, o trono de Vossa Majestade representa para nós o trono do Deus vivo [*nous représente le trône du Dieu vivant*]. Os Estados do reino vos rendem homenagem e respeito como a uma divindade visível" [*comme à une divinité visible*].[9]

Afirmações semelhantes foram feitas durante a coroação do rei em 1654, e na entrada solene que fez em Paris em 1660. Os rituais eram tradicionais, mas, por isso mesmo, variações relativamente pequenas eram perceptíveis – pelo menos por uma parcela do público – como portadoras de uma mensagem política.

A coroação

A coroação e sagração [*le sacre*] de Luís ocorreram em 1654, tendo sido adiadas pelos distúrbios da Fronda. O ritual teve lugar, segundo rezava o costume, na catedral de Reims, cujo arcebispo detinha o direito de coroar o novo rei (direito exercido nesse caso por seu procurador, o bispo de Soissons).[10] A cerimônia incluía um juramento prestado pelo rei, prometendo conservar os privilégios de seus súditos; perguntava-se também à congregação se aceitava ou não Luís como rei. Seguiam-se a bênção dos emblemas reais, entre os quais a chamada "espada de Carlos Magno", esporas e o anel que o historiador Denys Godefroy descreveu como "a aliança com que o dito Senhor esposa o Reino" [*l'anneau duquel ledit Seigneur épouse le Royaume*].[11]

A seguir veio o momento da sagração. O corpo do rei foi ungido com o crisma, o santo óleo da âmbula sagrada, um frasco que se dizia ter sido trazido do paraíso por uma pomba quando Clóvis, o primeiro rei cristão de França, foi batizado por são Rémy. O bispo pôs o cetro na mão direita do rei, na esquerda pôs a "mão da Justiça" e na cabeça a "coroa de Carlos Magno". Seguiram-se a homenagem da alta nobreza do reino e a revoada de um bando de pássaros no ar.

O ritual foi assistido por embaixadores estrangeiros e (com mais dificuldade, do lado de fora da catedral) por uma multidão de gente do povo. A ele se seguiram outras celebrações, entre as quais a encenação de uma peça pelos jesuítas de Reims. Os que perderam os atos puderam ler as descrições em muitos panfletos e ver as gravuras da coroação oficialmente encomendadas ao artista Henri d'Avice. A cena foi também comemorada numa tapeçaria desenhada por um dos mais destacados pintores do reinado de Luís, Charles Le Brun.

Que significaram esses atos para os participantes e os espectadores e, em especial, que imagem do rei foi projetada pela cerimônia, não é de todo claro. O que o historiador precisa descobrir não é tanto "o que realmente aconteceu", mas o que aconteceu na interpretação da gente da época. Não podemos presumir que todos viram as cerimônias sob a mesma luz. Ao contrário, o *sacre* parece ter sido interpretado sob duas luzes muito diversas por diferentes tipos de pessoa.

O ritual de inauguração e sagração era essencialmente medieval. Fora codificado por Luís VII, numa época em que o rei não era "absoluto", partilhando o poder com seus nobres. Era essa concepção de monarquia que se expressava no juramento real e na aprovação formal do novo soberano pela assembleia. No início do século XVIII, o duque de Saint-Simon, vigoroso defensor dessa ideia tradicional de monarquia limitada, continuava interpretando o ritual dessa maneira.

É muito pouco provável que o círculo mais próximo do rei visse o *sacre* como expressão da ideia de monarquia limitada. Diante disso, porém, torna-se difícil entender por que o governo patrocinou essa encenação naquele momento, tão pouco tempo após a Fronda. Um detalhe pequeno, mas talvez revelador, a sugerir uma tentativa de reinterpretar o ritual tradicional é o fato de Luís ter prestado o juramento sentado, quando seus predecessores o haviam feito de pé.[12]

O significado do *sacre* para a dinastia relativamente nova dos Bourbons era certamente mostrar sua legitimidade, estabelecendo contato com soberanos anteriores, de Clóvis a são Luís. A cerimônia projetava também a imagem da monarquia sagrada. Poderíamos dizer – e a gente da época de fato dizia – que o crisma tornava Luís semelhante a Cristo e o *sacre* o tornava sagrado.

Mais tarde, em suas memórias, Luís afirmou (tal como os teóricos da monarquia absoluta) que sua sagração não o fizera rei, simplesmente o declarara rei. Acrescentou, no entanto, que o ritual tornara sua realeza "mais augusta, mais inviolável e mais santa".[13] Essa santidade pode ser ilustrada pelo fato de, dois dias depois, o jovem rei ter desempenhado pela primeira vez o ritual do toque real.[14] Segundo uma crença tradicional, os reis de França, como os da Inglaterra, tinham o poder miraculoso de curar a escrófula, uma doença da pele, tocando os atingidos e dizendo "o rei te toca, Deus te cura" [*Le roi te touche, Dieu te guérit*]. O poder curativo do toque real constituía um poderoso símbolo do caráter sagrado da realeza. Nessa ocasião, Luís tocou três mil pessoas. Ao longo de seu reinado, tocaria muitas mais.

A entrada real

A viagem real até Reims e a recepção ao rei contam-se entre as muitas visitas solenes a cidades, que frequentemente assumiam a forma triunfal, ritualizada, de uma entrada real, um gênero de ritual que remonta ao fim da Idade Média. Como vimos, Luís fez uma entrada formal em Paris em 1643 para celebrar sua ascensão. Voltou a entrar em Paris em 1649 e 1652, para demonstrar sua vitória sobre a Fronda. Fez uma visita solene a Lyon em 1658. A mais importante entrada real, no entanto, foi a que o rei e a rainha fizeram em Paris em 1660, após as núpcias reais (ver Figura 4).[15]

A entrada em Paris não foi um evento patrocinado pelo governo. Foram as boas-vindas solenes dadas pela cidade ao rei, organizadas pelo *prévôt des marchands,* o equivalente do prefeito, e os *échevins,* ou magistrados municipais. No entanto, o governo parece ter supervisionado tanto as cerimônias como a decoração, que foram descritas em detalhe em várias publicações da época.[16]

A entrada real se deu no dia 26 de agosto de 1660. De manhã, o rei e a rainha foram entronizados num trono sobre uma alta plataforma para receber "o respeito e a submissão" da cidade e suas corporações (entre elas a Universidade e o Parlamento), que desfilaram em procissão perante o tablado, enquanto seus representantes prestavam homenagem ao rei, como a nobreza o fizera por ocasião do *sacre.* O *prévôt des marchands* entregou solenemente ao rei as chaves que simbolizavam a posse da cidade.[17] Em contrapartida, o presidente do Parlamento de Paris desempenhou um papel relativamente pequeno nos atos cerimoniais, fazendo uma "profunda reverência" ao rei e seguindo em frente. Ao que parece, não foi por acaso que se deu ao Parlamento um papel tão atenuado; seria, para usar a expressão de uma pessoa da época, uma "expiação" pelo papel que ele desempenhara numa cena muito diferente, a da Fronda.[18]

À tarde aconteceu a entrada propriamente dita, um desfile em que o rei e sua nova rainha percorreram a cidade, passando por vários portões e arcos decorados para expressar a importância da ocasião. As decorações eram variações em torno do tema do triunfo e da paz, comemorando a Paz do Pireneus, tratado assinado em 1659 entre a França e a Espanha e selado pelo casamento de Luís com a infanta Maria Teresa, filha do rei Filipe IV. Um dos portões ostentava a inscrição LUDOVICO PACÍFICO, "A Luís, o Pacífico". Outro assumia a forma do Parnaso, com Apolo e nove Musas representando as artes e as ciências libertadas do cativeiro pela paz. No Marché Neuf, um arco do triunfo exibia a inscrição

LUDOVICO PACATORI TERRARUM, "a Luís, o pacificador do mundo", e mostrava Hércules (isto é, o rei, segundo o comentário impresso) recebendo um ramo de oliveira.[19]

Um traço surpreendente dessas decorações, comparadas às de festas posteriores, é a moderação de seus louvores ao rei. Luís partilhou sua glória não somente com sua rainha, mas com sua mãe, Ana da Áustria, e com seu primeiro-ministro, o cardeal Mazarin. Ana, que assistiu à entrada de seu balcão, figurava também em um dos arcos do triunfo como a deusa Minerva dando sábios conselhos, em outro como Juno, e num terceiro lugar como um pelicano, símbolo da mãe que se sacrifica pelos filhos. Mazarin, que fora de fato o negociador do tratado de paz, foi impedido pela sua gota de participar da entrada, mas sua carruagem desempenhou importante papel no desfile. Foi representado num arco triunfal como o deus Mercúrio, aparecendo em outro lugar como o herói Atlas, sustendo o mundo com seu esforço. Uma das inscrições latinas referia-se a seu árduo trabalho, ASSIDUIS JULII CARDINALIS MAZARINI CURIS. Mais tarde, no reinado, qualquer homenagem a um ministro se tornaria literalmente impensável. Após a morte de Mazarin, Luís seria representado governando sozinho.

O modo como Luís desempenhava seu papel como protagonista desses espetáculos tinha grande impacto sobre a imaginação de seus contemporâneos, até mesmo os embaixadores, que gozavam da rara oportunidade de ver o rei de perto. Eles salientam a maturidade do rei-criança, sua gravidade, seu porte. Os enviados venezianos observaram em 1643, que Luís, então com apenas cinco anos, ria raramente e pouco se movimentava em público.[20] Pode ser que os observadores da época vissem o que esperavam e exagerassem o que pensavam ver. Seja como for, o fato de que se impressionavam é por si só significativo.

Os espanhóis eram famosos no século XVII pela gravidade de seu comportamento formal, e Luís, é claro, era filho de uma princesa espanhola, Ana da Áustria. As cartas do cardeal Mazarin a Luís dão a impressão de que ele também dava a este aulas sobre a maneira de se apresentar em público, aí incluída a arte da simulação e da dissimulação. Em 1652, quando recebeu o cardeal de Retz, um dos líderes da Fronda, o rei adolescente mostrou que aprendera a lição, não dando ao prelado nenhum indício de sua prisão iminente. Uma observação feita por Luís nessa oportunidade – "que não haja ninguém no palco" [*qu'il n'y ait personne sur le théâtre*] – sugere que tinha plena consciência de seu papel.[21]

Luís apareceu no palco também no sentido literal, como dançarino. Entre 1651 e 1659, figurou em nove *ballets de cour* criados pelo poeta Isaac Benserade, desempenhando uma variedade de papéis, entre os quais o de Apolo a destruir o Píton e também o sol nascente – oportunidade em que usou uma magnífica peruca dourada (Figura 15). Não era inusitado que um rei dançasse num balé

15. Luís no palco. *Luís como Apolo*, modelo para fantasia, anônimo, 1654. Cabinet des Estampes, Bibliothèque Nationale, Paris

da corte – Luís XIII o fizera regularmente –, mas a arte com que o rei o fazia chamou a atenção de muitos de seus contemporâneos, entre os quais o cortesão Bussy-Rabutin. Com isto ele deu uma importante contribuição à sua própria imagem.

Há relativamente poucas imagens visuais de Luís entre o início da década de 1650 e o ano 1660, quando ele apareceu subitamente como um jovem adulto, com um bigode incipiente e peruca curta. A peruca foi explicada a partir de uma doença que, em 1658, o fizera perder grande quantidade de cabelo. Como foi nessa época que o costume de usar esse adereço se difundiu entre a nobreza europeia, é difícil dizer se Luís estava criando ou seguindo uma moda. Seja como for, a peruca deu ao rei a altura extra de que precisava para impressionar. A partir desse momento, nunca seria visto em público sem uma.

A imagem real deveria ser considerada uma produção coletiva. Pintores, escultores e gravadores contribuíram para ela. Assim também os alfaiates do rei, seu cabeleireiro e seu professor de dança. Assim também os poetas e coreógrafos dos balés da corte, e os mestres de cerimônias que supervisionaram a coroação, as entradas reais e outros rituais.

Quem escreveu o roteiro da encenação real? Num certo sentido foi mais a "tradição" que qualquer indivíduo isolado; os retratos seguiam modelos e os rituais seguiam precedentes. É aceitável supor, no entanto, que a produção teve um diretor: o cardeal Mazarin.

Mazarin foi a figura de proa no governo entre 1643 e 1661. Deu a Luís sua educação política. Foi também um eminente protetor: das artes, apreciando a obra de pintores como Philippe de Champaigne e Pierre Mignard, e de escritores como Corneille e Benserade. Grande amante da ópera, foi graças a ele que três óperas italianas foram contratadas para se apresentar em Paris: *Orfeo* (1647), de Luigi Rossi, *Peleo e Theti* (1654), de Carlo Caproli (combinada com o balé de Benserade sobre o mesmo tema) e *Ercole Amante* (1660), de Francesco Cavalli (tema escolhido em alusão às bodas reais). Também o cenário foi projetado pelos italianos Giacomo Torelli e Gasparo Vigarani.

Mazarin amava a arte pela arte, mas tinha também consciência de seus usos políticos. O melhor documento dessa consciência é um episódio de 1660, quando o cardeal planejou comemorar a Paz dos Pireneus construindo uma grande escadaria para a igreja francesa de La Trinité des Monts, em Roma.[22] Como arquiteto, Mazarin tinha em mente Bernini, e ao que parece este fez um projeto. No entanto, problemas políticos embaraçosos foram suscitados pelo erguimento de uma estátua de Luís XIV numa praça pública de Roma, ou antes, pela construção de um monumento comemorativo da paz sem a mediação do papa. Mazarin morreu antes que esses problemas fossem resolvidos. Mas o interesse pela política das artes em geral, e pela comemoração da paz de 1659 em particular, revelado na correspondência do cardeal, sugere que talvez ele tenha sido também o inspirador dos temas da entrada de Paris em 1660, que celebravam não só as bodas reais mas a paz, Ana da Áustria e os esforços dele próprio, o cardeal.

Em 1660, o rei ainda desempenhava o papel que lhe era conferido pela tradição e pelo cardeal Mazarin. De 1661 em diante, Luís passaria a se envolver ativamente na escrita (ou pelo menos na revisão) de seu próprio roteiro.

16. *Retrato de Luís XIV cercado pelos atributos das artes*, de Jean Garnier, óleo sobre tela, 1672. Château de Versailles

IV

A construção do sistema

> Il y a bien, Monsieur, d'autres moyens louables de répandre et de maintenir la gloire de Sa Majesté ... comme sont les pyramides, les colonnes, les statues équestres, les colosses, les arcs triomphaux, les bustes de marbre et de bronze, les basses-tailles, tous monuments historiques auxquels on pourrait ajouter nos riches fabriques de tapisseries, nos peintures à fresque et nos estampes au burin.*
>
> Chapelain a Colbert, 1662

Quer a apresentação de Luís na época de Mazarin tenha ou não obedecido a um plano geral, no período que se seguiu tal projeto pode ser certamente documentado. Após a morte do cardeal, em março de 1661, Luís declarou sua intenção de governar sem primeiro-ministro. Queria exercer "poder absoluto" [*pouvoir absolu*], em outras palavras, poder não dividido com outros. Isso não significava, é claro, que o rei governasse sem orientação ou auxílio. Entre seus auxiliares, a figura mais importante foi Colbert.[1]

Jean-Baptiste Colbert estivera a serviço de Mazarin, que o recomendou ao rei. A partir de 1661, passou a servir ao rei como membro do *conseil royal des finances,* ou Conselho de Estado e, após 1664, como *surintendant des bâtiments,* ou superintendente das edificações reais. Nesses cargos, Colbert supervisionou o patrocínio real das artes, desempenhando junto a Luís o mesmo papel de Mecenas em relação a Augusto. A reputação de Colbert foi e continua sendo a de um homem austero, trabalhador, que detestava gastar o dinheiro do Estado em tudo que não fosse útil. Cabe acrescentar, contudo, que Colbert considerava as artes úteis, porquanto contribuíam para a glória do rei.

Na época de Mazarin, o patrocínio real ficara obscurecido pelo que era exercido pessoalmente pelo cardeal e seu assistente Nicholas Fouquet, a quem Corneille saudou no prefácio a seu *Oedipe* (1659) como "não menos superin-

* Há por certo, Senhor, outros meios louváveis de difundir e manter a glória de Sua Majestade ... como as pirâmides, as colunas, as estátuas equestres, os colossos, os arcos do triunfo, os bustos de mármore e de bronze, os baixos-relevos, todos eles monumentos históricos, a que poderíamos acrescentar nossas ricas tapeçarias, nossas pinturas afrescos e nossas gravuras a buril. (N.T.)

tendente das belas-letras que das finanças". De fato, entre 1655 e 1660 Fouquet praticamente substituiu o rei como principal patrocinador das artes do reino, tendo construído uma esplêndida casa em Vaux-le-Vicomte e contratado uma plêiade de artistas e escritores de talento, entre os quais os dramaturgos Corneille, Molière e Quinault, o poeta La Fontaine, o pintor Lebrun, os escultores Anguier e Girardon, o arquiteto Le Vau e o projetista de jardins Le Nôtre.[2]

Colbert quis restabelecer a preeminência do rei como patrocinador das artes (Figura 16). Sua ampla preocupação com a glória do monarca é revelada em sua correspondência oficial, em especial a trocada com Jean Chapelain. Este poeta e crítico ganhara a boa-vontade do cardeal Richelieu escrevendo uma ode em seu louvor e era membro da Académie Française desde sua fundação, em 1634-5. Por solicitação de Colbert, Chapelain escreveu-lhe um longo relatório em 1662 sobre os usos da arte "para conservar o esplendor das realizações do rei" [*pour conserver la splendeur des entreprises du roy*].[3]

O plano, fosse de Colbert ou de Chapelain, era ambicioso. O relatório concentra-se na literatura, especialmente poesia, história e panegírico, listando as virtudes e fraquezas de 90 literatos da época e sua aptidão para o serviço do rei. No entanto, Colbert menciona também uma variedade de outros meios e gêneros: medalhas, tapeçarias, afrescos, gravuras e, por fim, vários tipos de monumento "como pirâmides, colunas, estátuas equestres, colossos, arcos do triunfo, bustos de mármore e de bronze".

Em boa parte, esses meios já tinham sido usados para glorificar o rei, sobretudo na entrada em Paris de 1660. Mesmo assim, é extremamente interessante ter essa prova documental de um grande projeto em momento tão inicial da história do governo pessoal de Luís e da carreira de Colbert como conselheiro real. O plano foi posto em prática na década seguinte, quando podemos observar a "organização da cultura" no sentido da construção de um sistema de organismos oficiais que mobilizavam artistas plásticos, escritores e eruditos a serviço do rei.

Como na época de Richelieu, a Académie Française desempenhou um papel importante, juntamente com seu comitê, a chamada "pequena academia" [*petite académie*], criado em 1663 e transformado na Académie des Inscriptions em 1696.[4] Outras novas fundações incluíam a Académie de Danse (1661); a Académie Royale de Peinture et de Sculpture, fundada em 1648 mas reorganizada em 1663; a Académie Française de Rome (1666), uma escola para a formação de artistas; a Académie des Sciences (1666); a Academie d'Architecture (1671); a Académie d'Opéra (1671), que pouco durou e foi substituída pela Académie Royale de Musique (1672); e a malograda Académie des Spectacles (sua fundação em 1674 nunca foi registrada).[5] Todas essas instituições tinham sede em Paris, mas posteriormente, no reinado, fundaram-se academias na províncias segundo o modelo da Académie Française (abaixo, p.166-7).

As academias eram corporações de artistas e escritores que em sua maioria trabalhavam para o rei. Atuavam também como patrocinadores, encomendando obras que haveriam de glorificar Luís. Por exemplo, a Academia de Pintura e Escultura admitia novos membros com base numa "peça de admissão", que devia estar relacionada com *l'histoire du roi.*[6] Em 1663 ela começou a promover concursos, com prêmio para a melhor pintura ou estátua representando as "ações heroicas" do rei. A partir de 1671, a Académie Française fez concursos para a escolha do melhor panegírico do rei, com temas que variavam a cada ano. No final do reinado, várias academias empregavam um compositor para compor em honra ao rei.[7]

Outros tipos de instituição faziam parte do sistema. Havia, por exemplo, a fábrica nacional dos Gobelins (inaugurada em 1663), que tinha cerca de 200 empregados (entre os quais muitos pintores) para produzir o mobiliário dos palácios reais, bem como as famosas tapeçarias da *histoire du roi* (Figura 17).[8] Houve também o *Journal des Savants,* fundado em 1665 e publicado pela imprensa real, que imprimia obituários de eruditos, descrições de experimentos e, em especial, resenhas de livros (ideia nova na época). O *Journal* que era editado por homens de letras do círculo de Colbert, difundia novidades sobre o mundo do conhecimento, ao mesmo tempo em que fazia propaganda do patrocínio do rei.[9] A censura à literatura tornou-se mais rigorosa em 1667, por orientação do novo chefe de polícia, La Reynie.[10]

Qual era a importância dessas fundações? Eram a expressão de uma política governamental coerente para as artes? Limitavam-se à glorificação do rei, ou tinham objetivos mais amplos? Para responder a estas perguntas é necessário examinar mais de perto o patrocínio real das diferentes artes e ciências.

No caso da literatura, o conselho de Chapelain foi levado a sério. A partir de 1663, pensões que somavam cerca de cem mil libras por ano eram concedidas a vários escritores e eruditos. Alguns eram franceses, entre os quais um poeta descrito por Chapelain como "um rapaz chamado Racine".[11] Outros eram estrangeiros – holandeses, alemães e italianos. Naturalmente, como outros presentes, essas "gratificações", como eram chamadas, eram feitas na expectativa de um retorno.

As regras do jogo foram explicadas por Chapelain – por vezes com notável franqueza – em suas cartas a Colbert e aos eruditos estrangeiros envolvidos. Provavelmente poderiam encontrar-se contradições a essas regras em todas as doações feitas. No entanto, elas eram particularmente argutas num período de transição entre a ideia tradicional de magnificência real e o sentido de publicidade característico das culturas pós-invenção da imprensa.

Por um lado, Chapelain informava ao poeta italiano Girolamo Graziani: "Sua Majestade gratifica as pessoas de mérito pelo motivo único de agir regiamente em

17. Luís como patrono das artes. *A visita aos Gobelins*, extraído de "História do rei", série de Charles Lebrun, tapeçaria, *c.*1670. Collection Mobilier National, Paris

tudo e de modo algum com intenção de delas obter elogios" [*Sa Majesté gratifie les gens de mérite par le seul motif d'agir en toutes choses royalement et point du tout dans la vue d'en attirer des louanges*].[12] A questão, como ele disse a Colbert, era que as gratificações "parecerão tanto mais nobres quanto mais pareçam desinteressadas" [*paroistront d'autant plus nobles qu'elles paroistront plus désinteressés*].[13] Para exaltar a prodigalidade do rei com escritores e artistas, cunhou-se uma medalha com a legenda BONAE ARTES REMUNERATAE, datada de 1666.

Por outro lado, não se deixava que os beneficiários das gratificações alimentassem qualquer dúvida quanto ao retorno que deles se esperava. "O rei é generoso," escreveu Chapelain ao erudito holandês Nikolaes Heinsius, "mas sabe o que faz e não quer passar por tolo" [*Le Roy est généreux, mais il sait ce qu'il fait e ne veut point passer pour dupe*].[14] "De fato, era importante para a honra de Sua Majestade que o elogio que lhe era feito parecesse espontâneo, e para que parecesse espontâneo devia ser impresso fora de seus domínios" [*Il importait en effet pour l'honneur de Sa Majesté que son éloge pârut fait volontairement et, pour paraître volontaire, il fallait qu'il fût imprimé hors de ses États*].[15] Muitos dos agraciados (contou Chapelain ao advogado alemão Herman Conring) "concordaram em por o nobre nome do rei à testa de suas obras".[16] Um deles foi instruído a redigir a dedicatória ao rei "nos termos os mais respeitosos e os mais magníficos que poderíeis" [*dans les termes les plus respectueux et les plus magnifiques que vous pourriez*].[17] Outro foi aconselhado a inserir em seu panegírico de Luís a decisão do rei de dar audiências públicas todas as semanas.[18]

Poetas, juristas e filósofos naturais eram todos cultivados por diferentes razões, mas os historiadores eram objeto de uma atenção especial. A nomeação de historiógrafos reais já era a essa altura uma tradição na França.[19] Mesmo assim, Colbert e Chapelain fizeram esforços fora do comum para encontrar historiadores que registrassem e celebrassem os feitos do rei. Dos 90 escritores sobre os quais Chapelain escreveu pareceres, 80 eram historiadores. Em 1662, já havia seis historiadores oficiais *en poste*, entre os quais Mézéray.[20] A despeito desse *embarras de richesses*, Chapelain defendeu – sem sucesso – a nomeação de Nicholas Perrot d'Ablancourt, mais conhecido como tradutor, ao passo que Colbert conseguiu a nomeação de André Félibien para um novo posto, o de "historiador das edificações do rei" [*historiographe des bâtiments du roi*]. Nessa condição, Félibien publicou descrições oficiais das pinturas, tapeçarias, construções e festas encomendadas pelo rei.[21]

O patrocínio governamental estendia-se às ciências naturais, como o atesta a fundação de uma Académie des Sciences, a construção de um observatório astronômico e o lançamento de uma publicação científica. Embora a ideia de uma academia de ciências pareça ter tido origem num grupo privado de eruditos, a mão de Colbert é facilmente visível nesses empreendimentos.[22] A Académie era dirigida pelo ex-livreiro de Colbert, Pierre de Carcavy; o astrônomo italiano Gian-Domenico Cassini foi à França a seu convite; e o *Journal des Savants* foi originalmente editado por outros três de seus protegidos, Denis de Sallo (um amigo de Chapelain), Amable de Bourzeis (que já servira a Richelieu como escritor) e Jean Gallois (ex-tutor de seus filhos).

A raridade desse patrocínio oficial à ciência merece ênfase. A Royal Society fora fundada na Inglaterra poucos anos antes da Académie des Sciences e começou a publicar seus *Philosophical Transactions* dois meses depois de sua rival francesa, mas, a despeito do "Real" que ostenta no título, a sociedade inglesa não foi fundada pelo governo. Em contrapartida, o rei de França estava publicamente associado com a investigação científica, vínculo que ganhou forma visual numa gravura do fim da década que mostra Luís em visita à sua academia, cercado por instrumentos científicos (Figura 18). A visita, diga-se de passagem, só aconteceu na imaginação.[23]

Para mostrar ao mundo que Luís era um homem culto, Colbert se empenhou em aumentar as coleções reais de pinturas, estátuas, medalhas, manuscritos, livros etc. herdadas pelo rei de seus predecessores. Charles Perrault, um protegido seu, foi encarregado de publicar volumes com gravuras das coleções abrigadas

18. *Luís XIV visita a Academia de Ciências*, de Sébastien Le Clerc, frontispício de *Mémoires pour l'histoire naturelle des animaux*, de Claude Perrault, 1671. British Library, Londres

no *cabinet du roi,* tornando públicos assim o gosto e a magnificência do rei. A outro protegido de Colbert, o erudito Pierre Carcavy, foi confiada a Biblioteca Real. Foi Carcavy quem inspirou a tentativa de Colbert de comprar (por meio de Chapelain e Conring) a famosa biblioteca de Wolfenbüttel para enriquecer a coleção real.[24]

No caso das artes, embaixadores e outros agentes governamentais no estrangeiro (sobretudo dois clérigos italianos, Elpídio Benetti, em Roma, e Luigi Strozzi, em Florença) foram instruídos a procurar esculturas clássicas, pinturas de mestres renascentistas e assim por diante. A correspondência de Colbert revela com detalhes seus métodos, até a importância de regatear, a preferência por fôrmas ou cópias, por serem mais baratas que os originais, e a pressão política exercida sobre indivíduos e instituições que relutassem em vender ao rei de França os seus tesouros, entre os quais uma Santa Ceia de Veronese, pertencente ao convento do Servi, em Veneza. Por vezes a política auxiliava a coleta de obras de arte, assim como a coleta de obras de arte auxiliava a política.[25]

Evidentemente, não bastava comprar antiguidades. Luís teve de encomendar – e mostrar que encomendava – novas pinturas e estátuas. Assim como dependia da orientação de Chapelain em termos de literatura, no que dizia respeito à arte Colbert ouvia em geral Charles Lebrun, *premier peintre du roi.*[26] Segundo Bernini, que viu os dois homens juntos em 1665, "Colbert se comporta com Lebrun como uma amante, submetendo-se inteiramente a ele".[27] Na opinião de outro contemporâneo, Lebrun teria estabelecido "uma espécie de tirania na pintura [*une espèce de tyrannie dans la peinture*] graças à confiança que Colbert tinha nele".[28] A frase chamou atenção de historiadores atuais, impressionados com o paralelo entre o absolutismo real e o papel de Lebrun no reino da arte.[29] A afirmação é um tanto exagerada, pois alguns artistas trabalharam para o rei independentemente de Lebrun.[30]

Ainda assim, Lebrun foi um patrocinador importante em virtude de sua posição como figura dominante na Académie Royale de Peinture (instituição que ajudara a fundar em 1648); como diretor dos Gobelins, onde *l'histoire du roi* estava sendo produzida na forma de tapeçarias; e como o artista encarregado da decoração interior dos palácios reais do Louvre e Versailles.

Artistas que não estavam em bons termos com ele ou com Colbert não recebiam as encomendas que, de outro modo, poderiam esperar; foi o que aconteceu com Pierre Mignard após a morte de sua protetora, Ana da Áustria, em 1666. Ao contrário, os protegidos de Lebrun tendiam a ter carreiras de sucesso no serviço real. Por exemplo, o gravador Gérard Edelinck, a cujo casamento Lebrun compareceu, tornou-se *graveur du cabinet du roi*; o escultor Pierre Mazeline, de cujo casamento Lebrun foi testemunha, trabalhou em Versailles e recebeu uma pensão do rei.

No caso da arquitetura, o conselheiro de Colbert foi Charles Perrault – literato conhecido em nossos dias sobretudo por ter reescrito contos populares, como *Chapeuzinho Vermelho* –, que serviu como *encarregado das edificações* [*commis des bâtiments*] quando Colbert se tornou *surintendant* em 1664. Em suas memórias, Perrault expôs o plano de Colbert "de ter muitos monumentos erigidos para a glória do rei, como arcos do triunfo, obeliscos, pirâmides e túmulos", confirmando assim o quadro que emerge da correspondência de Chapelain.[31] Um túmulo, ou, mais exatamente, uma capela funerária para a família real na igreja de Saint-Denis, foi projetado pelo arquiteto François Mansart em 1665 e também por Gianlorenzo Bernini. Quanto aos obeliscos, ou pirâmides, as decorações para a entrada real em Paris em 1660 incluíram um de madeira, ao passo que em 1666 Claude Perrault, irmão de Charles, projetou um obelisco de pedra para a glória do rei (Figura 19). Arcos do triunfo seriam construídos na década de 1670 (abaixo, p.90).

Colbert deu poucas mostras de apreço pessoal pelas artes plásticas, música ou literatura. Talvez num contraste deliberado com seus predecessores, Richelieu, Mazarin e Fouquet, suas atividades como patrocinador privado foram extremamente limitadas. Seus interesses pessoais voltavam-se mais para o saber que para as artes, e entre seus protegidos estavam eruditos como Charles Du Cange e Jean Mabillon.[32]

No entanto, esse aparente filisteu fez mais pelas artes em seus 20 anos de poder que ministros como Mazarin, que as apreciavam mais em si mesmas. Colbert atraiu um considerável grupo de artistas e escritores para o serviço de rei. Alguns deles, como os escritores Amable de Bourzeis, Chapelain e Jean Desmarets, tinham servido anteriormente ao cardeal Richelieu. Outros tinham servido a Mazarin: o poeta Isaac Benserade, por exemplo, o compositor Jean Cambefort, o escritor François Charpentier. Alguns dos mais talentosos foram tomados de Fouquet, entre os quais Lebrun, Le Nôtre, Le Vau e Molière. Racine, cujo nome chegou ao conhecimento de Colbert através de Chapelain, foi contemplado com a pensão em 1663, quando não tinha mais que vinte e poucos anos.

Parece ter havido um programa deliberado para incentivar estrangeiros a pôr seus talentos a serviço do rei. Como vimos, sábios estrangeiros recebiam pensão. O astrônomo italiano Gian-Domenico Cassini foi convencido por Colbert a se mudar de Bolonha para Paris (sua pensão era de nove mil libras por ano). Artistas plásticos estrangeiros eram convidados a ir para a França e trabalhar no Louvre ou em Versailles. O pintor suíço Joseph Werner, por exemplo, foi convidado a ir para Paris em 1662, após um parecer favorável do embaixador francês. O gravador flamengo Gérard Edelinck chegou em 1666. Quanto ao escultor Martin van den Bogaert, que chegou por volta de 1670, a tradução francesa do seu sobrenome, "Desjardins", oculta suas origens flamengas.

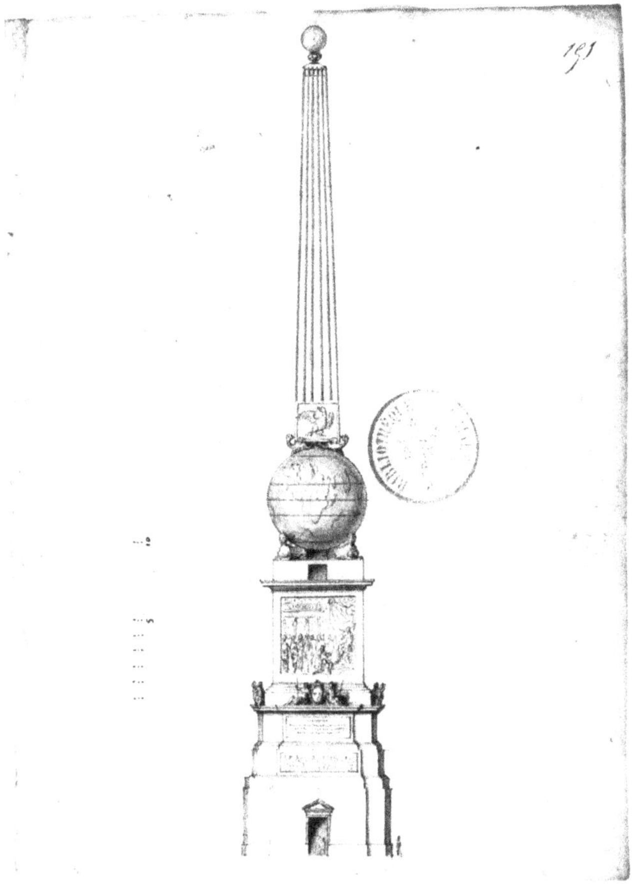

19. *Projeto de obelisco*, de Claude Perrault, 1666. Bibliothèque Nationale, Paris

A importância de Colbert reside em sua visão geral da contribuição de todas as artes para a glória do rei. Recorria a especialistas para sugestões concretas, especialmente Chapelain, Perrault e Le Brun. No entanto, foi o próprio ministro o responsável pela organização do patrocínio oficial, na verdade por sua burocratização.

Ao usar o termo "burocratização", não pretendo sugerir que o sistema tradicional de protetores, protegidos e agentes intermediários, tão operativo no mundo das artes quanto no da política no início do período moderno, tivesse chegado ao fim.[33] Artistas e escritores como Lebrun e Molière eram protegidos do financista Fouquet antes de ingressar no serviço do rei. Chapelain atuava como agente intermediário dentro do sistema de patrocínio real da literatura. Outros agentes também tiveram papéis a desempenhar. Racine, por exemplo, enviou seu primeiro poema a Chapelain através de um intermediário. O rei teve notícia do compositor André Destouches por intermédio do futuro príncipe de Mônaco. Exemplos deste tipo poderiam ser multiplicados.

No decorrer do reinado, contudo, as artes passaram a ser administradas por um número cada vez maior de funcionários públicos, como diretores, superintendentes ou inspetores. Lebrun era *directeur de la manufacture royale des Gobelins.* Os balés reais, as construções, os aparelhos e a música, todos tinham seus *surintendants.* Havia um *inspecteur-général des bâtiments,* um *inspecteur des beaux-arts,* e até um *inspecteur-général de la sculpture* (evocando a imagem de uma tropa de estátuas perfiladas para sofrer revista).

Outra parte da burocratização das artes foi a montagem do sistema de academias, o equivalente nas artes do sistema de colégios que estava se desenvolvendo sob os governos europeus no século XVII. Colbert não se limitou a fundar academias; regulamentou o comportamento de seus membros. Os da Académie Française, por exemplo, receberam horários fixos de trabalho, juntamente com um relógio de pêndulo, para garantir que seu sentido de tempo seria tão preciso quanto o desejava o ministro.

Igualmente burocrática foi a crescente utilização de comitês, como o pequeno grupo que traçou projetos alternativos para o Louvre, ou, ainda mais importante, a petite académie, que originalmente não era em absoluto uma academia... e sim "uma espécie de pequeno conselho para todas as coisas relacionadas com as belas-letras" [*une espèce de petit conseil pour toutes les choses dépendantes des belles-lettres*].[34]

Os membros desse comitê (Chapelain, Charles Perrault, Bourzeis, Cassagnes e François Charpentier) reuniam-se na casa de Colbert todas as terças e sextas-feiras. Sua missão era essencialmente supervisionar a criação da imagem pública do rei. Corrigiam textos antes de sua publicação, inclusive descrições de festivais escritas por Félibien e pelo próprio Perrault.[35] Examinavam os projetos e compunham descrições de tapeçarias e medalhas. Pelo menos durante alguns anos, trabalharam numa história do reinado.[36] A formação desse grupo mostra com que seriedade Colbert encarava a tarefa da fabricação da imagem, e o quanto seu senso de publicidade era aguçado.

Como a administração do Estado, a criação da imagem pública do rei era organizada a partir do centro.[37] Equipes de artistas eram dirigidas por comitês de patrocinadores. Seria possível representar o sistema – de modo bastante apropriado para uma época de burocratização crescente – na forma de um organograma. No topo estava o próprio rei, que intervinha eventualmente para encomendar determinadas obras, ou pelo menos para escolher entre projetos alternativos (abaixo, p.79-80, 98). Imediatamente abaixo de Luís vinha Colbert, que gostava de segurar pessoalmente todos os cordões, a despeito de suas outras ocupações. Em seguida vinham os homens de Colbert, especialmente três deles. Chapelain o aconselhava no plano da literatura, Lebrun no da pintura e da escultura, e Charles Perrault no da arquitetura. A música (incluindo o balé e a ópera) estava fora do domínio de Colbert. Era controlada por Lully.

Em suma, o que já se chamou de "departamento da glória" foi fundado para organizar a apresentação da imagem do rei ou, mais exatamente, *l'histoire du roi,* um quadro em movimento dos principais eventos do reinado. É hora de passarmos da organização para o que ela produziu.

Luís XIV como imperador romano (detalhe da Figura 22)

V

Autoafirmação

Sous un tel souverain nous sommes peu de chose;
Son soin jamais sur nous tout à fait ne repose:
Sa main seule départ ses liberalités:
Son choix seul distribue états et dignités.*

Corneille, *Othon,* Ato 2, cena 4

O último capítulo ocupou-se do que poderia ser chamado de a estrutura da glorificação de Luís XIV, mais especialmente da criação dessa estrutura a partir do início da década de 1660. Este capítulo trata da própria imagem real; desde que Luís assumiu o governo pessoal em 1661 até a deflagração da Guerra da Devolução em 1667. Poderíamos qualificar esses anos como "a época da autoafirmação". Após a morte de seu mentor e ministro Mazarin, o jovem rei ficou em condições de tomar importantes decisões por si mesmo. Ironicamente, essa autoafirmação deve ser encarada como uma ação coletiva, de que participaram os conselheiros do rei e os fabricantes da sua imagem.

O mito do governo pessoal

A imagem do jovem rei projetada na década de 1660 foi a de um soberano excepcionalmente dedicado aos negócios do Estado e ao bem-estar de seus súditos. A própria decisão de governar pessoalmente tornou-se um evento a ser celebrado, e até mitificado, isto é, apresentado de maneira dramática como uma "maravilha".

O primeiro anúncio da intenção do rei de governar pessoalmente teve caráter semiprivado: foi incluído num discurso ao chanceler feito na presença de ministros e secretários.[1] A *Gazette,* publicação oficial, não fez nenhuma menção a isso na época. Quando da morte de Mazarin, em 9 de março de 1661, o jornal

* Sob um tal soberano somos de pouca valia;/ Sua responsabilidade nunca nos é de todo confiada:/ Apenas sua mão reparte suas liberalidades:/ Apenas sua escolha distribui cargos e dignidades. (N.T.)

noticiou uma visita de pêsames feita ao rei por representantes do clero francês, cujo porta-voz declarara que o rei vinha sendo incansável não só em operações militares como na condução de negócios de Estado [*Sa Majesté, qui a esté infatigable dans les travaux de la guerre, ne l'est pas moins dans la conduite des affaires de son Estat*].[2] O tema foi retomado em abril pela própria *Gazette*, que assinalou a notável aplicação do rei a atividades oficiais, como encontros sociais [*Le Roy, continuant de prendre le soin de ses affaires avec une application toute particulière, se trouva au Conseil des Parties*]. Até ao mencionar uma caçada do rei, a *Gazette* apresentava a atividade como um relaxamento da "maravilhosa assiduidade" com que ele se dedicava aos negócios de Estado [*des soins que Sa Majesté prend toujours des affaires de son Estat, avec une assiduité merveilleuse*].[3]

Um relato mais completo do mesmo episódio foi feito mais tarde, na mesma década, nas memórias do rei referentes ao ano de 1661; tratava-se de um memorando confidencial esboçado pelos secretários do rei por volta de 1666 e destinado ao Delfim, como parte de sua educação para o que as próprias memórias chamam de o ofício de rei [*le métier du roi*]. Nesse texto Luís explicou que decidira "acima de tudo não ter mais primeiro-ministro" [*sur toutes les choses de ne point prende de premier ministre*]. Num trecho famoso, o rei é retratado assim: "Informado de tudo; dando ouvidos ao mais humilde de meus súditos; consciente a todo momento do número e da qualidade de minhas tropas, e das condições de minhas fortalezas; dando ordens incessantemente com relação a todas as suas necessidades; recebendo e lendo despachos; respondendo eu próprio a alguns deles, e dizendo a meus secretários como responder aos outros; fixando o nível das receitas e das despesas de meu Estado."[4]

O evento foi apresentado a um público mais amplo numa variedade de textos e imagens. O relato da *Gazette* citado acima talvez tenha sido suficiente para permitir aos leitores discernir uma referência contemporânea ao fato na peça *Othon*, de Corneille, que teve sua estreia na corte em Fontainebleau em 1664. A peça é situada no reinado do imperador Galba, com quem um dos ministros comenta a pouca valia que têm os subordinados para um soberano que não recorre a eles e distribui pessoalmente prêmios e cargos (ver a epígrafe deste capítulo).

Mais tarde no reinado, o evento foi comemorado também por meio de imagens visuais. A mais famosa delas é a pintura que Lebrun fez no teto da Grande Galerie, em Versailles, com a inscrição. "O rei assume o governo de seus domínios e dedica-se inteiramente aos negócios" (Figura 20).[5] Luís segura um timão, para mostrar que agora é o capitão da nau do Estado. É coroado pelas Graças, enquanto uma figura que representa a França sufoca a Discórdia e uma representação de Himeneu, deusa do casamento, segura uma cornucópia, símbolo da abundância. Minerva, deusa da sabedoria, mostra ao rei a Glória, pronta para coroá-lo, acompanhada da Vitória e da Fama. No céu, os deuses oferecem seu auxílio a Luís.[6]

20. *O rei governa por si mesmo*, de Charles Lebrun, pintura em teto, 1661. Château de Versailles

Uma interpretação mais precisa do governo pessoal do rei foi oferecida por três medalhas datadas de 1661.[7] A primeira, que traz a inscrição "O rei assume o governo" [REGE CURAS IMPERII CAPESSENTE], representa a "Ordem e Felicidade" que resultaram desse evento, expressão cujo sentido o comentário oficial de 1702 ampliou, para abarcar a reforma de abusos, o reflorescimento das artes e das ciências e a restauração da abundância. As outras duas medalhas acrescentam detalhes a esse quadro. Uma delas intitula-se "A assiduidade do rei a seus conselhos", mantida a despeito de outros deveres que reclamavam seu tempo e até da doença, como o comentário explica. A outra tinha por inscrição "A acessibilidade do rei" [FACILIS AD PRINCIPEM ADITUS].[8]

As semelhanças entre o palavreado dessas inscrições, o dos comentários e o das *Mémoires* são dignas de nota. Tanto a primeira medalha como as *Mémoires* apresentam o governo pessoal como a restauração da ordem após um tempo em que "a desordem reinava por toda parte" [*le désordre régnait partout*].[9] A segunda medalha usa, como a *Gazette,* o termo "assiduidade". A terceira corresponde às *Mémoires* ao destacar a acessibilidade do rei aos seus súditos. Referências cruzadas deste tipo entre diferentes textos e diferentes meios são comuns nas representações de Luís XIV da época, dando a impressão de um esforço coordenado para mostrar o rei de determinados modos. Esta impressão é confirmada pela instrução dada por Chapelain ao escritor italiano Dati para inserir em seu panegírico uma referência à acessibilidade do rei.[10]

Rivalidades

Os eventos do início da década de 1660 sugerem que o jovem rei e seus conselheiros estavam determinados a causar um impacto imediato sobre o público, tanto doméstico como estrangeiro. Os meios empregados foram a diplomacia e os festivais, ambos cuidadosamente anunciados em outros meios de comunicação.

Na frente diplomática, dois acontecimentos, um em Londres e outro em Roma, assinalaram uma mudança de política. Em 1661, um conflito sobre a precedência entre os embaixadores da França e da Espanha causou o que Samuel Pepys chamou de uma "rixa" entre seus séquitos nas ruas de Londres. O incidente não foi uma simples briga inconveniente que estragou uma solenidade oficial (a apresentação do embaixador a Carlos II). O rei apoiou a conduta de seu representante e foi o embaixador da Espanha na corte da França quem teve de pedir desculpas pelo que acontecera.

Em outras palavras, é provável que o incidente tivesse sido planejado, que fosse uma afirmação simbólica da superioridade do monarca francês sobre seu colega espanhol, Filipe IV, aliás tio e sogro de Luís.[11] Esta interpretação é reforçada pela reação francesa, em 1662, a um pretenso insulto feito ao embaixador do país em Roma pelos guardas córsicos do papa. Dessa vez foi o papa quem teve de pedir desculpas, através de seu representante, o cardeal Chigi, em 1664.

Estes dois triunfos diplomáticos encontraram expressão em imagens. Duas das magníficas tapeçarias desenhadas por Lebrun ilustram o pedido formal de desculpas do papa e do rei da Espanha (Figura 21). Os mesmos temas reaparecem na decoração da Grande Galerie feita por Lebrun, com as inscrições *La prééminence de France reconnue par l'Espagne* e *Réparation de l'attentat des Corses.* O pedido de desculpas dos espanhóis foi representado também em relevo na grandiosa *Escalier des Ambassadeurs,* claramente *pour encourager les autres.* A Espanha foi representada como uma mulher "rasgando as vestes para simbolizar o despeito dessa nação" [*déchirant ses vêtements, pour marquer le dépit de cette nation*].[12] O sábio holandês Heinsius fez jus a uma recompensa pelo epigrama que compôs em latim sobre o episódio da guarda córsica. Como não poderia deixar de ser, cunharam-se moedas para comemorar os eventos, e até para comemorar uma comemoração deles: a construção (e mais tarde destruição) de uma pirâmide em Roma para marcar o acidente córsico.[13]

A retomada de Dunquerque, comprada de Carlos II em 1662, foi também celebrada como um grande triunfo. Colbert pediu a Chapelain que pedisse a

21. A tapeçaria como propaganda. *Encontro de Filipe IV e Luís XIV*, extraído da série "História do rei", de Charles Lebrun, tapeçaria, *c.*1670. Collection Mobilier National, Paris

Charles Perrault para escrever a respeito.[14] Lebrun pintou um retrato equestre do rei com a cidade recém-retomada ao fundo.[15] Dunquerque foi também tema do primeiro concurso organizado pela Académie Royale de Peinture.[16]

Magnificência

Outro método empregado para causar impacto sobre a Europa era menos violento. Tanto o ritual como a arte e a arquitetura podem ser vistos como instrumentos de autoafirmação, como a continuação da guerra e da diplomacia por outros meios. A imagem do rei como patrocinador magnificente e munificente das artes recebeu grande ênfase durante o reinado. Como seus papéis político e militar, também este foi mitificado. Nas palavras de um de seus artistas oficiais, em conferência feita na Académie Royale de Peinture, Luís "fizera nascer, ou formara, a maior parte dos homens ilustres que foram o ornamento de seu reinado" [*fait naître, ou formé, la plus grande partie des hommes illustres qui ont fait l'ornement de son règne*].[17]

Outros acontecimentos desse período, mais tarde celebrados com medalhas, incluíram a fundação de academias e a concessão de recompensas a literatos.[18]

Em 1662 foi organizado um dos mais grandiosos espetáculos públicos do reinado, o *carrousel,* numa praça em frente às Tuileries. Na Idade Média, o carrossel fora uma competição popular em que homens a cavalo deviam correr num picadeiro e realizar outras proezas. No final do Renascimento, transformara-se numa espécie de balé equestre. A aparição de Luís a cavalo como "imperador dos romanos" foi um equivalente de suas aparições no palco, com a diferença de que nesta ocasião a audiência era muito maior. Cinco equipes de nobres vestiam fantasias, supostamente trajes romanos, persas, turcos, indianos e americanos. Cada competidor trazia um escudo com seu emblema, e o do rei era um sol com a inscrição "Tão logo vi venci" [UT VIDI VICI]. Na verdade, o rei se saiu bem na competição e o acontecimento foi comemorado num magnífico volume de gravuras, in-fólio, com um texto explanatório de Charles Perrault (ver Figura 22). A importância política do evento, o primeiro divertimento de verdadeiro esplendor do rei [*le premier divertissement de quelque éclat*], foi ressaltada nas memórias reais.[19]

Os mais importantes projetos artísticos da década foram, é claro, a reconstrução do Louvre e de Versailles. O Louvre era um palácio medieval reconstruído no estilo renascentista durante o reinado de Francisco I. Era um palácio acanhado demais para as necessidades de uma corte do século XVII e o incêndio que destruiu parte dele em 1661 pôs sua reconstrução como ponto prioritário na agenda. Tomou-se a decisão de construir um novo palácio e de encomendar projetos a vários arquitetos de renome, tanto italianos como franceses: Louis Le Vau, François Mansart, Claude Perrault, Carlo Rainaldi e Gianlorenzo Bernini, artista que chamara a atenção do cardeal Mazarin.[20]

Bernini foi convidado a ir à França em 1665. Seria interessante saber se o convite foi feito porque Mazarin tivera interesse no trabalho do arquiteto ou para humilhar ainda mais o papa Alexandre VII, privando-o de seu maior artista. Ao chegar, Bernini foi tratado com grande deferência e agradou ao rei, mas, tendo entrado em choque com Colbert e Charles Perrault, que criticaram seus projetos, não conseguiu receber encomendas, embora tenha feito um famoso busto de Luís.[21]

Colbert (ou Perrault, seu braço direito) fez um memorando para demonstrar que o projeto de Bernini era pouco prático, mal adaptado ao clima francês, negligenciava a segurança, em suma, era pouco mais que uma fachada, "tão mal concebido para a comodidade do Rei" [*si mal conçu pour la commodité du Roi*], que com um gasto de dez milhões de libras continuaria tão desconfortável quanto antes.[22] De sua parte, Bernini queixou-se amargamente de que o governo francês só estava preocupado com "latrinas e canos".

22. *Luís XIV como imperador romano*, extraído de *Festiva ad capita*, de Charles Perrault, 1670. British Library, Londres

O projeto para o Louvre, finalmente agraciado com a aprovação oficial, foi produzido por um pequeno comitê integrado por Lebrun, Le Vau e Claude Perrault. A obra foi executada e comemorada com diversas medalhas.[23] O rei, no entanto, passou relativamente pouco tempo nesse palácio, que se tornou sobretudo o quartel-general dos fabricantes de sua imagem. Alguns artistas preeminentes receberam alojamentos e oficinas no Louvre. Girardon, por exemplo, mudou-se para lá em 1667. A Académie Française também recebeu salas no Louvre, evento igualmente comemorado com uma medalha.[24] É intrigante ler a correspondência entre o rei e Colbert a este respeito. Colbert sugeria que o Louvre podia ser "mais digno" da Académie, mas que a biblioteca real seria talvez mais confortável [*plus commode*]. Como no caso do projeto de Bernini, ele continuava insistindo em considerações práticas. Luís, entretanto, escolheu o Louvre, a despeito do possível incômodo para os acadêmicos.[25]

Enquanto isso, o rei tinha voltado sua atenção para Versailles, que se resumia a um pequeno castelo construído para Luís XIII em 1624. Logo depois de iniciar seu governo pessoal, Luís encarregou Le Vau de aumentar o castelo e Le Nôtre de projetar os jardins, provocando um protesto de Colbert contra o gasto de dinheiro "nessa casa" [*cette maison,* em contraste com o Louvre, referido como *palais*], porque "ela contempla muito mais o prazer e o divertimento de Vossa Majestade que a sua glória" [*regarde bien plus le plaisir et le divertissement de Votre Majesté que sa gloire*].[26]

Para a posteridade, a cujos olhos a glória do Rei Sol está tão intimamente ligada a Versailles, estas palavras soam estranhas. Deveríamos atribuir ao jovem monarca mais senso político, ou um senso de publicidade mais aguçado que o de seu ministro? O mais provável é que nessa altura de seu reinado Luís estivesse mesmo pensando em suas diversões, num lugar para fazer festas, ou para se encontrar com Mlle. de La Vallière em relativa privacidade, e que não imaginasse melhor que Colbert o que Versailles haveria de se tornar ao cabo de 42 anos de construção e reconstrução.[27]

Esse famoso embate entre o jovem rei e o ministro de meia-idade suscita um problema central. Quem tomava as decisões? No caso do Louvre, foi Colbert quem se impôs. O rei autorizou pessoalmente o plano final, escolhendo entre as alternativas propostas pelo comitê.[28] Sabemos, contudo, que ficara muito impressionado com o segundo projeto de Bernini.[29] Ao que parece, Colbert o demoveu dessa preferência, Bernini teve conhecimento do problema. Certa vez comentou que, se tivesse ficado na França, "teria pedido ao rei para só tratar de suas construções pessoalmente com Sua Majestade" [*il aurait demandé au Roi de n'avoir à traiter de ses bâtiments qu'avec Sa Majesté même*].[30] Luís prezava mais a magnificência que o conforto.

Se Colbert ganhou o conflito de vontades em torno do Louvre, foi Luís quem triunfou no caso de Versailles. No que dizia respeito a música, dança e espetáculo, eram também os gostos do rei que contavam. Luís continuou a participar de balés da corte ao longo da década de 1660, em papéis como os de Alexandre Magno, Ciro, rei da Pérsia e do herói de cavalaria Roger. A fundação de uma Academia de Dança em 1661 atendeu muito bem a seus interesses pessoais, assim como a designação de Jean-Baptiste Lully, no mesmo ano, como superintendente de sua música de câmara [*surintendant de la musique de chambre du roi*]. A organização de festivais da corte foi entregue a um nobre muito apreciado pelo rei, o duque de Saint-Aignan, e o envolvimento pessoal do rei nesses espetáculos é bem conhecido.

Foi Luís, por exemplo, quem escolheu, inspirado em Tasso, o tema de *Plaisirs de l'Ile Enchantée,* de 1664, como o fez mais tarde com *Amadis,* de Quinault.[31] Segundo Molière, Luís acrescentou um personagem à sua peça *Les fâcheux* (1661) e foi quem sugeriu o enredo de *Les amants magnifiques* (1670).

O rei parece ter mostrado pouco interesse nessa época tanto por sua biblioteca como por sua coleção de estátuas. Essas formas de magnificência eram apenas parte de sua personalidade oficial.[32] Por outro lado, interessava-se pela pintura, pelo menos certos tipos de pintura, como as de batalha. Em 1669, fez a Adam-Frans van de Meulen, pintor flamengo de batalhas, a homenagem de carregar seu filho recém-nascido junto à pia batismal.

O interesse pessoal do rei pelas pinturas de Alexandre Magno feitas por Lebrun é bem conhecido. Quer Racine tenha inspirado Lebrun ou vice-versa, a escolha de Alexandre, tanto pelo pintor como pelo dramaturgo – para não mencionar o balé sobre o mesmo tema criado por Benserade em 1665 – eram homenagens à identificação de um jovem conquistador com outro.[33]

23. *Ludovicus Magnus*, medalha de Jean Warin, 1671. Cabinet des Médailles, Bibliothèque Nationale, Paris

VI

Os anos de vitória

> Voilà comme la Victoire et la Gloire prennent plaisir d'ammasser leur Couronnes sur la Tête d'un Monarque si magnanime.*
>
> *Gazette*, 1672

Após a ofensiva diplomática dos anos 1662-4, só se podia esperar que Luís escolhesse a via régia para a glória, a de uma guerra externa bem-sucedida. Suas primeiras guerras foram de fato bem-sucedidas: a Guerra da Devolução, em 1667-8 e – pelo menos em suas fases iniciais – a Guerra Holandesa de 1672-8. É da imagem do herói conquistador desses anos que este capítulo tratará. Focalizará, em particular, um episódio famoso, a invasão da República Holandesa em 1672, e especialmente a travessia do Reno pelas forças do rei.

A guerra da devolução

A Guerra da Devolução foi travada para impor aos Países Baixos espanhóis o domínio que Luís se arrogava após a morte, em 1665, de Filipe IV, pai de sua esposa, Maria Teresa. O terreno foi preparado com panfletos que apresentavam Luís sob a imagem favorável de um soberano que não queria nada além de seus legítimos direitos. Herman Conring, professor de direito na Universidade de Helmstedt, um dos eruditos estrangeiros que recebiam gratificações regulares, se ofereceu para escrever em apoio ao rei.[1] A imprensa real publicou um tratado anônimo em francês sobre "os direitos da cristianíssima rainha sobre vários Estados da Monarquia Espanhola". A obra, produzida por uma equipe que trabalhara sob a direção de Bourzeis (membro da petite académie) e revista por Chapelain e Charles Perrault, foi rapidamente traduzida para o latim, o espanhol e o alemão.[2]

Charles Sorel e Antoine Aubéry também escreveram em defesa das pretensões do rei. Sorel, historiógrafo real (e ex-escriturário jurídico) publicou tratados

* Eis como a Vitória e a Glória se comprazem em empilhar suas coroas sobre a cabeça de um monarca tão magnânimo. (N.T.)

sobre os direitos dos reis de França, ao passo que Aubéry, advogado no Parlamento de Paris, publicou *Sobre as justas pretensões do rei* [de França] *ao Império* [*Des justes prétensions du roi sur l'Empire*]. Diante de protestos dos príncipes romanos, esse panfleto foi desautorizado e seu autor enviado para a Bastilha; é bem provável, no entanto, que tenha tido inspiração oficial.[3]

As justificativas dos panfletos foram seguidas, em questão de semanas, pela invasão dos Países Baixos espanhóis pelo exército francês. Nessa campanha, o rei desempenhou um papel de relevo. Seguindo a tradição, Luís comandou pessoalmente suas tropas. Rompendo com a tradição, levou sua corte consigo para o campo de batalha, incluindo a rainha e duas amantes reais, a duquesa de La Vallière e a marquesa de Montespan.

Dois pintores foram também convidados a acompanhar o rei, presumivelmente para dar maior verossimilhança à *histoire du roi.* Um foi Charles Lebrun e o outro Adam-Frans van de Meulen, recém-designado pintor da corte. Van de Meulen, que era flamengo, como seu nome sugere, viu-se assim participando da invasão de seu próprio país.

Os principais eventos da guerra, tal como ela foi apresentada por estes dois artistas, e também em gravuras, tapeçarias, medalhas, poemas e nas histórias do reinado produzidas na época, foram os cercos de Douai (Figura 24), Lille, Oudenarde e Tournai, bem como uma batalha vitoriosa nas proximidades de Bruges e a tomada do Franche-Comté (Figura 25). Quando a paz foi feita em Aix-la-Chapelle em 1668, o Franche-Comté foi devolvido à Espanha, mas Lille ficou incorporada à França. O fim da guerra foi celebrado com um festival em Versailles que, além da contribuição de Le Vau, Vigarani, Lully e Molière, incluiu uma encenação organizada pelo embaixador francês em Mainz, intitulada "A paz recém-concluída" [*Pax nuperrime factum*].[4]

As celebrações da guerra assumiram também formas mais permanentes. A Academia Real de Pintura anunciou um prêmio para a melhor obra sobre o tema "Luís pacifica a Europa". Van de Meulen ganhou sua passagem para Flandres com pinturas que mostravam o rei em Oudenarde, Arras, Lille e Dôle. Todas as quatro telas foram gravadas, de modo a poderem circular mais amplamente, e Chapelain publicou um texto para acompanhá-las.[5] A série de tapeçarias desenhada por Lebrun e dedicada aos eventos do reinado incluiu nada menos que cinco episódios da guerra: os cercos de Douai (em que uma bala de canhão por pouco não atingiu o rei, de pé numa trincheira) e de Tournai (em que Luís ergueu a cabeça acima do parapeito); a tomada de Lille e de Dôle; e a batalha nas proximidades de Bruges.[6]

Na história metálica posterior do reino, medalhas individuais comemoraram a guerra, a paz, a conquista do Franche-Comté, sua devolução à Espanha e a captura de sete cidades: Tournai, Douai, Courtrai, Oudenarde, Lille, Besançon

24. Luís nas trincheiras. *Cerco de Douai em 1667*, de Adam-Frans van der Meulen, gravura, *c.*1672. Anne S.K. Brown Military Collection, Brown University Library, Providence, R.I.

25. Luís, o conquistador. *A conquista do Franche-Comté*, gravura de Charles Simonneau, *c.*1680, segundo Charles Lebrun. British Library, Londres

e Dôle. A medalha do cerco de Douai, como a tapeçaria, mostrava Luís na trincheira e trazia uma inscrição alusiva a seu papel na campanha: REX DUX ET MILES, o rei como líder e soldado.[7]

A apresentação do rei como fazendo tudo por si mesmo é digna de nota. Podemos suspeitar que Turenne, um brilhante e experimentado general, foi o verdadeiro comandante, mas oficialmente era qualificado como mero executor das ordens do rei. Chapelain, que numa carta particular qualificou Condé de "o principal instrumento" da conquista, atribuiu no entanto ao rei o mérito da conquista do Franche-Comté num poema divulgado ao público.[8] Este padrão seria seguido nos relatos de vitórias posteriores. Poderíamos explicá-lo igualmente bem pelas convenções do panegírico como pela relutância do rei em repartir sua glória.

A partir dessas vitórias, o rei passou a ser chamado de "Luís o Grande" [Louis-le-Grand, Ludovicus Magnus]. Ao que parece, o epíteto foi usado pela primeira vez na inscrição de uma medalha cunhada em homenagem ao rei pela cidade de Paris em 1671 (ver Figura 23).[9] O exemplo logo foi seguido em outras medalhas e nos arcos do triunfo erguidos em Paris na época. Charles Perrault registrou em suas memórias que "Após as conquistas de Flandres e do Franche-Comté, M. Colbert propôs que se erguesse um arco do triunfo à glória do rei".[10] Claude, irmão de Charles Perrault, fez um projeto e o rei aprovou a maquete em 1670.

A construção do arco, na Place du Trône, foi iniciada mas nunca se concluiu. Um memorando de Colbert associa o arco ao novo Observatório (inaugurado em 1671), como se este fosse também um monumento à glória do rei: "Um Arco do Triunfo para as conquistas na Terra. Um observatório para o céu."[11] Foi aproximadamente na mesma ocasião, em 1668, que o rei decidiu construir em Versailles um castelo inteiramente novo e confiou a obra a Le Vau. Como o arco do triunfo, a grandiosa escadaria de Versailles, projetada por Le Vau, pretendia ser uma construção "digna de receber este grande Monarca quando retorna de suas gloriosas conquistas".[12]

Poetas e historiadores deram também sua contribuição para a glória do rei. Chapelain, por exemplo, compôs alguns sonetos sobre a invasão de Flandres, a conquista do Franche-Comté e o cerco de Maastricht.[13] Um certo P.D. produziu uma descrição dia-a-dia da "Campanha Real", complementada com poemas, uma justificativa da pretensão francesa aos Países Baixos e referências à "maravilhosa sabedoria" do rei, "que supera a dos maiores estadistas dos séculos passados".[14] Aos 73 anos, Jean Desmarets – que passara seus melhores anos exaltando Luís XIII e Richelieu – dedicou um poema à campanha do Franche-Comté. Molière escreveu um soneto sobre o tema, e Corneille, por sua vez, referiu-se ao rei "em seu retorno de Flandres" como um "grande Conquistador", "coberto de louros", elogiou suas "magníficas ações" e seu "augusto orgulho" [*auguste fierté*], comentando que as conquistas do rei tinham sido de tal modo rápidas que o poeta não tivera tempo para escrever a respeito.[15] Corneille fez ainda a tradução para o francês do poema escrito em latim pelo jesuíta Charles de la Rue em louvor às vitórias de 1667, que comparava o papel do rei na campanha ao de são Luís nas Cruzadas e mencionava mais uma vez sua visita às trincheiras.[16]

A Guerra Holandesa

Na *Guerra de Devolução,* Luís levou artistas para a campanha; na Guerra Holandesa, levou historiadores. Pellisson esteve em Flandres em 1677 na qualidade de historiador oficial, tendo sido substituído por Boileau e Racine em 1678. Poderíamos supor que pintores e escritores já tinham explorado a tal ponto todas as formas possíveis de exaltação para celebrar a Guerra de Devolução, que não lhes sobrava nada de novo a dizer sobre a Guerra Holandesa de 1672-8. De fato, as representações desta segunda guerra (que inclui a segunda conquista do Franche-Comté) têm muito em comum com as da primeira, mesmo relevando-se a estereotipia inerente a gêneros como o da pintura de batalhas. Pelo menos um episódio, contudo, o da travessia do Reno em 1672, deu a poetas e escritores uma oportunidade para inovar a que se agarraram tenazmente. Também eu vou tirar proveito dessa oportunidade e discutir as imagens desse episódio com especial minúcia.

Uma das últimas contribuições de Chapelain para a glória do rei foi ajudar a difundir a interpretação oficial da guerra. Numa carta a Herman Conring, ele insistiu que o rei só guerreara na Holanda para demonstrar a esse país sua ingratidão. Num soneto que enviou a Colbert, fez a república personificada lamentar seu "orgulho", "insolência" e "deslealdade". Descobriu também um certo Frischmann, que compusera um poema em latim sobre a guerra, e o recomendou a Colbert com a alegação de que "seria vantajoso para Sua Majestade" ter suas vitórias e a justiça de sua causa celebradas por um escritor alemão.[17]

Para um breve sumário da versão oficial dos motivos da guerra, podemos recorrer a Racine, designado historiógrafo real em 1677 (junto com Boileau). O cargo estava longe de ser uma sinecura, especialmente em tempo de guerra, e durante alguns anos Racine deixou o teatro de lado para produzir um "panegírico histórico" do rei e relatar as conquistas que fez entre 1672 e 1678.[18] Segundo Racine, Luís já demonstrara ser "tão excelente capitão quanto grande estadista", não tendo portanto necessidade de outra guerra. "Reverenciado por seus súditos, temido por seus inimigos, admirado pelo mundo inteiro, parecia nada mais ter a fazer senão desfrutar pacificamente de reputação tão solidamente firmada, quando a Holanda lhe ofereceu outras novas oportunidades de se distinguir e abriu caminho para ações cuja memória jamais perecerá."[19]

Foi a "insolência" dos holandeses que provocou o rei (também Corneille referiu-se ao povo holandês num poema de 1672 como "*cet insolent Batave*"). A república, segundo Racine, "aliou-se aos inimigos da França", oprimiu os católicos, competiu com o comércio francês e "vangloriou-se de ter conseguido, sozinha, impor limites às conquistas do rei". Luís decidiu "punir" os holandeses e assumiu pessoalmente o comando da campanha, abandonando os prazeres da corte para se expor aos perigos e fadigas da guerra. Num só dia, quatro fortalezas foram capturadas (Rheinberg, Wesel, Burick e Orsoy), evento comemorado com uma medalha em que a Vitória empunha quatro coroas de louros em vez da única habitual. A investida francesa transformou-se num "triunfo permanente", cujo mais famoso episódio foi a travessia do Reno.

Evidentemente, o triunfo era noticiado nos jornais. A *Gazette* dedicou um número especial à "ação gloriosa" ... "deste maravilhoso monarca". Num estilo que lembrava mais o panegírico que sua lacônica forma de expressão habitual, observou que o rei "não se poupou", como "o mais baixo dos oficiais ou soldados de suas forças", e também que "nada escapava a seu entendimento". Como se descrevesse uma pintura ou uma estátua do rei, a *Gazette* comentou: "Eis como a Vitória e a Glória se comprazem em empilhar suas coroas na cabeça de um monarca tão magnânimo" [*un Monarque si magnanime*].[20]

Quanto à já então chamada "a famosa travessia do Reno", o jornal a descreveu como um feito que nem mesmo César igualara, pois que ele usara uma ponte, ao passo que Luís, "mais capaz que os césares de resolver todas as dificuldades", transpusera os obstáculos à sua passagem sem esse tipo de ajuda mecânica. O exército francês simplesmente cruzou o rio a nado. Um segundo número especial da *Gazette* foi dedicado às celebrações que se seguiram ao retorno do rei, o *Te Deum* na Notre Dame e a queima de fogos de artifício nas Tuileries, com "quadros luminosos" de Apolo, da Vitória, da Holanda "sob o jugo" e a mão da Justiça, para mostrar que a justiça era "o único fim" de todas as façanhas do rei.[21]

Os poetas – Corneille, Boileau, Fléchier, Furetière, Genest etc. – não tardaram a traduzir em versos essas façanhas. Corneille observou que comandantes espanhóis, como Alba e Farnese, tinham sido incapazes de transpor o Reno na perseguição aos holandeses, e pôs na boca do rei palavras que expressavam a necessidade de superar os feitos dos romanos. Citou nominalmente vários dos nadadores, mas lembrou a Luís: o valor desses homens não foi senão "efeito da vossa presença".[22] Entre os pitorescos detalhes do poema está a descrição do próprio rio como "alarmado" com a proeza do rei. A *Quarta epístola* de Boileau e a ode de Charles-Claude Genest sobre o mesmo tema também descreveram o estremecimento do deus do rio.[23]

Depois dos poetas, foi a vez dos artistas. A Academia Real de Pintura e Escultura fez da travessia do Reno o tema do concurso de 1672.[24] Em Versailles, que estava sendo transformado no "palácio do Sol", os projetos de decoração das décadas de 1670 e 1680 fariam muitas alusões às ações do rei.[25] As decorações da famosa *Escalier des Ambassadeurs*, concluída em Versailles em 1680 mas destruída no século XVIII, incluíam um baixo-relevo "em que o rei aparece dando suas ordens para o ataque a seus inimigos. No ar flutua a Bravura Guerreira [*la Valeur Guerrière*]. O rio Reno, na forma de um ancião, faz um gesto de terror".[26]

Na década de 1680, Lebrun fez na Grande Galerie de Versailles nove pinturas da Guerra Holandesa. Numa delas, Luís, sentado num carro de guerra e tendo na mão um raio, atravessa o Reno acompanhado por Minerva, Hércules e personificações da Glória e da Vitória (Figura 26). Aqui também, Lebrun mostrou o deus do rio como "tomado de pânico", como nos versos de Corneille e Boileau.[27] Uma conhecida descrição das decorações de Versailles feita nessa época chama a atenção do leitor não tanto para as imagens como para a travessia propriamente dita, "uma ação tão ousada, tão surpreendente e tão memorável como jamais viram os séculos passados", e para a "intrepidez" de Luís e "a enormidade de sua coragem".[28]

As imagens que Lebrun fez da travessia são apenas as mais famosas das muitas da época. O escultor Michel Anguier a representou alegoricamente, com a Holanda na forma de uma mulher sentada num leão "que parecia amedrontado".[29] O pintor Joseph Parrocel produziu para a galeria de Marly uma versão da cena que "o rei considerou tão merecedora de sua atenção que mandou instalá-la na sala do conselho em Versailles".[30] Van de Meulen foi outro artista que produziu uma imagem memorável desse episódio (Figura 27). Os eventos de 1672 foram comemorados também com uma série de medalhas que mostravam a derrota dos holandeses, a captura de suas cidades e como não podia deixar de ser, a travessia do Reno. Os artistas da corte devem ter se cansado de representar Vitórias aladas.[31]

O tom triunfalista foi mantido nas representações oficiais dos eventos da guerra produzidos nos anos seguintes, em especial a tomada da fortaleza de Maastricht em 13 dias, em 1673, e a segunda conquista do Franche-Comté em 1674. Pierre Mignard pintou um famoso retrato de Luís a cavalo com a fortaleza capturada no fundo (Figura 28), enquanto Desmarets escreveu uma ode declarando que Luís superara não somente Farnese e o príncipe de Orange, como também Pompeu e Alexandre. O velho Desmarets e Antoine Furetière (mais conhecido por um romance e um dicionário) também escreveram estrofes para exaltar a segunda conquista do Franche-Comté.[32]

Em homenagem a este feito, promoveu-se um grande festival em Versailles em julho e agosto de 1674, após o retorno do rei. No quinto dia da festa, as vitórias do rei foram representadas por troféus, um baixo-relevo de ouro da travessia do Reno e uma decoração "misteriosa", em outras palavras, um enigma visual que incluía Hércules (simbolizando "o invencível poder e a grandeza dos feitos de Sua Majestade"), Minerva (representando a sabedoria do rei), um dragão (símbolo da inveja) e, é claro, um sol, junto com um obelisco, como sinal da glória de Luís.[33]

As celebrações assumiram uma forma mais duradoura no arco do triunfo da Porte Saint Martin, em Paris (Figura 29), com a inscrição – visível até hoje, em meio ao tráfego – "a Luís o Grande" [LUDOVICO MAGNO] e ornamentado com relevos que mostram o rei sendo coroado com louros e recebendo homenagem (Figura 30). É significativo que este tenha sido o quinto arco de uma série. O arco da Place du Trône foi, ao que parece, o primeiro arco do triunfo jamais erguido em algum lugar desde os tempos dos romanos, mas logo outros o seguiram, substituindo os velhos portões de Saint Antoine, Saint Denis, Saint Bernard e Saint Martin.[34]

Em meio a esse coro de louvores, pode-se detectar alguns conselhos, gentis sugestões ao rei de que já fora longe o bastante e que era hora de dar um descanso à Terra [*Laisse-là tes vertus de guerre! Mets en repos toute la Terre*].[35]* Mesmo assim a guerra continuou. As campanhas de 1676 e 1677 foram comemoradas com medalhas da rendição de Maastricht, da tomada de Valenciennes, Cambrai e Saint Omer, e da vitória de Cassel. Estas foram também celebradas em poemas de Paul Tallemant, Boileau e, mais uma vez, por Corneille ("Basta Luís aparecer e vossos muros desabam").[36] As celebrações atingiram seu clímax em 1678, quando o *Te Deum* foi entoado cinco vezes, pela tomada de Ypres, Puigcerda e, sobretudo, de Ghent (em apenas seis dias), e pelos tratados de paz assinados em Nijmegen.

O que quer tenha ocorrido no tocante à breve Guerra de Devolução, no caso da Guerra Holandesa foi difícil disfarçar certas discrepâncias entre os relatos oficiais e a realidade das campanhas. Em 1672, dez dias após a travessia do Reno, os holandeses abriram seus diques e inundaram o país, tornando assim impossível a movimentação do exército francês em seu território. Luís foi obrigado a voltar para a França sem ter obtido uma vitória decisiva. Em 1673, a tomada de Maastricht foi seguida pela retirada do exército francês da República Holandesa.[37] O deslocamento do teatro de operações para o Franche-Comté em 1674 foi um reconhecimento da força da resistência holandesa; esse reconhecimento pesou também no acordo aceito nas negociações de paz realizadas em Nijmegen em 1678 (incentivado pelo fato de a Grã-Bretanha e a Espanha terem se unido numa Tríplice Aliança).

Nos relatos oficiais, entretanto, as dificuldades só existiam para serem superadas por Luís. Numa referência rara (e talvez imprudente) à inundação da

---

* Põe de lado tuas virtudes de guerra! Deixa toda a Terra repousar. (N.T.)

26. *A travessia do Reno em 1672*, de Charles Lebrun, pintura em teto, *c.*1678-86. Château de Versailles

27. *A travessia do Reno*, de Adam-Frans van der Meulen, óleo sobre tela, *c.*1672. Musée des Beaux-Arts, Caen

28. Luís vitorioso. *Luís em Maastricht*, de Pierre Mignard, óleo sobre tela, 1673. Pinacoteca, Turim

29. *Arc de triomphe, Porte St. Martin*, gravura de Adam Perelle, *c.*1674. British Library, Londres

30. *Luís recebendo homenagem*, relevo no tímpano do arco do triunfo da Porta St. Martin, 1674

República Holandesa, Desmarets atribui ao rei, e não ao inimigo, o rompimento de "diques e barreiras" [*comme un fleuve enflé par les eaux des hyvers! Louis domte ses bords, rompt digues et barrières*].[38]*

Corneille apresentou o rei impondo aos holandeses seus termos de paz, e não aceitando um acordo. "Basta que fales para que a paz se faça, convencendo todo o universo de tua onipotência" [*A peine parles-tu, que son obéissance/ Convainc tout l'Univers de ta toute-puissance*].[39] Foi assim que a paz foi celebrada em 1679, em versos reproduzidos no *Mercure Galant,* num balé apresentado nos Gobelins, em cerimônias em Toulouse etc. Não se revelavam as fraquezas do rei, apenas sua força, sua "moderação", sua "bondade" ao dar "repouso" à Europa (Figura 31).[40]

* ... como um rio inflado pelas águas do inverno! Luís doma suas margens, rompe diques e barreiras. (N.T.)

31. O repouso do conquistador. *Luís repousa após a Paz de Nijmegen*, de Noël Coypel, óleo sobre tela, 1681. Musée Fabre, Montpellier

Somente as insolentes referências de Corneille à Tríplice Aliança como um "complô" ou um "motim" (como se as três nações fossem súditas do rei francês) traem sua consciência da situação.[41] Isso encontra paralelo na imagem visual obsessivamente recorrente do rei pisando o Cérbero de três cabeças. O problema das discrepâncias entre a retórica oficial do triunfo e a realidade dos revezes franceses se tornaria mais agudo em anos posteriores do reinado.

32. A imagem do fabricante da imagem. *Retrato de Charles Lebrun*, de Nicolas de Largillière, 1686. Louvre, Paris. Lebrun está apontando para a pintura reproduzida na Figura 25

VII

A reconstrução do sistema

> Venez voir desarmé ce modèle des Rois,
> Peuples qu'il a vaincus sur la Terre et sur l'Onde,
> Vous tous que son seul nom fit trembler tant de fois,
> Quand son bras lui promet la conquête du Monde.*
>
> Le Clerc, madrigal sobre a estátua da Place des Victoires

O tratado de Nijmegen foi solenemente proclamado em 29 de setembro de 1678 em 11 pontos de Paris, ao som de tambores e trombetas; em seguida houve salvas de canhão e queimas de fogos de artifício e o *Te Deum* foi entoado na cidade e nas províncias.[1] Seguiram-se também dez anos de relativa paz, em que Luís pôde repousar em seus louros e receber a homenagem de seus súditos. Certamente era difícil imaginar formas de louvação que já não tivessem sido empregadas a essa altura, mas a invenção de nomes de lugares em homenagem ao rei merece menção. A fortaleza construída em Saarland na década de 1680 foi chamada de "Saarlouis", para eternizar sua memória (a cidade leva seu nome até hoje, embora atualmente faça parte da Alemanha).[2] Foi também nessa época, em 1682, que o Chevalier de la Salle deu o nome de "Louisiana" a parte do continente norte-americano.

A década de paz permitiu também um gasto mais liberal de dinheiro com as artes. Foi nesses anos, por exemplo, que Versailles foi reconstruído por Jules Hardouin-Mansart e redecorado por Lebrun e seus colaboradores. O palácio foi remodelado porque sua função estava se transformando. Foi em 1682 que a corte se mudou oficialmente para Versailles, juntamente com a administração central. Luís continuou a passar parte de seu tempo em outras residências, como Fontainebleau e Chambord, mas tornou-se um tanto mais sedentário após a morte de sua esposa em 1683 e seu casamento secreto com Madame de Maintenon, alguns meses mais tarde. Depois da morte da rainha, a divisão do palácio em dois apartamentos reais foi interrompida e os aposentos do rei foram localizados no centro.[3]

---

* Vinde ver desarmado este modelo dos *reis*,/ Povos que ele venceu em terra e no mar,/ Todos vós que apenas seu nome tantas vezes fez tremer,/ Quando seu braço lhe promete a conquista do mundo. (N.T.)

A imagem do sistema de Versailles, tal como reconstruído neste período posterior do reinado, foi a que causou mais forte impressão na posteridade, graças à famosa descrição feita por Saint-Simon, em suas memórias, do rei, da corte e da máquina, como a chamou.

O ano de 1683 marcou, além da morte da rainha, a de Colbert, a pessoa que mais fizera para criar um outro sistema, a máquina para a glorificação de Luís XIV, discutida no Capítulo IV. Sob o sucessor de Colbert, Louvois, também esse sistema passou por uma reconstrução.

O palácio

A partir de 1675, quando foi designado arquiteto da corte, Jules Hardouin-Mansart gozou de grande prestígio junto ao rei e serviu-lhe por toda parte.[4] Foi ele o principal responsável pela remodelação de Versailles, inclusive a famosa Grande Galerie, os *Salons de Guerre et Paix* e a *Escalier des Embassadeurs.* As decorações, obra de Lebrun e seus colaboradores, constituem provavelmente a mais memorável versão da *histoire du roi* (Figura 32). Descrições dessas decorações publicadas no *Mercure Galant* asseguravam a essa narrativa do reinado um público mais amplo que o dos cortesãos. O mesmo faziam os livros sobre este tema publicados por François Charpentier (da petite académie), por Pierre Rainssant (guardião das medalhas do rei) e mais tarde por Jean-François Félibien (filho do historiador das edificações do rei).[5]

Originalmente, pensou-se numa temática mitológica para a Grande Galerie: a vida e os trabalhos de Hércules. É certamente significativo que a decisão, em 1678, de substituir esse projeto pela história dos feitos do rei tenha sido tomada em alto nível político, o do *Conseil Secret.*[6] Eram nove grandes pinturas e 18 menores, tratando da "história do rei da Paz dos Pireneus até a de Nijmegen".[7] Entre as pinturas grandes, oito foram dedicadas à guerra contra os holandeses, enquanto uma representava o início do governo pessoal (ver Figura 20), "em que o rei, na flor de sua juventude, mirando a glória [*envisageant la Gloire*] assume o timão do Estado após seu casamento, e ... considera como fazer felizes seus súditos e humilhar seus inimigos".[8] Os eventos domésticos do reinado (a reforma da justiça e das finanças, a proteção das artes, o policiamento de Paris etc.) ficavam em segundo plano.[9] Para assegurar que os espectadores dariam às imagens a interpretação correta, os pintores davam maior ênfase às inscrições. A importância que se atribuía a elas pode ser avaliada pelo fato de que as originais, feitas por Charpentier, foram mais tarde apagadas por ordem de Louvois, sob a alegação de serem demasiado "pomposas", e substituídas por textos mais simples de Boileau e Racine.[10]

Quase igualmente espetacular, segundo os contemporâneos, era a *Escalier des Ambassadeurs,* a grandiosa escadaria construída para celebrar o retorno triunfante do rei de suas guerras e utilizada dali em diante em ocasiões solenes, como a chegada de embaixadores para audiências com o rei. Essa escadaria, decorada na década de 1680 mas destruída no século XVIII, pode ser reconstruída com base em descrições da época.[11] O tema central era, mais uma vez, o triunfo, enfatizado por muitos troféus e carros de guerra. Os inimigos da França figuravam sob as formas alegóricas de uma hidra e um píton, mas brasões de armas não deixavam no espectador qualquer dúvida quanto à intenção de aludir à Espanha ou ao Império. Baixos-relevos na escadaria representavam episódios famosos do reinado, entre os quais a reforma da justiça, a travessia do Reno, a subjugação do Franche-Comté e o reconhecimento da precedência francesa pela Espanha. Deixamos à imaginação do leitor quais terão sido os sentimentos dos embaixadores espanhol, holandês e imperial ao subir essa escadaria.[12] O *Salon de Guerre* reforçava a impressão de triunfo. Seu famoso baixo-relevo de estuque, feito segundo um relevo de mármore da autoria de Antoine Coysevox, mostrava o rei passando a cavalo sobre dois cativos (Figuras 33 e 34).

A corte

Hoje o nome "Versailles" evoca não somente uma construção mas um mundo social, o da corte, e em particular a ritualização da vida cotidiana do rei. Os atos de levantar de manhã e ir para a cama de noite foram transformados nas cerimônias do *lever* e do *coucher* – sendo a primeira dividida em duas etapas, o *petit lever,* menos formal, e o *grand lever,* mais formal. As refeições do rei também foram ritualizadas. Luís podia comer mais formalmente (o *grand couvert*) ou menos formalmente (o *petit couvert*), mas até as colações menos formais, o *très petit couvert,* incluíam três serviços e muitos pratos.[13] Essas refeições eram encenações perante uma audiência. Era uma honra ser autorizado a ver o rei comer, honra ainda maior receber uma palavra sua durante a refeição, honra suprema ser convidado a servi-lo ou a comer com ele. Todos os presentes usavam chapéu, exceto o rei, mas o tiravam para falar com este quando lhes dirigia a palavra, a menos que estivessem à mesa.[14]

Como assinalou o sociólogo Norbert Elias, numa argumentação paralela à de Marc Bloch sobre o toque real, esses rituais não devem ser desprezados como meras curiosidades. Deveriam ser analisados pelo que podem nos contar sobre a cultura circundante – sobre a monarquia absoluta, a hierarquia social e assim por diante.[15] Seria sensato ampliar essa abordagem a todo o resto da vida cotidiana do rei – sua missa diária, suas reuniões com seus conselheiros, e até suas campanhas,

33. *Luís XIV pisa sobre seus inimigos*, de Antoine Coysevox, relevo em estuque, 1681. Château de Versailles

34. *Busto de Luís*, de Antoine Coysevox, mármore, *c.*1686. The Wallace Collection, Londres

suas expedições de caça e suas caminhadas por seus jardins. Talvez se pense que estender assim a análise seria diluir o termo "ritual" até esvaziá-lo da maior parte de seu sentido. No entanto, os observadores registravam que todos os atos do rei eram planejados "até o mínimo gesto". Os mesmos eventos se produziam todos os dias nas mesmas horas, a tal ponto que uma pessoa poderia acertar seu relógio pelo rei.[16]

Havia normas formais para a participação nesse espetáculo – quem tinha direito a ver o rei, a que horas e em que partes da corte, se tal pessoa podia se sentar numa cadeira ou num tamborete [*tabouret*] ou tinha que permanecer de pé.[17] A vida diária do rei compunha-se de ações que não eram simplesmente recorrentes, mas carregadas de sentido simbólico, porque eram desempenhadas em público por um ator cuja pessoa era sagrada. Luís esteve no palco durante quase toda a sua vida vigil. Os objetos materiais mais intimamente associados ao rei também se tornavam sagrados por sua vez, porque o representavam. Assim, era uma ofensa dar as costas ao retrato do rei (p.20), entrar em seu quarto de dormir vazio sem fazer uma genuflexão ou conservar o chapéu na sala em que a mesa estava posta para o seu jantar.[18]

Idealmente, a análise sociológica da ordem na corte deveria ser acompanhada por uma história da criação e desenvolvimento dos rituais. Não devemos presumir que tivessem estado lá o tempo todo, por mais difícil que seja agora imaginar Luís sem eles. A questão de sua origem é tão óbvia quanto negligenciada, fácil de formular e difícil de responder. O que se poderia chamar de a "invenção" da tradição de Versailles permanece obscuro.[19] Teriam os rituais domésticos começado em 1682, quando Luís passou a residir permanentemente no palácio? Que acontecia em suas visitas anteriores a Versailles, ou em visitas posteriores a outros palácios? Era o próprio rei quem criava seus rituais, eram estes obra de seus conselheiros ou de seus mestres de cerimônias, ou seguiam de fato a tradição? Foram criados por razões políticas?

Dada a importância desses rituais diários na construção da imagem de Luís XIV, vale a pena resumir o que se sabe a respeito. Quase todos os documentos vêm de um período relativamente tardio do reinado. A descrição mais completa, mais expressiva e mais frequentemente citada do que o autor chama "a casca externa da vida deste monarca" [*l'écorce extérieure de la vie de ce monarque*] é encontrada nas memórias de Saint-Simon. Essa seção particular das memórias foi provavelmente escrita já na década de 1740, mas o autor se vale de suas recordações da década de 1690, quando foi um dos cortesãos de Luís.[20] Outra narrativa valiosa desses rituais, embora menos detalhada, foi feita por Ezechiel Spanheim, embaixador do Eleitor de Brandenburgo, numa descrição da corte de França [*Relation de la cour de France*] escrita para seu senhor em 1690. Como Spanheim foi embaixador durante toda a década de 1680, o fato de não ter feito nenhum comentário sobre mudanças que teriam ocorrido em 1682 é sem dúvida significativo.

Tanto Saint-Simon como Spanheim descrevem o sistema como um todo. Os documentos anteriores a 1690, no entanto, são mais fragmentários. Lamentavelmente, o prolífico Dangeau só iniciou seu diário em 1684. Em suas memórias do ano 1674, o nobre italiano Primi Visconti fez uma breve descrição do *petit coucher* do rei, manifestando sua surpresa por ficar o rei cercado por seus camareiros fidalgos até quando estava na privada [*installé sur sa chaise percée*].[21] Em 1671, um ex-diplomata, Antoine Courtin, publicou um livro de etiqueta que incluía instruções sobre o comportamento em Versailles.[22] O embaixador do duque de Savoia observou a multidão que assistia ao *lever* real no Louvre em 1661.[23] Embora as cortes de Henrique IV e Luís XIII pareçam ter sido bem mais descontraídas que a corte da Espanha (abaixo, p.192), pode-se perceber também nelas certo grau de formalidade.

Dada a precariedade de fontes sobre a invenção da tradição em Versailles, uma conclusão segura está fora de cogitação. Uma conclusão hipotética, que reúne os fragmentos numa explicação coerente poderia ser a seguinte. A vida cotidiana do rei já era ritualizada em grau considerável antes do início de seu governo pessoal, mas a partir dali os rituais tornaram-se mais elaborados, por uma adaptação do modelo espanhol às circunstâncias francesas. O interesse do rei pela dança e pelo espetáculo e o papel de protagonista que tomou nesses rituais tornam provável que as mudanças feitas em suas coreografias tenham sido da autoria do próprio Luís, ou pelo menos supervisionadas de perto por ele. O cenário cada vez mais elaborado para a vida cotidiana construído em Versailles tornou esses rituais mais fascinantes e também mais rígidos, ajudando a dar a impressão de uma engrenagem de relógio.

Uma mudança importante na rotina da corte pode ser datada com relativa precisão. Após sua mudança para Versailles em 1682, o rei passou a receber o público (isto é, as classes altas) em seus aposentos três vezes por semana, para "divertimentos" como jogos de carta ou bilhar, em que "o Rei, a Rainha e toda a Família Real desciam de suas alturas para jogar com os membros da reunião".[24] Esta descrição oficial da nova instituição, os *appartements,* sugere que a intenção era demonstrar a acessibilidade do rei aos seus súditos, tema enfatizado em medalhas e nas memórias reais (acima, p.73).

O ORGANIZADOR

Outras mudanças na apresentação da imagem pública do rei ocorreram em meados da década de 1680. É provável que estivessem associadas com a morte de Colbert e a ascensão de Louvois. Estes dois homens tinham sido rivais de longa data, o primeiro preponderando nos assuntos domésticos e o segundo na política externa. A morte de Colbert em 1683 deu a Louvois a oportunidade de estender seu império sobre as artes. O cargo de *surintendant des bâtiments* foi herdado pelo quarto filho de Colbert, o marquês de Blainville, que fora educado para suceder ao pai nessa posição. No entanto, o rapaz não cumpriu suas tarefas a contento.[25] Em consequência, o rei permitiu a Louvois comprar o cargo e assumir assim o controle não só das construções reais como também dos Gobelins e das academias. Dentro de pouco tempo Louvois começou a distribuir prêmios aos artistas em sua nova condição de protetor da Academia Real de Pintura e Escultura.[26]

Os efeitos dessa mudança de controle ocorrida em 1683 iluminam o funcionamento do sistema de patrocínio da época. Talvez não seja de todo fantasioso compará-lo com o *spoils system* dos Estados Unidos nos séculos XIX e XX,* que

* Prática de dar cargos políticos a adeptos de partidos vitoriosos. (N.T.)

pode ele próprio ser visto como um remanescente de um estilo moderno anterior de patrocínio político. A principal diferença é que no século XVII, dada a ausência de partidos políticos formais, o sistema era mais arbitrário (ou mais flexível). O *big man* tinha a liberdade de escolher, podendo substituir ou não os que já detinham cargos.

A mudança na *surintendance* representou uma ameaça para a posição de Lebrun, que, como vimos, era um homem de Colbert, ao passo que Louvois protegia seu rival, Mignard. Lebrun não perdeu seus cargos oficiais, mas perdeu a influência. Outro homem de Colbert posto de lado por Louvois foi Charles Perrault, que perdeu seu lugar de membro da petite académie e seu posto de *commis des bâtiments*.[27] O novo *contrôleur des bâtiments* – e secretário da petite académie – era um protegido de Louvois, o *sieur* de La Chapelle. Ocorreram conflitos entre La Chapelle e Lebrun.[28] Outros antigos protegidos de Colbert perderam seus cargos. Pierre de Carcavy perdeu o controle da Académie des Sciences e da Biblioteca Real, enquanto André Le Nôtre foi obrigado a se aposentar.

Pierre Mignard constatou que finalmente chegara a sua hora. Havia sido encarregado de pintar a Petite Galerie em Versailles, recebera um título de nobreza e, quando da morte de Lebrun, em 1690, tomara seu lugar como *premier peintre du roi*. O escultor Pierre Puget, que, após embates com Colbert, fora excluído das graças desse ministro durante anos, recebeu nova oportunidade. Outro protegido de Louvois, Jean Donneau de Visé, editor do *Mercure Galant*, ganhou uma pensão regular do rei nessa época. O crítico de arte Roger de Piles, mais um homem de Louvois, foi enviado à República Holandesa tanto para espionar como para comprar pinturas para o rei. Os holandeses o descobriram sob seu disfarce e foi na prisão que Piles teve tempo para escrever um de seus livros.[29]

Mais importante que a mudança de pessoal foi a mudança de programa, ou, mais exatamente, a mudança de estratégia, pois o objetivo final de glorificar o rei permaneceu o mesmo. Em seus oito anos como *surintendant des bâtiments*, Louvois deu a sua nota promovendo uma série de projetos grandiosos. Duplicou as despesas com Versailles.[30] Planejou a construção de edifícios na Place Vendôme para abrigar a Biblioteca Real e todas as academias. Embora tenha impedido a conclusão do projeto de Colbert e Lebrun para um monumento a Luís do lado de fora do Louvre, Louvois apoiou em 1685-6 a chamada "campanha das estátuas", em outras palavras, a ideia de encomendar uma série de quase 20 estátuas do rei, em geral a cavalo, para serem instaladas em praças públicas de Paris e de cidades da província: Aix, Angers, Arles, Besançon, Bordeaux, Caen, Dijon, Grenoble, Le Havre, Limoges, Lyon (Figura 35), Marselha, Montpellier, Pau, Poitiers, Rennes, Tours e Troyes.[31] Algumas dessas estátuas nunca foram erguidas (Besançon, Bordeaux, Grenoble), e outras só o foram após a morte do rei (Montpellier, Rennes). Mesmo assim, a escala da operação continua impressionante, evocando mais imperadores romanos como Augusto que monarcas modernos.

35. Luís nas províncias. *Maquete da estátua para a Place Royale*, Lyon, de François Girardon, cera, *c.*1687. Yale University Art Gallery, doação do Sr. e Sra. James W. Fosburgh, B.A. 1933

O descerramento (talvez devêssemos dizer a "consagração") de cada um desses monumentos à glória do rei era por si só um motivo de celebração. A estátua de Caen, por exemplo, foi solenemente inaugurada no dia do aniversário do rei, em 1685, com um desfile, discursos, trombetas, tambores, sinos e uma salva de artilharia. A própria inauguração foi descrita tanto num panfleto como na *Gazette* e no *Mercure Galant*.[32]

Em 1686, o *Mercure Galant* noticiou que "há por toda parte pressa em lhe erguer estátuas" [*on s'empresse en tous lieux à luy dresser des statues*].[33] Na maioria, eram estátuas equestres, mas algumas mostravam o rei de pé. A mais espetacular foi a feita por Martin Desjardins para a Place des Victoires, uma imagem do rei de pé em seus trajes de coroação, com quatro metros de altura, pisando Cérbero e coroado pela Vitória, "uma grande mulher alada bem junto às suas costas, erguendo uma coroa de louros sobre a cabeça do rei" (Figuras 36, 37 e 38).[34] A base da estátua exibia a dedicatória "ao homem imortal" [VIRO IMMORTALI] e o pedestal

36. Luís vitorioso. *Estátua de Luís XIV na Praça das Vitórias*, Paris, feita por Desjardins, gravura de Nicolas Arnoult, *c.*1686. Musée de la Ville de Paris, Musée Carnavalet, Paris

37. Luís vitorioso. *Vista da Praça das Vitórias*, gravura anônima, início do século XVIII. Cabinet des Estampes, Bibliothèque Nationale, Paris

38. *Luís vitorioso. Vista da Praça das Vitórias*, frontispício de Northleigh, *Topographical Descriptions*, 1702. British Library, Londres

de mármore trazia uma inscrição que listava os dez maiores feitos do reinado. O complexo incluía quatro cativos de bronze, seis baixos-relevos celebrando os mais gloriosos eventos do reinado e quatro colunas sustentando tochas que eram acesas todas as noites.[35]

O descerramento dessa estátua teve a devida magnificência, com desfiles, discursos, salvas, música e fogos de artifício.[36] Em 1687, no dia de são Luís, outra estátua do rei de pé teve seu desvelamento celebrado; esta foi erguida na velha praça do mercado de Poitiers por um escultor local, Jean Girouard.[37] No mesmo ano, em uma de suas raras visitas a Paris, Luís foi ver sua estátua na Place des Victoires, tendo ido também à Place Vendôme, para a qual nova estátua estava planejada. Os dois escultores, Desjardins e Girardon, estavam de prontidão.[38]

A ideia original da campanha das estátuas parece ter sido do arquiteto real Mansart, e a mais espetacular delas, a da Place des Victoires, foi encomendada por um particular, o marechal Feuillade (o duque de Richelieu encomendou uma outra para seu castelo em Rueil). Sem o apoio de Louvois, no entanto, esses projetos não teriam tido possibilidade de sucesso. Quanto às estátuas nas províncias, suas inscrições sugerem que foram encomendadas localmente, por devoção espontânea ao rei, impressão que é reforçada pelo *Mercure Galant.* "A Cidade de Grenoble", por exemplo, é citada como encarregando seus anciãos "de rogar humildemente a Sua Majestade permissão para erigir-lhe uma estátua em sua praça principal".[39] Assim também, "A Cidade de Caen não desejou ser a última a mostrar sua dedicação erguendo uma estátua a Sua Majestade", Marselha também pediu uma estátua.[40]

Há sinais, contudo, de que essas demonstrações de lealdade nada tinham de espontâneas. Através de *intendants,* governadores provinciais e outros funcionários, as municipalidades e Estados provinciais eram incentivados, quando não obrigados, a fazer esse gesto. Em Caen, por exemplo, foi o *intendant* Barrillon quem tomou a iniciativa, em Grenoble o *intendant* Lebret, no Havre o duque de Saint-Aingnan, e em Rennes o duque de Chaulnes. Por sua vez, dificilmente esses funcionários teriam feito tal sugestão em diferentes províncias ao mesmo tempo sem ordens de Paris.[41] Até as inscrições e outros detalhes de alguns dos monumentos à glória de Luís eram definidos pelo governo central. Em Arles, a inscrição pensada pela academia local foi substituída por outra composta pelo historiador oficial Pellisson. Em Dijon, Mansart insistiu em acréscimos que os Estados locais não haviam planejado. No caso de Lyon, foi Pontchartrain (responsável pela petite académie após a morte de Louvois) quem interveio para definir a inscrição.[42]

A crescente preocupação do governo central com a imagem do rei nas províncias merece alguma ênfase (abaixo, p.167-8). Já se assinalou que a campanha das estátuas se concentrou nos chamados *pays d'États* (Normandia, Bretanha, Artois, Borgonha, Languedoc e Provença), os últimos a ser incorporados à França e os que mais independência preservavam. Quase ao mesmo tempo, deu-se a fundação de instituições provinciais segundo o modelo parisiense, desde a academia real de Nîmes até a ópera de Marselha (abaixo, p.166-7). Até certo ponto, a nova consciência, por parte do governo, da necessidade de cultivar a opinião pública nas províncias pode ter sido uma reação à rebelião dos camponeses bretões em 1675 (pela qual se culpou a elite local).

Louvois tentou promover a glória do rei também por meio de publicações, numa escala tipicamente grandiosa. Algumas estavam associadas à Académie des Sciences.[43] Outro projeto iniciado por Louvois (ou pelo menos reativado por ele) estava mais diretamente ligado à imagem de Luís XIV: a "história metálica". A história metálica (ou em medalhas) foi planejada como uma narrativa do reinado em forma de livro, com gravuras de todas as medalhas cunhadas para comemorar eventos particulares, dispostas em ordem cronológica e acompanhadas de um texto explanatório. O interesse do ministro por esse projeto é revelado pela ampliação, em 1683, da petite académie, encarregada de compor as inscrições para as medalhas reais, e pelo fato de um dos novos membros (além de Boileau e Racine) ser o numismata Pierre Rainssant, um protegido de Louvois cuja descrição de Versailles já foi mencionada neste capítulo.[44] Em seus últimos anos, quando a guerra eclodira novamente, Louvois controlava de perto o modo como ela era reportada na *Gazette*, criticando alguns artigos e corrigindo os originais de outros.

Como na época de Colbert, o trabalho em equipe era importante. Ao mesmo tempo, talvez não seja enganoso sugerir que os projetos desse período refletem mais a personalidade do ministro (áspera, brutal, com tendência a ir longe demais) que a do monarca. As mãos são as mãos de Desjardins, Mignard, Rainssant e outros, mas a voz é a voz de Louvois.

Os eventos

Tônica semelhante pode ser detectada nos eventos celebrados nessa década, embora ela tenha transcorrido em relativa paz. Entre os episódios escolhidos para comemoração estavam duas operações navais, dois incidentes diplomáticos, o restabelecimento do rei após uma doença e, dominando de longe tudo o mais, a Revogação do Edito de Nantes.

As ações navais foram o bombardeio de Argel, em 1683, e de Gênova, em 1684. A primeira cidade (parte do Império Otomano) foi atacada porque acolhia piratas em seu porto, e a segunda (ainda uma cidade-Estado independente) porque seu governo permitira a construção de galés para a marinha espanhola. O modo como esses acontecimentos foram representados nas medalhas cunhadas para comemorá-los nos revela muito sobre as atitudes oficiais da época. Uma trazia a inscrição "Argel fulminada" [ALGERIA FULMINATA] (Figura 39), implicando uma analogia entre Luís e Júpiter (frequentemente representado por um raio) (Figuras 40 e 41), o que é explicitado, por exemplo, nas pinturas de Lebrun em Versailles. A inscrição da outra era "A África súplice" [AFRICA SUPPLEX].[46]

Em duas medalhas diferentes do bombardeio de Gênova, um lado exibe a inscrição "raios fulminam os orgulhosos" [VIBRATA IN SUPERBOS FULMINA], e o outro "Gênova corrigida" (ou punida) [GENUA EMENDATA] (Figura 42).[47] É a expressão máxima da linguagem do paternalismo. Estados independentes como a república genovesa eram representados pelos artistas e escritores oficiais franceses como crianças, a serem "castigadas" por seus erros.[48]

Como para pôr sal na ferida, obrigou-se o doge de Gênova a ir pessoalmente a Paris para apresentar suas desculpas, ou, como a *Gazette* o expressou, "para

39. *Algeria Fulminata*, verso e reverso de medalha, gravura extraída de *Médailles*, 1702. British Library, Londres

40. *Heidelberga Fulminata*, desenho a bico de pena para uma medalha, extraído de "Projets de Devises de l'Académie avant 1694". Manuscript Collections, British Library, Londres

41. *Ar*, uma das quatro colgaduras bordadas a mão, provavelmente 1683-4. Todos os direitos reservados, The Metropolitan Museum of Art, Rogers Fund, 1946

42. *Gênova Corrigida. Genua Emendata*, de François Chéron, reverso de medalha, 1684. Department of Coins and Medals, British Museum, Londres

43. *O doge de Gênova em Versailles*, de Claude Hallé, óleo sobre tela, 1685. Musée Cantini, Marselha

apresentar sua rendição" a Luís [*faire des soumissions au Roy*], como o fizera o embaixador algeriano (e como o tinham feito também os enviados da Espanha e do papado, em fase anterior do reinado, por ocasião dos episódios da carruagem do embaixador e dos guardas córsicos). O doge chegou a Versailles com quatro senadores e fez um discurso de desculpas durante o qual tirava o chapéu cada vez que pronunciava o nome do rei. Tendo Luís aceitado gentilmente as desculpas, e o doge saído, não sem fazer três profundas reverências, os genoveses foram agraciados com um jantar, presentes, e levados a um passeio por Versailles.[49] Sua rendição foi representada e comemorada não só em jornais e revistas, mas também numa pintura de Claude Hallé (Figura 43), numa tapeçaria executada nos Gobelins e em medalhas com inscrições como "Gênova se submete" [GENUA OBSEQUENS].[50]

Uma embaixada que recebeu atenção quase tão grande dos meios de comunicação foi a "dos mandarins enviados pelo rei do Sião" (1686), sem dúvida porque reforçava a afirmação de que Luís era "o maior monarca do mundo". Quatro números especiais do *Mercure Galant* foram dedicados a essa visita e à admiração ao rei expressa pelos visitantes. É certamente significativo que os siameses tenham sido levados para visitar os Gobelins e a Academia Real de Pintura e para ver várias obras de arte, entre as quais a *História de Alexandre,* de Lebrun. Por sua vez, a embaixada foi representada em pinturas e gravuras (Figura 44), em baixos-relevos e medalhas.[51]

A REVOGAÇÃO

Do ponto de vista das representações, todos os outros eventos do período foram ofuscados pela Revogação do Edito de Nantes. A decisão do rei de declarar ilegal o protestantismo, que obrigou cerca de 200 mil franceses, homens e mulheres, a emigrar, tem sido muito discutida pelos historiadores. O ponto a ser enfatizado aqui é o volume dos comentários favoráveis nos meios de comunicação da época. Alguns dos comentários podem ser qualificados de obra do governo, para celebrar-se a si mesmo, mas outros vinham de corporações externas, como os jesuítas ou o clero secular. Para considerar as representações da Revogação na época em maior detalhe, cabe lembrar que a imagem de Luís XIV não emanava, como a luz do Sol, de um único centro. Era a produção conjunta de escritores, artistas e patrocinadores oficiais e não oficiais.

No tocante às representações oficiais do evento, poderíamos começar com os jornais, especialmente o *Mercure Galant,* que dedicou enorme espaço ao assunto. Os leitores já tinham sido preparados para a notícia por notícias anteriores de conversões de protestantes eminentes, que sugeriam que seu "partido" estava se

44. O mundo presta homenagem a Luís. *O rei dá audiência à embaixada siamesa*, extraído do *Almanaque para o ano 1687*. Bibliothèque Nationale, Paris

45. Luís como defensor da fé. *Alegoria da revogação do Edito de Nantes*, de Guy-Louis Vernansel, *c.*1685

enfraquecendo por si mesmo, sem que se tivesse usado de qualquer violência.[52] Cada passo em direção à Revogação foi acompanhado pelo aplauso ao "zelo" cristianíssimo de Sua Majestade.[53] Quando a notícia do edito real finalmente chegou, foi reportada com poucos comentários.[54] Em números subsequentes, porém, concedeu-se grande espaço a poemas que congratulavam o rei pela destruição da "insolente" heresia:

> Destruire l'Herésie insolente e rebelle,
> C'est l'unique Triomphe ou prétend ce grand Roy.
> Quel autre peut donner une gloire plus belle?[55]*

As representações oficiais incluíram também medalhas com inscrições compostas pela petite académie, como "a religião vence" [RELIGIO VICTRIX], "a heresia é extinta" [EXTINCTA HAERESIS], "Templos calvinistas destruídos" [TEMPLIS CALVINIANORUM EVERSIS] ou "Dois milhões de calvinistas retornam à Igreja" [VICIES CENTENA MILLIA CALVINIANORUM AD ECCLESIAM REVOCATA] (ver Figura 58).[56] A estátua de Luís feita por Desjardins para a Place des Victoires incluía um baixo-relevo da Revogação. A Académie Royale de Peinture escolheu "o triunfo da Igreja" e "a heresia pisoteada" como temas para pinturas oficiais. Uma pintura de Louis Vernansel (que ingressou na Académie em 1687) ilustra o segundo tema (Figura 45). A Igreja, apresentada como uma mulher, é defendida por Luís, enquanto hereges fogem ou tombam no chão. Philippe Quinault encerrou uma carreira de 20 anos como libretista para os balés da corte e óperas com uma epopeia intitulada *L'hérésie détruite,* enquanto Charles Perrault escreveu uma ode aos "recém-convertidos", congratulando-se com eles e com seu "magnânimo" monarca.[57]

A Revogação foi celebrada também pelo clero, como era de esperar, já que alguns de seus membros haviam pressionado o rei a fazê-la. De fato, afirmou-se que nessa ocasião o clero fez de Luís um "instrumento" para seus próprios fins.[58] O mais famoso elogio do rei por essa ação específica é um sermão de Bossuet pronunciado no funeral do ex-ministro Michel Le Tellier, em que Luís foi qualificado como "este novo Teodósio, este novo Marcial, este novo Carlos Magno".[59] Os jesuítas, em particular, desenvolveram este tema. Philibert Quartier, professor no colégio jesuíta de Paris – cujo nome fora recentemente mudado para Louis-le-Grand – produziu um panegírico do rei "por ter extinto a heresia" [*pro extincta haeresi*]. O tema do balé do colégio em 1685 foi "Clóvis"; o Rei que implantou o cristianismo na França. Dois anos mais tarde, outro jesuíta, Gabriel Le Jay, escolheu "O Triunfo da religião" como tema de um panegírico, inscri-

* Destruir a heresia insolente e rebelde,/ É o único triunfo que pretende esse grande Rei./ Que outro lhe pode dar glória mais bela? (N.T.)

ções e emblemas.[60] Com os olhos de hoje, podemos interpretar balés e orações anteriores ao edito como incentivos dos Jesuítas à campanha antiprotestante. Exemplo disto é *Constantin: le triomphe de la religion* (encenado em 1681, o ano em que Estrasburgo retornou ao catolicismo à força) e *Ludovicus Pius* ("Luís o Piedoso") (1683).[61]

Dentro e fora da França, a Revogação suscitou outras reações, muito menos favoráveis. Retrospectivamente, fica claro que esse ato foi mais prejudicial que benéfico à imagem do rei. Nos anos posteriores do reinado essa imagem ficaria ainda mais empanada.

46. Luís envelhecido. *Retrato de Luís XIV*, de Antoine Benoist, cera e outras substâncias, 1706. Château de Versailles

VIII

O pôr do sol

Si l'affaire de Hochstet lui a été plus desavantageuse qu'à ses Ennemis, en ce que ses Troupes ont été obligées de leur céder le champ de Bataille, ils ont perdus beaucoup plus de monde que lui.*

Mercure Galant, outubro de 1704,
sobre a batalha de Blenheim

Em 1688 Luís XIV tinha 50 anos. Estava no trono havia 45 anos e governara pessoalmente durante 27. Pelos padrões do século XVII, era um homem velho. Ninguém teria adivinhado que seu reinado ainda duraria mais de um quarto de século. O rei não estava em boa forma física e fora obrigado a se submeter a duas cirurgias no final da década de 1680. A primeira acarretou-lhe a perda da maior parte dos dentes. A segunda operação, mais séria, destinou-se a curar uma fístula – doença designada nos círculos oficiais por eufemismos como "incômodo" [incommodité] ou "indisposição" de Sua Majestade; Mlle. de Scudéry escreveu um madrigal sobre "a indisposição de Sua Majestade".[1] Em consequência de suas doenças, Luís tornou-se mais sedentário. Na verdade, após levar a corte consigo para o cerco de Namur, em 1692, o rei desistiu por completo de partir em campanhas.

Quanto mais a gota o atingia, mais imóvel Luís se tornava. Em seus últimos anos, era visto por vezes numa cadeira de rodas (sua *roulette*) no palácio e nos jardins de Versailles. Ainda se preocupava com a autoapresentação – em 1704, resfriou-se um dia porque levara tempo demais para decidir qual de suas várias perucas usaria –, mas estava começando a evitar as aparições públicas.[2] O *coucher* público foi abolido em 1705, e representações do corpo devastado do rei tornaram-se menos frequentes após o famoso retrato pintado por Rigaud em 1701 (ver Figura 1) e a imagem de cera feita por Benoist em 1706 (Figura 46).

Também na política havia uma tendência declinante. A segunda metade do longo período de governo pessoal foi menos bem-sucedida que a primeira. Foi

* Se o episódio de Hochstädt foi mais desvantajoso para ele que para seus inimigos, já que suas tropas foram obrigadas a lhes ceder o campo de batalha, estes perderem muito mais gente que ele. (N.T.)

47. O moto de Luís: "Não Inferior a Muitos". *Nec Pluribus Impar*, reverso de medalha de Jean Warin, 1674. Cabinet des Médailles, Bibliothèque Nationale, Paris

um período sem paz nem vitórias. A orgulhosa divisa "não inferior a muitos", NEC PLURIBUS IMPAR (Figura 47), devia parecer cada vez mais inadequada numa época em que a França era incapaz de derrotar a Grand Alliance de seus inimigos. A guerra da Liga de Augsburgo durou de 1688 a 1697 e a da Sucessão Espanhola de 1702 a 1713. Foram guerras caras, que deixaram o Estado atolado em dívidas e que, a despeito de êxitos isolados, especialmente no primeiro caso, pouco acrescentaram à glória do rei. Este foi tanto o julgamento dos contemporâneos de Luís, franceses e estrangeiros, como o veredicto de historiadores posteriores.

Por estas razões, os últimos 25 anos do reinado podem ser qualificados de o "ocaso" real. Será necessário, portanto, examinar, até mais atentamente que antes, possíveis discrepâncias entre a imagem pública do rei e a realidade tal como seus contemporâneos a percebiam para descobrir como os fabricantes da imagem lidaram com esse problema.

Nesse período difícil, faltou a Luís o conselho e o apoio de ministros do calibre de Lionne, Le Tellier e Colbert. A última das figuras de peso, Louvois, morreu em 1691. Funcionários como Villacerf (um membro do clã de Colbert que se tornou *surintendant des bâtiments* em 1691 mas demitiu-se em 1699 após um escândalo financeiro) ou Pontchartrain (sucessor de Louvois na direção das academias) não eram do mesmo naipe. Provavelmente o mais hábil deles foi o marquês de Torcy, sobrinho do famoso Colbert, que se tornou ministro das Relações Exteriores em 1696, cujas responsabilidades incluíam o zelo pela imagem pública do rei no estrangeiro, especialmente durante a Guerra da Sucessão Espanhola.[3] A atenção que Torcy dedicava a distribuir pensões a escritores e academias (fundou uma academia de política) sugere um retorno deliberado aos programas do tio.

Os artistas e escritores que criavam essa imagem eram também menos categorizados que antes. Não havia novos Molière ou Racine, apenas dramaturgos de menor calibre, como La Chapelle. Essa escassez de talento levou historiadores a falar de uma "crise da literatura francesa" nesse período.[4] Não houve substituição efetiva de Lully (que morreu em 1687) ou de Lebrun (que morreu em 1690). As novas decorações de Versailles, Marly e o Grand Trianon foram obra de talentos menores, como René-Antoine Houasse (um ex-protegido de Lebrun), Noel Coypel, Charles de Lafosse, Jean Jouvenet e François Desportes.[5] O escultor Girardon permanecia ativo, mas desde 1700 perdera as boas graças do rei e de todo modo já tinha mais de 70 anos nessa altura. A Revogação do Edito de Nantes provocara a emigração de alguns artistas que serviam ao rei, como Daniel Marot, que passou a servir Guilherme de Orange.

Espetáculos magníficos continuaram a ser apresentados na corte, até que as mortes do Delfim e do neto de Luís, o duque da Borgonha, os tornaram impróprios; eram, porém, obra de figuras relativamente menores, como os compositores André Destouches e Michel-Richard de Lalande, ou o poeta Antoine de Lamotte. Racine viveu até 1699 e Boileau até 1711, mas o primeiro parara de escrever para o teatro público, ao passo que o trabalho do segundo já não tinha a mesma qualidade. O mais bem-dotado escritor da nova geração, Jean de La Bruyere, tecia eventualmente louvores ao rei e às suas políticas.[6] Era mais conhecido, no entanto, como um crítico da corte de seu tempo.

Restava o arquiteto Jules Hardouin Mansart, nomeado *surintendant des bâtiments* em 1699, o escultor Antoine Coysevox, que se tornou diretor da Academia Real em 1702, e o pintor de retratos Hyacinthe Rigaud, nobilitado em 1709. Estes três homens eram artistas bem-dotados, mas não substituíam a plêiade de talentos que outrora servira ao Rei Sol.

O patrocínio da corte e o patrocínio oficial – categorias que se sobrepõem, mas não coincidem – foram se tornando cada vez mais fragmentados. As cortes, que poderíamos chamar de "satélites", dos duques da Borgonha e de Orléans tornaram-se centros cada vez mais importantes de patrocínio tanto da pintura como da música. Após a morte de Louvois, a responsabilidade pelas construções reais e pelas academias reais foi dividida, o que privou a petite académie de seu vínculo anterior com a arquitetura e levou-a a se concentrar ainda mais em medalhas e inscrições.

De todo modo, os problemas financeiros do Estado limitavam naturalmente seu patrocínio. O período 1689-1715 poderia muito bem ser qualificado de "a Grande Compressão". A decisão de fundir os acessórios de prata de Versailles em 1689 é apenas o exemplo mais notório do impacto da guerra sobre as artes. A construção e decoração de Versailles foram interrompidas por algum tempo. Com a morte de Louvois, o trabalho de reconstrução da Place Vendôme foi interrompido por ordem do rei. O pagamento de pensões foi suspenso, bem como as atividades da imprensa real. A história metálica foi adiada, enquanto a Academia de Ciências teve de abandonar alguns de seus mais prestigiosos projetos, como a *Histoire des plantes*.[7]

Focalizando com mais precisão a imagem do rei em sua velhice, este capítulo vai se concentrar em dois temas: a representação das guerras num período sem vitórias e a realização de dois grandes projetos para a glorificação do rei, a estátua colossal para a Place Louis-le-Grand e a história metálica oficial do reinado.

Operações militares

Os episódios da guerra da Liga de Augsburgo, que durou dez anos, 1688-97, foram celebrados em prosa e verso, mas não na escala das décadas de 1660 e 1670. Thomas L'Herault de Lionnère publicou uma história dos eventos militares de 1689 na forma de um panegírico. Boileau escreveu uma ode sobre a tomada de Namur, que foi comemorada também em pinturas e gravações.[8] Esses episódios foram exaltados também por nada menos que 45 medalhas. Destas, 16 representam batalhas em terra ou no mar, entre as quais Fleurus (em Flandres), Staffarde (no Piemonte), Leuze, Steinkirke, Pforzheim, Neerwinden, Marsaglia e Ter.[9] Vinte medalhas celebram a conquista de territórios ou a captura de cidades, entre as quais Mons, Nice, Namur, Charleroi e Barcelona – sem contar a famosa medalha cunhada para celebrar a destruição de Heidelberg e mais tarde eliminada (Figura 48).[10] O espectador é informado da escala do teatro de operações nesta "primeira guerra mundial", como um historiador recentemente a qualificou, por medalhas da tomada de Cartagena, na América do Sul, e da derrota de uma frota inglesa no Canadá.[11]

Ao mesmo tempo, a comparação com campanhas anteriores sugere certa degradação das medalhas. Eventos relativamente pouco importantes eram comemorados: um comboio de grãos salvo do inimigo, a marcha do Delfim até o Scheldt, ou o fracasso de um bombardeio inimigo para destruir Dunquerque [DUNKERCA ILLAESA], alvo da zombaria de Addison ("De que se gabam os franceses, se nada fizeram aqui?").[12] Chegou-se até a cunhar uma medalha que comemorava a distribuição de medalhas a marinheiros franceses.

48. O saque de Heidelberg. *Heidelberga Deleta*, de Jérôme Roussel, reverso de medalha, *c.*1690. Department of Coins and Medals, British Museum, Londres

As medalhas dedicadas à Guerra da Sucessão Espanhola, 1702-13, revelam, por certos silêncios eloquentes, que os negócios da França não iam bem. Doze anos de guerra geraram apenas 24 medalhas. Ao lado da celebração de nove vitórias em batalha e da tomada de 11 fortalezas inimigas, duas medalhas se referem à retomada de fortalezas francesas (Toulon e Landrecies), uma reveladora confissão de que a França estava por vezes na defensiva.[13] Duas medalhas referem-se não a vitórias ou conquistas, mas meramente às "campanhas" de 1712 e 1713.[14]

De todo modo, os nomes das vitórias (Luzara, Fridlingen, Ekeren, e assim por diante) pareciam estranhos e até vazios a qualquer observador informado dos acontecimentos recentes em Blenheim (1704), Ramillies (1706), Oudenarde (1708) e Malplaquet (1709), combates em que os exércitos comandados pelo duque de Marlborough e o príncipe Eugene de Savoia haviam derrotado as tropas francesas. Malplaquet custara de fato mais tropas ao inimigo que aos franceses, mas a falta de uma medalha para comemorar o fato sugere que Luís não considerou apropriado celebrar o evento. A demanda de Vitórias aladas e coroas de louros declinou.

O modo como essas batalhas foram descritas na imprensa oficial da época também é revelador: As cartas particulares do rei são um testemunho suficiente de sua consciência do desastre.[15] Além disso, sabemos que a notícia da derrota do exército francês e da captura do seu comandante, marechal Tallard, na batalha de Blenheim (também conhecida como Hochstädt), na Bavária, foi um choque para a corte. Uma carta escrita por Madame de Maintenon logo depois da chegada da notícia a Versailles comentava tanto o sofrimento do rei (*la peine du Roi*) com a notícia, como a maneira calma e resignada com que a recebera.[16] O *Mercure Galant* tentou sugerir que Blenheim não fora uma derrota completa, pois, argumentava, o inimigo "perdeu muito mais homens" que os franceses, mas os contemporâneos, como o marquês de Surville, percebiam o vazio da alegação e a tentativa do governo de desviar a atenção da derrota ao ordenar imediatamente um *Te Deum* por uma vitória naval.[17]

Ademais, se examinarmos a *Gazette* de 1708, o ano da derrota dos duques de Vendôme e da Borgonha na batalha de Oudenarde, e também da perda de Lille, nada nos faria supor que ocorreu alguma batalha.[18] O *Clef du Cabinet,* periódico mensal não oficial, tentou sugerir que Oudenarde não fora uma derrota, enquanto a *Gazette* pouco se referiu à guerra entre o relatório enviado de Bruxelas em março – em que se lia: "o povo deste país está extremamente descontente com o modo como é tratado pelo Aliados, que estão arruinando seu comércio" – e a notícia, chegada da Espanha em julho, de que os franceses tinham capturado Tortosa, evento celebrado com um *Te Deum,* fogueiras e outras formas de regozijo público.[19] O *Mercure Galant* afirmou que houvera mais um "combate" que uma "batalha", acrescentando que as perdas dos Aliados tinham sido "infinitamente" maiores, e arrematando: "teríamos vencido se tivesse sido possível atravessar as sebes".[20] Oudenarde foi então rebaixado à categoria de evento menor, ou de não-evento. Nessa época de provações, pouco havia para celebrar além da calma do rei diante do desastre ou, – para usar o termo estoico adotado pela petite académie numa medalha de 1715 – sua "resignação".[21]

Torcy, porém, tentou outra atitude. Em 1709, ao escrever em nome do rei aos bispos e governadores das províncias, substituiu as tradicionais referências à glória por expressões de preocupação com o povo. Luís é apresentado não como uma figura distante, mas como o pai de seu povo, unicamente interessado no "repouso" deste. "Minha afeição por meu povo é tão grande quanto a que tenho por meus próprios filhos."[22] Esta linguagem não era inteiramente nova; as inscrições da Grande Galerie mencionam por vezes "os cuidados paternais que Sua Majestade tem pelo bem de seus povos" [*les soins paternels que Sa Majesté a pour le bien de ses peuples*].[23] Ainda assim, foi uma mudança de ênfase bastante notável.

Assuntos domésticos

Muito poucos eventos civis ou domésticos deste período do reinado, a despeito de sua extensão, foram comemorados com medalhas. Uma exceção foi a recuperação do rei da operação da fístula, em 1687, evento celebrado também por uma sessão extraordinária da Académie Française, pela presença do rei num jantar no Hôtel de Ville, por esculturas (Figura 49) e por uma avalancha de odes e sonetos, tudo isso reportado na imprensa nos mínimos detalhes.[24]

Cunharam-se moedas também para comemorar a instituição da Ordem de São Luís (1693), o casamento do duque da Borgonha (1697), a inauguração de uma estátua do rei (1699), a criação de um conselho de comércio, a publicação de editos contra o fausto e a mendicância, e a subida de Filipe de Anjou ao trono da Espanha (tudo isso em 1700). Cabe observar que em dois desses casos, numa espécie de circularidade já destacada várias vezes (p.28, 75-6), era a glorificação do rei em um meio que era celebrada em outro.

Os acontecimentos internos mais memoráveis na última parte do reinado foram infelizes, desde a fome de 1693, passando pela revolta dos protestantes de Cévennes em 1702 e o inverno inclemente de 1709, até a morte do Delfim, em 1711, e a do duque e da duquesa da Borgonha em 1712.[25] Nessa situação, pouco mais havia a celebrar senão os próprios meios de comunicação. Havia uma necessidade real de compensação psicológica ou, nas palavras de homens da época, como Surville (p.124), de desviar a atenção.

A fundação da Ordem de São Luís foi o clímax de uma identificação ou, pelo menos, de um paralelo entre os dois reis, que vinha desde a infância de Luís (como ocorrera com seu pai, Luís XIII). Em 1648, por exemplo, o rei, então com dez anos de idade, ouviu um panegírico do santo, na igreja jesuíta de Saint Antoine, no dia de sua festa, 25 de agosto. Em 1668, o erudito Charles Du Cange publicou uma biografia medieval de são Luís com uma dedicatória ao rei e uma comparação entre os dois soberanos. Sabe-se que foram feitas pelo menos três imagens de são Luís com os traços de Luís XIV, datadas de *c.*1655, 1660 e 1675.[26]

Ao longo do reinado, a comparação foi institucionalizada, e a festa do santo tornou-se uma ocasião para homenagear o rei. Em 1669, por exemplo, ela tomou a forma de um festival em Saint Germain, com a encenação de uma peça de Molière.[27] Na Académie Française, instituiu-se o costume de celebrar o dia 25 de agosto com a entrega de um prêmio na forma de uma medalha do rei, e também com um panegírico que combinava louvores aos dois Luíses.[28] Motetos eram compostos para a ocasião, e, em 1703, ofereceu-se uma medalha ao rei nesse dia.[29] A estátua do rei, erguida em Poitiers, foi inaugurada no dia de são Luís. Em 1686, a fundação por Madame de Maintenon das "damas de São Luís" (escola para moças nobres e pobres, em Saint-Cyr) foi, como a fundação da Ordem de São Luís em 1693, parte de um movimento mais amplo.[30] Assim também a capela de Versailles, que continha ela própria uma capela dedicada a são Luís e decorada com cenas de sua vida.

49. Luís se restabelece da doença. *Alegoria da recuperação do rei*, de Nicolas Coustou, relevo em mármore, 1693. Louvre, Paris

O descerramento da estátua feita por Girardon para a Place Louis-le-Grand, em 13 de agosto de 1699, foi celebrado com tanto fervor quanto uma grande vitória. A própria estátua (ver p.28) era colossal. Por ordem do rei, René Houasse produziu duas pinturas sobre o seu transporte até a praça (Figuras 50 e 51). Destruída durante a Revolução Francesa, a estátua é conhecida não só por gravuras (Figura 52) (como a de Desjardins na Place des Victoires) mas também por reproduções em miniatura (das quais seis se conservam), uma nova forma de publicidade (ver Figura 53).

Para inaugurar o monumento, a municipalidade de Paris ergueu à margem do Sena um "Templo da Glória", no alto de uma pedra (como a famosa estátua do rei, de Bernini), para mostrar as dificuldades do caminho para a glória (Figura 54). Houve também uma magnífica queima de fogos de artifício, com representações não só de Hércules, Alexandre, Clóvis e Carlos Magno – figuras tradicionais do rei – mas também de Perseu, Jasão, Teseu, Ciro, Teodósio, Fábio, Pompeu, César, Filipe Augusto e Henrique IV. O jesuíta Menestrier, a essa altura com 68 anos, saiu de seu isolamento para participar das comemorações com um panfleto ilustrado.[31]

Menestrier estivera envolvido também – extraoficialmente – em outro grande empreendimento para a glorificação do rei: a tão longamente planejada história metálica do reinado. A petite académie começou a trabalhar no projeto em meados da década de 1680, mas de início não fez grandes progressos. Em 1689, Menestrier, que nada tinha a ver com a academia, publicou sua própria história metálica, ou *Histoire du roy Louis-le-Grand par les médailles.* O livro continha gravações de 122 medalhas referentes a eventos internos e internacionais do reinado, juntamente com jetons e uma seleção de inscrições, emblemas e divisas para a glória do rei. A publicação foi vista pela Academia como uma usurpação de seu monopólio, como fica claro pelos seus protestos contra edições posteriores do livro.[32] Isso nos faz lembrar o modo como Antoine Furetière levou a melhor sobre a Académie Française ao publicar seu *Dicionário* em 1684 (dez anos antes dela). O trabalho em equipe não é necessariamente mais eficiente que o de um indivíduo empreendedor.

Diante do desafio lançado por Menestrier, e livre de cuidados com as construções reais (em 1691), a Académie acelerou seu trabalho. No final de 1695, a história havia chegado a 1672. Em 1699, o rei já expressava sua "impaciência" por ver impressa a história metálica oficial. Em 1702, ela foi finalmente publicada, pela imprensa real, num suntuoso volume in-fólio, num intervalo entre guerras em que era um pouco menos difícil obter dinheiro para projetos tão grandiosos (Figura 55). Houve também uma edição in-quarto, mais barata. *Médailles sur les principaux événements de Louis-le-Grand* (a palavra "história" não aparece, certamente para distinguir a obra da de Menestrier) incluía gravuras de 286 medalhas,

50. *Transporte da estátua de Luís XIV em 1699: saída do Convento dos Capuchinhos*, de René-Antoine Houasse, óleo sobre tela, *c.*1700. Musée de la Ville de Paris, Musée Carnavalet

51. *Transporte da estátua de Luís XIV em 1699: chegada à Place Vendôme*, de René-Antoine Houasse, óleo sobre tela, *c.*1700. Musée de la Ville de Paris. Musée Carnavalet

52. O colosso. *Estátua equestre do rei*, gravura anônima da estátua de Girardon, *c.*1697. British Library, Londres

dispostas em ordem cronológica; a decisão de excluir certas medalhas foi tomada no mais alto nível. O texto que as acompanha traz não só descrições da iconografia das medalhas como "explanações históricas" dos eventos comemorados. Em outras palavras, o volume fornecia o que tantos historiógrafos reais tinham sido encarregados de produzir, mas nunca tinham publicado: uma história oficial do reinado. Os *intendants* receberam ordens para conservar essa obra de referência em suas mesas de trabalho.

O próprio rei participou da revisão do volume para a segunda edição, que incluiu 318 medalhas desse período, mas nunca chegou a ver os resultados. Quando o volume foi publicado, em 1723, Luís já estava em seu túmulo havia oito anos. De fato, as duas últimas medalhas no volume comemoram a morte do rei.

53. Reprodução em miniatura. Maquete para a estátua da Place Louis-le-Grand, 1691. The Metropolitan Museum of Art, Nova York, Hewitt Fund, 1911

Cenas finais

A última doença de Luís XIV foi teatralizada no mais alto grau, com várias cenas de leito de morte, em que o rei disse adeus a seus cortesãos e deu conselhos a seu bisneto e sucessor, de cinco anos de idade. Sua observação mais lembrada foi: "Amei a guerra em excesso: não me imite nisso, e tampouco nos gastos excessivos que fiz" [*J'ai trop aimé la guerre: ne m'imitez pas en cela, non plus que dans les trop grandes dépenses que j'ai faites*].[33]

Os relatos oficiais sobre o funeral real dão impressão de magnificência. A cerimônia deve ter sido ainda mais impressionante, porque desde 1643 não se realizava o funeral de um rei de França. No entanto, segundo testemunhas da época, o ânimo do povo era mais de alívio que de regozijo.[34]

54. *O Templo da Glória*, gravura de Guérard extraída de *La statue equestre de Louis-le-Grand*, de C.-F. Menestrier, 1699. British Library, Londres

55. Celebração da celebração de Luís, Frontispício para *Médailles...*, da Academia, 1702, gravura de Louis Simonneau segundo desenho de Noël Coypel. British Library, Londres

56. "Desluisificação". Detalhe de *Enseigne de Gersaint*, de Antoine Watteau, 1721. Schloss Charlottenburg, Berlim

Mais de 50 orações fúnebres sobre Luís foram publicadas.[35] Elas davam aos pregadores uma oportunidade única de resumir o reinado e falar sem ser ouvidos pelo rei. Alguns desses pregadores preferiram se deter na morte do rei, descrevendo-a como uma boa morte no sentido cristão e também como um "magnífico espetáculo" de coragem e resignação.[36] Outros tinham mais a dizer sobre a vida e o reinado de Luís. Estavam prontos para criticar sua moral, particularmente na época em que o jovem rei era um "escravo de seus desejos". Foram feitas referências também aos "males e às misérias que guerras demasiado frequentes atraíram sobre a França" [*les maux et les misères que de trop fréquentes guerres ont attiré sur la France*].[37]

Mesmo assim, o tom geral desses sermões era triunfalista, a ponto de evocar, mesmo no púlpito, as vitórias conquistadas em Flandres e a humilhação de Argel e Gênova. O amor de Luís pelas artes também foi mencionado. Nem é preciso dizer que o tardio zelo do rei pela religião e suas obras de caridade (em especial a fundação dos Invalides e de Saint Cyr) foram fastidiosamente louvados.

Uma imagem final do rei foi projetada em seu testamento, escrito em Marly em 1714, e na carta, escrita alguns dias antes de sua morte, para ser entregue ao Delfim em seu décimo sétimo aniversário, em 1727.[38] A carta aconselhava o futuro Luís XV a nunca romper com Roma, a preferir a paz à guerra e a manter os impostos baixos. Devemos interpretar este texto como um reconhecimento dos erros do reinado, ou como um derradeiro esforço para causar boa impressão à posteridade?

Se a segunda hipótese for a correta, o rei parece não ter tido sucesso. Sua morte foi seguida por um extravasamento de comentários irreverentes sobre o reinado (abaixo, Capítulo 10). A Regência parece ter se marcado por um estado de espírito de reação contra o rei, nitidamente simbolizada por Watteau em sua famosa imagem (Figura 56) da loja do *marchand,* com um retrato de Luís, agora encalhado, a caminho do porão.[39]

57. "Um estudo histórico", frontispício para *The Paris Sketchbook*, de Titmarsh (W.M. Thackeray), 1840. British Library, Londres

IX

A crise das representações

> Le changement des temps et des affaires
> peut obliger à supprimer ou à corriger.*
> BIGNON

Havia incômodas discrepâncias entre a imagem oficial do rei e a realidade cotidiana tal como percebida por seus contemporâneos, mesmo simpatizantes. Essas discrepâncias, ainda que não fossem, evidentemente, exclusivas desse governante específico, complicavam a tarefa de artistas, escritores e outros envolvidos com o que se poderia chamar de a "administração" da imagem real.

Por exemplo, Luís não era um homem alto. Media apenas cerca de 1,60 metro. Esta discrepância entre sua altura real e o que poderíamos chamar de sua "altura social" tinha de ser camuflada de vários modos. Seu filho, o Grand Dauphin, embora mais alto, "era em geral disposto nas pinturas e gravuras de modo a que isso não ficasse inconveniente".[1] A peruca e os saltos altos (Figuras 1 e 57) ajudavam a tornar Luís mais imponente. A peruca disfarçava também o fato de que o rei perdera boa parte do cabelo durante uma doença sofrida em 1659. Seus retratos também tendiam a melhorar sua aparência, embora o próprio Luís tenha permitido que o retratassem envelhecendo, e até sem dentes (acima, p.44, 46)

Há outro tipo de discrepância a considerar. Em certos casos, citados acima (p.65, 67, 124), havia contradições óbvias entre os relatos oficiais das façanhas do rei e a informação disponível a partir de outras fontes. O mito do herói invencível era obviamente incompatível com as derrotas francesas, e é revelador observar como os meios de comunicação oficial lidavam – ou não conseguiam lidar – com incidentes desse tipo. Certos eventos eram celebrados na ocasião e suprimidos mais tarde, como no caso notório da destruição de Heidelberg por tropas francesas (acima, p.122). Como o expressou discretamente o padre Bignon (o censor oficial, e mais tarde responsável por todas as academias): "Mudanças na situação política podem tornar necessário suprimir ou corrigir" informações.[2]

* A mudança dos tempos e dos problemas pode obrigar a suprimir ou a corrigir. (N.T.)

É possível encontrar também casos do contrário da supressão, isto é, a celebração de eventos não ocorridos, o que o historiador norte-americano Daniel Boorstin chamou de "pseudoeventos".[3] Por volta de 1670, Sébastien Leclerc fez uma gravura representando uma visita de Luís à Académie des Sciences (ver Figura 18), quando nenhuma visita desse tipo acontecera.[4]

Estes exemplos revelam o que poderíamos chamar de problemas "recorrentes" ou até "normais" na representação oficial de soberanos. Na segunda metade do século XVII, um outro tipo de problema, ou conjunto de problemas, emergiu. Vou me referir a esse conjunto, talvez um tanto dramaticamente, como a "crise das representações" do século XVII, e dividi-lo em duas partes: o declínio da Antiguidade e o declínio das correspondências.

O declínio da Antiguidade como modelo cultural na França do século XVII é analisado em geral sob a rubrica da discussão [*querelle*] entre os antigos e os modernos; Jonathan Swift a chamou de a "Batalha dos Livros". Esse debate chegou ao seu apogeu no final da década de 1680. Boileau e La Fontaine defendiam os antigos, ao passo que os irmãos Perrault e Fontenelle apoiavam os modernos.[5] O cerne do debate era a superioridade ou não dos antigos, em particular os escritores Virgílio e Horácio, sobre seus equivalentes modernos. Naturalmente, a discussão ampliou-se para incluir a questão da superioridade ou não da cultura moderna (incluindo a ciência) sobre a da Antiguidade clássica. Outras questões diziam respeito à propriedade de escolher heróis pós-clássicos (como Clóvis ou Carlos Magno) como protagonistas de poemas e peças teatrais, de usar uma linguagem moderna para inscrições em monumentos (abaixo, p. 168-69, 172), de representar armas modernas (mosquetes, bombas, etc.) nesses monumentos, e de retratar figuras contemporâneas, como o rei, em trajes modernos.[6] De certo modo os modernos "ganharam" a batalha, pois Boileau, o líder da outra facção, acabou por se declarar convencido.

Esse debate não era uma questão puramente literária. Os participantes tinham plena consciência de suas implicações políticas. Se a era de Luís o Grande superava a de Augusto, então também Luís superava Augusto. Charles Perrault chegou ao ponto de criticar Alexandre por seu "enorme orgulho" e Augusto por sua "crueldade".[7] Uma decisão aparentemente estética, como a escolha da nova "ordem francesa" para as colunas do Louvre, em vez das tradicionais ordens dórica, jônica ou coríntia, tinha implicações políticas. De fato, era uma mensagem política.

Aparentemente, a vitória dos modernos foi uma vitória de Luís XIV. Afinal de contas, os mais destacados defensores do movimento eram protegidos de Colbert.[8] Apesar disso, a apresentação do monarca estava tão intimamente associada ao prestígio da tradição clássica que qualquer declínio na importância dessa tradição criava dificuldades para artistas e escritores, dificuldades que Boileau, por exemplo, tomou como um dos principais temas de sua *Quarta Epístola,* sobre a campanha de 1672.

O segundo problema foi o do declínio de uma correspondência e do que foi chamado de a "analogia orgânica", numa época em que os intelectuais do Ocidente estavam começando a ver o mundo como uma grande máquina. Os historiadores da ciência, da filosofia, da literatura e do pensamento político o conhecem bem.[9] De fato, eles o vêm discutindo desde a década de 1930.[10] A questão atraiu também alguma atenção dos historiadores da arte.[11] No entanto, pelo que sei, a discussão não foi vinculada a análises das representações de soberanos.

Os mitos dos soberanos da Idade Média e do Renascimento fundavam-se consideravelmente numa visão de mundo ou mentalidade tradicional. Se um soberano dessa época era representado como (digamos) Hércules, isso era muito mais que uma metáfora para dizer que era forte, ou mesmo que resolveria os problemas de seu reino com a mesma facilidade com que Hércules realizara seus vários trabalhos. A conexão, ou "correspondência", como às vezes a chamavam, era de natureza mais forte, como ocorria também no caso da correspondência entre um Estado e uma nau (ver Figura 20), ou entre um rei e um pai, ou entre o corpo político e o corpo humano, ou entre o microcosmo e o macrocosmo.[12] O soberano era identificado, no sentido forte do termo, com Hércules, como se a aura do semideus tivesse se transferido para ele. Esta linguagem não é muito precisa, mas é difícil ser preciso acerca de um processo desse tipo, que atua num nível muito mais inconsciente que consciente.

Essas analogias eram tratadas não como construções humanas, mas como paralelos objetivos. Argumentações políticas presumiam sua realidade, ao afirmar, por exemplo, que o mandamento "Honrarás pai e mãe" condenava a resistência aos reis.[13] Poderíamos, portanto, falar de uma "mentalidade mística", admitindo similaridades com o conceito de "participação mística" [*participation mystique*] proposto no início do século XX pelo antropólogo e filósofo francês Lucien Lévy-Bruhl, embora evitando o uso de seu termo "primitivo". A palavra "místico" foi usada por Lévy-Bruhl para denotar conexões ou identificações não observáveis, como a identificação que certa tribo fazia entre gêmeos e aves.[14]

Um bom exemplo dessa mentalidade em ação pode ser encontrado na ideia do casamento místico entre o rei e o reino. A ideia estava inscrita tanto na cerimônia de coroação francesa (como vimos no Capítulo 3) como nos Esponsais Venezianos do Mar.* Jaime VI e I,** em meio a um conflito com seu parlamento,

* Em Veneza, cerimônia anual na qual o doge tomava posse do mar Adriático, lançando às ondas um cordeiro bento pelo patriarca. (N.T.)

** Jaime VI da Escócia (1567-1625) e Jaime I da Inglaterra e da Irlanda (1603-25). (N.T.)

também recorreu a essa ideia, como se fosse evidente: "Sou o esposo e a ilha toda é minha legítima esposa." A analogia entre o rei e o Sol também era "mística", por ser inacessível à observação, ao mesmo tempo em que desempenhava a importante função de "naturalizar" a ordem política, em outras palavras, de fazê-la parecer tão inevitável e inquestionável quanto a própria natureza.

Durante o século XVII, ocorreu entre certas elites de algumas partes da Europa ocidental (França, Inglaterra, a República Holandesa e a Itália do norte) uma revolução intelectual que solapou os pressupostos dessa mentalidade mística. Esta revolução está associada, em particular, com Descartes e Galileu, Locke e Newton, mas muitas figuras de menor expressão também participaram dela.

Este não é o lugar para uma exposição detalhada das origens ou consequências dessa revolução intelectual, de suas relações com mudanças econômicas e sociais (como a transição do feudalismo para o capitalismo) ou com movimentos intelectuais anteriores, como o nominalismo, associado com o filósofo do século XIV Guilherme de Occam (um movimento mais estreito tanto no sentido intelectual como social). Basta dizer aqui que uma consequência crítica da revolução foi o chamado "declínio da magia", na forma de um crescente ceticismo das elites na eficácia da magia, como parte do movimento geral de secularização ou "desencantamento do mundo" [*Entzauberung der Welt*] discutido pelo sociólogo Max Weber.[15]

Segundo a nova mentalidade, o mundo era visto mais como uma máquina que como um organismo ou um "animal". O novo cosmo era o chamado "universo da bola de bilhar", de Descartes, em que nada se move a menos que seja tocado por alguma outra coisa, e Deus põe todo o conjunto em movimento com um piparote, nas palavras de Pascal.

Igualmente importante nessa nova mentalidade foi a mudança no status da analogia: produziu-se um deslocamento da correspondência objetiva para a metáfora subjetiva. O simbolismo tornou-se mais acanhado. Esse deslocamento foi acompanhado de uma desvalorização da metáfora, do símbolo e do ritual, cada vez mais qualificados de "meros". Por esta razão, é tentador chamar essa revolução intelectual de "a ascensão da literalidade", embora talvez seja mais exato falar de uma crescente consciência da diferença entre sentidos literal e simbólico.[16] É nessa altura que Hércules é reduzido a uma expressão da força, o leão a uma expressão da coragem, e assim por diante, como se espectadores e leitores se sentissem mais à vontade com qualidades abstratas que com mitos.

Em suma, uma forma mais concreta de pensamento foi substituída por outra mais abstrata. A palavra "forma" merece ênfase. Mas estou tentando negar a importância do empirismo no século XVII, do interesse pelos detalhes concretos do mundo natural. A questão é que categorias mais abstratas estavam substituindo as correspondências do pensamento medieval e renascentista. Junto com essas mudanças veio a ascensão da fé na razão, e a ascensão do que é cômodo chamar de "relativismo cultural", em outras palavras, a ideia de que arranjos sociais e culturais particulares não são estabelecidos por Deus ou necessários, mas contingentes. Variam de um lugar para outro e podem mudar de um tempo para outro.

É provável que, na altura de 1700, somente uma minoria dos intelectuais da Europa ocidental já tivesse mudado desse modo sua visão de mundo, mas as consequências da mudança foram profundas, desde o declínio da caça às bruxas até a rejeição de procissões religiosas como maneira de afugentar a peste. O significado do ritual foi redefinido, especialmente num estudo escrito por um beneditino francês, Claude de Vert, durante o reinado de Luís XIV, que propôs uma explicação chamada "literal" do ritual, um bom exemplo da "literalidade" que há pouco mencionamos.

Por que, por exemplo, põem-se velas no altar durante a missa? Segundo a teoria tradicional, formulada por Durandus no século XIII, as velas significavam que Cristo é a luz do mundo. Claude de Vert, ao contrário, rejeitou essas explicações, que chamou de "místicas", em favor de explicações históricas. Segundo ele, as velas tinham sido necessárias nos tempos em que a missa era celebrada nas catacumbas, e o costume sobrevivera à sua utilidade (pelo processo que os sociólogos chamam hoje de "*cultural lag*").[17]

A revolução intelectual teve sérias consequências tanto políticas como religiosas. Os soberanos perderam parte considerável do que Pierre Bourdieu chamaria de seu capital simbólico.[18] Essas consequências podem ser vistas em sua máxima evidência na famosa crítica que Locke fez da analogia entre reis e pais, aceita como válida por *Sir* Robert Filmer em seu livro *Patriarcha,* que Locke se propôs refutar.[19] Em suma, os reis estavam perdendo suas roupagens simbólicas. Estavam sendo desmitizados e desmistificados.

Por esta razão, talvez não seja despropositado aplicar a esse período a famosa expressão de Jürgen Habermas, "crise de legitimação". Não estou sugerindo que em meados do século XVII os soberanos europeus tenham perdido sua legitimidade, mesmo que Carlos I tenha de fato perdido sua cabeça justamente nesse período. Estou de fato sugerindo, porém, que um importante modo de legitimação estava perdendo a eficácia.

Que relação tem isto com a imagem de Luís XIV? Como vimos, Luís, do mesmo modo que outros soberanos (e talvez mais que outros soberanos de sua época) era qualificado, na linguagem do paternalismo e do patriarcado, como o pai de seu povo. Era retratado na forma de são Luís, de Hércules, de Apolo, do Sol. Era considerado um soberano sagrado e atribuía-se naturalmente a seu toque real o poder de operar curas milagrosas.

Esse poder, obviamente incompatível com o universo mecânico de Descartes e Galileu, foi alvo da zombaria de Montesquieu em suas *Lettres persanes,* publicadas alguns anos após a morte de Luís. Nelas, um visitante persa escreve para casa descrevendo o rei de França como "um grande mágico".[20] O problema do rei era ser um soberano sagrado num mundo cada vez mais secular. Era identificado com o Sol numa época em que a lógica da identificação ou da correspondência estava em questão. Nas memórias reais, é explicado que o Sol é uma imagem apropriada do monarca porque é "o mais nobre" dos corpos celestes. Nessa altura, porém, Galileu já apresentara poderosos argumentos contra a aplicação de termos morais como "nobre" ou "perfeito" à natureza inanimada.

A revolução intelectual não foi ignorada nos círculos mais próximos do rei. Afinal, um dos mais destacados relativistas culturais, La Mothe Le Vayer, tinha sido o tutor do rei. Furetière, que deu uma definição reducionista dos símbolos em seu famoso *Dicionário,* foi também autor de poemas em louvor ao rei. A Academia de Ciências fora fundada em 1666 como parte do projeto de apresentar o rei como um magnificente protetor do saber. Os irmãos Perrault envolveram-se ao mesmo tempo com a nova ciência e com a fabricação da imagem oficial de Luís XIV. Charles Perrault rejeitou alguns mitos clássicos, vendo neles fábulas que só convinham às crianças.[21] Bernard de Fontenelle não foi apenas o libretista de ópera que usava a mitologia clássica para glorificar o rei, mas também o autor de um ensaio que solapava o poder do mito reduzindo-o à alegoria. Publicou esse ensaio, *L'Origine des fables* após a morte de Luís XIV, mas parece tê-lo escrito mais cedo.

Que se devia fazer? Sem dúvida podia-se seguir adiante como se nada estivesse acontecendo. Bossuet continuou a qualificar a monarquia de sagrada e paternal, e Luís continuou a tocar os doentes (mais de dois mil no Domingo de Páscoa de 1697, e 1.800 quatro anos depois).[22] Em Versailles, o *lever du roi* ou "levantar do rei" continuou a corresponder ao nascer do Sol. Outra possibilidade era banir o ensino de Descartes, como aconteceu nas universidades francesas (decisão pela qual o rei parece ter sido pessoalmente responsável).[23]

Houve outras reações à crise das representações. Registrou-se, no tempo de Luís, uma mudança na fórmula pronunciada quando o rei tocava o doente. Seus predecessores tinham dito: *Le roi te touche, Dieu te guérit,* ou "o rei te toca, Deus te cura". A nova fórmula, mais cautelosa, era: *Dieu te guérisse,* ou "que Deus te cure".[24]

A partir de 1680, aproximadamente, se não antes, podemos ver Luís adotando uma nova estratégia.[25] O emblema do Sol, embora nunca tenha sido abandonado, perdeu a importância que tivera na época dos balés das décadas de 1650 e 1670. Referências a Alexandre e Augusto declinaram, como vimos. Em 1679,

58. *Vicies Centena Millia Calvinianorum ad Ecclesian Revocata*, reverso de medalha, 1685, Cabinet des Médailles, Bibliothèque Nationale, Paris

o projeto mitológico original para a Grande Galerie, centrado em Hércules, foi substituído por representações dos feitos do próprio rei. As medalhas, que eram produzidas em número cada vez maior nesse período (p. 217) também representavam o rei de forma mais direta que alegórica. Por volta de 1680 a rejeição da mitologia clássica se revelaria extremamente significativa.

O novo mito de Luís XIV fundava-se numa nova retórica, mais moderna que antiga e mais literal que alegórica.[26] Anteriormente, as medalhas comemorativas das proezas do rei traziam inscrições inspiradas nas medalhas dos célebres imperadores romanos. Nesta nova fase, no entanto, podemos encontrar vários exemplos de estatísticas. Das medalhas cunhadas entre 1672 e 1700, 22 incluem cifras em suas inscrições. "Vinte cidades no Reno tomadas pelo Delfim num único mês", VIGINTI URBES AO RHENUM A DELPHINO UNO MENSE SUBACTAE (1688); 80 cidades capturadas (1675); 300 igrejas construídas (1686); 7.000 prisioneiros feitos (1695); 60.000 marinheiros alistados (1680); e "dois milhões de calvinistas retornam à Igreja", VICIES CENTENA MILLIA CALVINIANORUM AD ECCLESIAM REVOCATA (1685) (Figura 58) são frases que fazem lembrar as manchetes dos jornais do século XX.[27] Esta era, afinal de contas, a época de Colbert e Vauban, que foram, entre outras coisas, grandes colecionadores de dados estatísticos.[28]

Tal tendência não se manifestava apenas na França. Os britânicos tinham igualmente seus especialistas em estatística, ou "aritmética política", como a chamavam no século XVII: William Petty, Gregory King, John Graunt. No início do século XVIII, ao ouvir as argurmentações apresentadas nos discursos, *Sir* Robert Walpole observou que a Câmara dos Comuns britânica levava as "cifras da aritmética" mais a sério que as "figuras de retórica".*

Seria possível afirmar também que o grande esforço que o governo francês empenhou na representação de Luís XIV, o número total de medalhas, estátuas equestres, tapeçarias etc. (especialmente na segunda metade do reinado) foi a reação a uma crise ou, mais exatamente, a uma série de crises.

Em primeiro lugar, houve a crise política extremamente óbvia dos anos da Fronda, que coincidiu com a chamada crise geral, ou pelo menos com uma série de revoltas na Europa, que fizeram do ano 1648, como o seria 1848, um ano carregado de revoluções. Em segundo lugar vieram as grandes dificuldades políticas da segunda parte do reinado, quando os exércitos franceses tiveram menos êxito que anteriormente e os problemas financeiros se agravaram. Em terceiro lugar, eu sugeriria que o progressivo investimento na imagem heroica do rei (assim como determinadas mudanças nessa imagem) guardam certa relação com a crise das

* No original a frase tem mais sabor, pois contrapõe *figures of arithmetic* a *figures of rhetoric*. (N.T.)

representações. Como observou certa ocasião Harold Lasswell, renomado analista da comunicação política de nossos dias: "Uma ideologia bem-estabelecida... perpetua-se com pouca propaganda planejada... Quando se começa a pensar sobre maneiras e meios de disseminar a convicção, é que esta já definhou."[29]

59. Luís, o usurpador, *L'habit usurpé*, gravura holandesa anônima, início do século XVII. Coleção particular

X

O reverso da medalha

Le grand-père est un fanfaron,
Le fils un imbécile,
Le petit-fils un grand poltron,
Oh! La belle famille!*

Anônimo, *c.*1708

A imagem heroica de Luís XIV não era a única em circulação. Havia o "reverso da medalha", como assinalava um poema manuscrito do final do reinado.[1] Conservamos um número considerável de imagens alternativas do Rei Sol, bem menos lisonjeiras que as oficiais.[2] Por vezes Luís foi representado – especialmente pelo pintor holandês Romeyen de Hooghe – não como Apolo, mas como Faetonte, que perdeu o controle do carro do Sol. Para alguns críticos ele não era Augusto, e sim Nero. Para os protestantes, inspirados na Bíblia, não era Salomão nem Davi, e sim Herodes ou o Faraó. Como os louvores oficiais, as imagens alternativas compunham-se em geral de lugares-comuns. Neste caso, contudo, os indivíduos conseguiam produzir variações mais engenhosas em torno de temas comuns.[3]

O conceito de "reverso da medalha", por mais apropriado que seja a um *corpus* de textos e imagens em que a paródia e a inversão dominam, é evidentemente vago demais para uma análise séria. É necessário distinguir pelo menos dois tipos de divergência em relação às apresentações oficiais.

O primeiro foi expresso por indivíduos que se consideravam súditos leais – ou pelo menos assim se apresentavam – que apenas brincavam gentilmente com a corte, como Bussy Rabutin; ou que davam ao rei bons conselhos, ainda que indesejados, como o arcebispo Fénelon. O segundo tipo de divergência foi obra de inimigos declarados do rei e de seu regime, muitos dos quais escreveram numa época em que seu próprio país (a Grã-Bretanha, a República Holandesa, o Sacro Império Romano) estava em guerra com a França. A crítica do rei pelos huguenotes, inicialmente do primeiro tipo, foi mudando para o segundo.

* O avô é um fanfarrão,/ O filho um imbecil,/ O neto um grande poltrão,/ Oh! Que bela família! (N.T.)

Os meios pelos quais essas imagens divergentes foram transmitidas incluem pinturas, medalhas, gravuras, poemas e vários tipos de texto em prosa (não só em francês, como em latim, holandês, alemão, inglês e italiano). Luís não era o único alvo. No decorrer do reinado, os satiristas centraram fogo também em Ana da Áustria, Mazarin, Colbert, Louvois, Madame de Maintenon, o duque da Borgonha, o padre La Chaise, confessor do rei, e em vários de seus generais menos bem-sucedidos, como Villeroi.

A forma, estilo e tom desses textos variam extremamente. Alguns deles são simples denúncias, como "O tirano francês", "O Maquiavel francês" [*Machiavellus gallicus*], "O Átila francês" [*Der Französische Attila*], "O Nero francês" [*Nero gallicanus*], e assim por diante. Mas a maioria das possibilidades do rico repertório satírico da época foi também explorada, tendo-se usado especialmente os vários tipos de paródia.

Um exemplo é a paródia do *Pai Nosso* (não incomum na cultura popular da Europa no início da Idade Moderna). "Pai Nosso que estais em Marly, vosso nome não é santificado, vosso reino está quase acabado, vossa vontade não é mais feita..." [*Notre père, qui êtes à Marly, votre nom n'est plus glorieux, votre règne est sur sa fin, votre volonté n'est plus faite...*].[4] Na época dos romances de Mlle. de Scudéry e Mme. de Lafayette, não espanta encontrar o romance burlesco. Um deles descrevia o combate entre o "notável cavaleiro Nasonius" (isto é, Guilherme de Nassau) e "o invencível gigante Galieno", "por alguns chamado também Grandíssimo".[5]

Outro gênero muito apreciado era a versão zombeteira do testamento, como "O testamento de Luís o Grande" [*Ludwig des Grossen Testament*], bem como os testamentos políticos atribuídos a Mazarin, Colbert e Louvois. Outro era o relatório diplomático burlesco, como a *Relation de la Cour de France.* Encontramos também o catecismo burlesco, a confissão burlesca (*Confessio regis gallicae Ludovici XIV*), a mofa do casamento (*The French King's Wedding*), a falsa descrição medieval das pílulas receitadas para Luís, para que pudesse vomitar suas conquistas, e o epitáfio burlesco, que gozou de especial popularidade em 1715. A estrutura do sonho é usada mais de uma vez em descrições de Luís adormecido recebendo a visita do fantasma de Mazarin, e de Madame de Maintenon recebendo a do fantasma de seu primeiro marido, Scarron (Figura 63).

O tom dessas composições varia do moralizante ao cínico, e o estilo vai da elegância urbana de *Les conquêtes amoureuses du Grand Alcandre* às cruezas galhofeiras de *The French King's Wedding,* que pretende descrever "a cômica corte, o charivari e as surpreendentes cerimônias do casamento de Luís XIV com Madame Maintenon sua ex-égua oficial".* As táticas literárias variam dos ataques diretos às insinuações de "histórias secretas" reveladas em confidências.

* No original: "the Comical Courtship, Catterwauling and Surprising Marriage Ceremonies of Lewis the XIVth with Madam Maintenon his late Hackney of State" (N.T.)

Os principais temas dessa orquestra alternativa, que nem sempre mantinha a afinação, se ligam à ambição do rei, sua falta de escrúpulo moral e de religião, sua tirania, sua vaidade, e suas debilidades militares, sexuais e intelectuais. Consideremos brevemente estes seis temas, um a um, construindo uma imagem discordante compósita do rei (assim como os capítulos anteriores construíram uma favorável), antes de prosseguir com a distinção dos diferentes pontos de vista dos emissários das mensagens.

1. Os críticos de Luís XIV faziam frequentes referências ao que um deles chamou "O insaciável apetite de sua ambição".[6] A crítica moral geral ligava-se a uma afirmação política específica, expressa em 1667 num famoso panfleto intitulado "O escudo de Estado" [*Le Bouclier d'État*] e frequentemente reiterada. O que se afirmava era que Luís tinha "um vasto e profundo plano" de se tornar "Senhor da Europa" e assim realizar uma "monarquia universal". Os críticos condenavam com tanta veemência o fim como os meios adotados para alcançá-lo. Segundo um deles, os eventos do reinado eram "Livros eloquentes, através dos quais se pode ler, em grandes caracteres, LUÍS O GRANDE SACRIFICA TUDO À SUA AMBIÇÃO E INTERESSE".[7] A paródia tipográfica das letras maiúsculas usadas para o nome do rei nas publicações oficiais (acima, p.46) é digna de nota. A mais expressiva ilustração da ambição do rei figura num impresso que o representa com roupas roubadas (*L'habit usurpe*) (Figura 59).

2. Luís era frequentemente atacado por sua falta de escrúpulos morais, o que os autores dos panfletos associavam à doutrina da "razão de Estado" e às ideias de Maquiavel, que ele supostamente teria aprendido do cardeal Mazarin: "Todas as políticas maquiavélicas tentei/ E todos os obstáculos religiosos desafiei."[8] Maquiavel recomendara aos príncipes transgressões à fé: Luís foi acusado de "perjúrios", "embustes" e "fraudes" e sua Revogação do Edito de Nantes foi representada como uma transgressão à fé pelos huguenotes.[9] O rei foi acusado também de transgredir o direito internacional, "Invadindo, queimando, destruindo, pilhando, saqueando e eliminando as populações dos territórios e domínios de seus pacíficos vizinhos cristãos", e especialmente pela "crueldade e barbarismo" da invasão francesa do Palatinado (acima, p.120).[10] Esse evento foi qualificado de um exemplo de "Crueldade mais que turca, tártara, bárbara!" [*O mehr als türckische, tartarische. barbarische Grausamkeit!*], ou, para citar o título de um panfleto alemão, da "Razão francesa de Estado".[11]

3. Outra acusação comum foi a de tirania. Feita em 1689 num dos mais famosos panfletos contra o rei, "Os suspiros da França escrava" [*Les soupirs de la France esclave*], encontrou muitas vezes eco em outros textos, em especial num panfleto inglês intitulado *The French Tyrant* (1702). O crescimento do poder absoluto, arbitrário, despótico do rei era cotejado com a destruição das liberdades

60. Luís contra Cristo. *Contra Christi Animum*, gravura do reverso de uma medalha, extraída da edição falsificada da *Histoire du roi* de Menestrier, 1691. British Library, Londres

dos huguenotes, da nobreza, dos *parlements,* das cidades e finalmente da liberdade do povo. Luís era apresentado como "o grande ator da impiedade, crueldade, opressão e tirania no palco do mundo".[12] Mais especificamente, foi qualificado algumas vezes como "o rei dos impostos", "rei dos impostos extraordinários", [*le roi des impôts, le roi des maltôtiers*] e por aí afora.

4. Uma quarta acusação contra Luís era sua falta de religião. Nas palavras que um panfleto lhe atribui (fazendo eco a um pretenso Maquiavel): "Para nós a religião não passa de hipocrisia."[13] A falta de religião era claramente exemplificada pelo tratamento que o rei dispensava aos huguenotes, "o esporte / de meus soldados".[14] Revelava-se também no que os dissidentes diziam ser uma aliança com um Estado não cristão, o Império Otomano. Uma medalha satírica representou Luís junto com o sultão otomano Suleiman III, o dei de Argel, "Mezomorto", e Jaime II; abaixo deles liam-se as palavras "Contra o espírito de Cristo" [CONTRA CHRISTI ANIMUM] (Figura 60) e no reverso estava a imagem do demônio, com a legenda "O quinto na Aliança" [IN FOEDERE QUINTUS]. Outras referências zombeteiras à aliança aparecem em títulos de panfleto: *O cristianíssimo turco* (1690) e *O Corão de Luís XIV* (1695). A falta de religiosidade do rei foi também exemplificada com a blasfêmia e o paganismo do culto oficial ao Rei Sol.

61. *Venit, Vidit sed non Vicit*, reverso de medalha, 1693. Department of Coins and Medals, British Museum, Londres

5. Esse culto permitiu ainda aos fabricantes hostis da imagem atrair a atenção para o que chamavam de o "imenso amor próprio" do rei [*un amour propre d'une grandeur immense*].[15] Um panfleto alemão que se concentrou nesse tema exibia o título "O autolouvor fede" [*Eigenlob stinckt gern*]. A acusação é ilustrada por referências aos "louvores extravagantes" feitos ao rei em poemas, óperas etc. "bajuladores", e que teriam "inflado sua ambição ao equipará-lo ao Sol".[16] Os panfletos se referem ainda à construção de Versailles a altíssimo custo, também por vaidade, e às estátuas de Luís, em especial a que foi erguida na Place des Victoires.

6. Em contrapartida, os discordantes enfatizam as muitas fraquezas desse mero mortal. A acusação de mediocridade intelectual feita por Spanheim e Saint-Simon não se destinou a publicação. A referência impressa de Swift à "doença vergonhosa" do rei, isto é, sua fístula, foi relativamente rara na época.[17] As debilidades do rei em que os panfletos se concentravam eram a militar e a sexual. De fato os dois temas eram estreitamente associados, como na troça "Foges da guerra mas persegues as belas" [*Bella fugis, bellas sequeris*].[18] Ambos foram claramente ilustrados numa gravura de Luís batendo em retirada com seu "harém" (Figura 62) e numa medalha que o representa num carro de guerra que quatro mulheres tentam puxar da linha de frente (em algum lugar da Holanda) para Versailles. Em flagrante contraste com a imagem oficial do rei herói, Luís era apresentado como um medroso diante das batalhas. Era alvo de zombaria por suas derrotas.

62. Luís como mulherengo. *Luís bate em retirada com seu harém*, gravura anônima, 1693. Department of Prints and Drawings, British Museum, Londres

Como diz a inscrição da medalha das quatro damas, VENIT, VIDIT SED NON VICIT (Figura 61), alusão não só a César mas à divisa composta para Luís no *carrousel* de 1662: UT VIDI VICI.

63. Maintenon atacada. Frontispício gravado para *Scarron apparu à Madame de Maintenon*, 1694. British Library, Londres

A ideia de que Luís era melhor fazendo o amor que a guerra é também o tema central de *Conquistas amorosas.* Mais uma vez, o cenário são os Países Baixos, e o nome do herói, "Le Grand Alcandre", é uma referência maliciosa à lisonjeira comparação que Mlle. de Scudéry fizera entre o rei e Alexandre num romance (acima, p.43). A guerra era uma metáfora do sexo. A história se concentra em quatro das amantes do rei. La Vallière (descrita como "d'une médiocre beauté"), Montespan (que teria outros amantes), Fontanges e finalmente Maintenon (Figura 63), "que agora se faz de pudica" [*qui fait maintenant la prude*].[19] A conclusão é que "o Grande Alcândor, embora alçado acima dos demais, não era diferente dos homens comuns em humor e temperamento".[20] Esta conclusão, que hoje pode parecer banal, torna-se subversiva quando vista contra o pano de fundo da campanha oficial para apresentar o rei como um herói.

A metáfora militar ressurge em *Os Novos Amores de Luís o Grande,* em que Luís é representado de joelhos diante de sua mais recente descoberta, Mme. de Saint Tron (Figura 64). Ao ser informado de suas últimas derrotas no campo de batalha, o rei admite preferir Vênus a Marte, enquanto Maintenon lhe comunica,

64. Luís humilhado. Frontispício gravado de *Nouvelles amours de Louis-le-Grand*, 1696, British Library, Londres

com bastante mordacidade: "Vossa Majestade não vai ganhar batalha nenhuma em Meudon, Marly, Versailles."[21] Mais uma vez, a guerra é uma metáfora do sexo. Por outro lado, em *The French King's Wedding,* o sexo tornou-se metáfora da guerra. Aqui Luís é apresentado – no ano de Oudenarde – não como um mulherengo, mas como um parvo impotente um "monarca caduco", igualmente malsucedido nas frentes sexual e militar:

> The Plagues of War and Wife consent
> To send the King a Packing;
> You cannot give your Spouse Content,
> For she'll be always lacking.*

A referência a Maintenon como "esposa" mostra que o segundo casamento do rei era a essa altura um segredo de polichinelo.

* Os flagelos da guerra e da mulher combinaram/ Enviar ao rei um pacote;/ Satisfazer tua esposa jamais conseguirás/ Pois sempre carente ela estará. (N.T.)

Como no caso das imagens oficiais do rei, vale a pena examinar o modo como determinados eventos foram representados – na verdade, manipulados – pelos discordantes. Obviamente, cunharam-se medalhas para comemorar a derrota dos exércitos franceses em Blenheim, Oudenarde, Ramillies etc. De fato, publicou-se uma história metálica das campanhas de 1708-9 em Utrecht em 1711.[22] Quando os franceses perderam Namur em 1695, o poeta inglês Matthew Prior celebrou o evento fazendo uma paródia dos versos com que Boileau exaltara sua captura três anos antes.

Talvez seja mais compensador examinar as imagens de eventos mais ambíguos, ou não eventos, a começar com a famosa medalha das quatro mulheres arrastando Luís do campo de batalha. Essa imagem foi obviamente inspirada na ocasião em que Luís levou não só a rainha como também La Vallière e Montespan para a campanha nos Países Baixos durante a Guerra de Devolução.[23]

Outro exemplo revelador da manipulação de eventos é a imagem de Luís em aliança com o Grande Turco. Em 1681, o imperador Leopoldo estava sob grande pressão. Luís XIV anexou Estrasburgo, os húngaros se rebelaram contra o domínio imperial e os turcos tiraram proveito da situação para reunir um exército em Belgrado no intuito de invadir o Sacro Império Romano. Luís não firmou realmente uma aliança com os turcos. Por outro lado, a despeito de um apelo do papa, nada fez para ajudar o imperador quando os turcos estavam sitiando Viena. É este não evento que está subjacente à imagem da aliança diabólica de Luís (acima, p.152).[24]

No caso da Revogação do Edito de Nantes, não houve necessidade de invenção. O próprio evento foi um presente para os propagandistas holandeses, ingleses e alemães. Não precisam senão descrever e condenar "a mais cruel e mais violenta perseguição jamais havida em França", o que fizeram com muito gosto, em medalhas, gravuras e panfletos.[25]

Evidentemente, esses eventos tinham sido celebrados pelos meios de comunicação oficiais franceses (acima, p.112-3). A íntima relação entre as duas imagens opostas de Luís, o herói e o vilão, merece um comentário adicional.

Assuntos que eram tabu no discurso oficial, especialmente as amantes do rei e seu segundo casamento secreto, foram, é claro, enfatizados pelos discordantes. Apesar desta diferença óbvia, os dois grupos opostos de artistas e escritores escolhiam muitas e muitas vezes os mesmos temas, um produzindo imagens invertidas do trabalho do outro. Como vimos, as imagens hostis se valiam maciçamente da paródia. Imitavam as formas de alguns meios oficiais, como medalhas e inscrições, invertendo seu conteúdo.[26] Referiam-se ao "pôr do sol" ou ao "solstício" (no sentido do dia mais curto e escuro do ano).[27] Para eles, Luís não era o Sol, e sim o "meteoro dourado".[28] Em vez de Apolo, era com Faetonte que comparavam o rei.[29] Em vez de Constantino, com Juliano, o Apóstata.[30] Luís usava a orgulhosa divisa "não inferior a muitos" [NEC PLURIBUS IMPAR]; como não podia deixar de ser, na época da Grande Aliança alguém o descreveu como "o francês que ficou inferior a muitos" [*Gallus iam pluribus impar*].

Rotineiramente, os panfletos qualificavam o rei de covarde, em vez de corajoso, vanglorioso em vez de glorioso, injusto em vez de justo e assim por diante. Seu título oficial de "Luís o Grande" provocou diversas réplicas. Trocavam "Grand" por "Petit", ou o qualificavam de "tão impudentemente engrandecido", ou "grande apenas na ambição".[31]

Outro título oficial, o de "cristianíssimo rei", era também um permanente convite à paródia, como nesses títulos de panfletos: "O cristianíssimo Marte", "O cristianíssimo Turco", "O cristianíssimo precisa se tornar cristão" [*Christianissimus christiandus*] ou "O bombardeio anticristão do cristianíssimo rei".[32]

O patrocínio real do saber e das artes não foi ignorado pelos dissidentes, mas foi mais condenado que celebrado. As pinturas de Versailles eram apresentadas como manifestações da arrogância do rei, as academias eram consideradas instrumentos de despotismo, enquanto as pensões que o rei dava a escritores, e até a construção do Observatório, foram interpretadas como meios de afastar os intelectuais da política e da crítica ao governo.[33] O Louvre foi comparado à Casa Dourada de Nero. A acusação de extravagância era muito repetida.[34]

Os discordantes frequentemente chamavam atenção para o que poderíamos chamar de o culto da personalidade real, interpretando-o em termos de bajulação, vaidade, blasfêmia e paganismo. "Os bajuladores do rei têm tido tais caprichos que inflaram cada vez mais sua ambição, comparando-o com o Sol... como se pretendessem erigi-lo num ídolo perante o qual o mundo inteiro devesse se prostrar, para fazê-lo parecer imaculado e esplendoroso, quase, se não completamente, ao nível da blasfêmia."[35]

O culto a Luís foi o tema central de vários panfletos, especialmente "O autolouvor fede" [*Eigenlob stinckt gern*], "Extrato de algumas flores" [*Extract erzlichen Flosculorum*] e "O malogro do louvor a Luís" [*Laus Ludovici delusa*]. O *Extract* ataca a bajulação do rei pelo historiador oficial Périgny, ao passo que *Eingenlob* é uma crítica de *Parallèle* (1685), de Charles-Claude de Vertron (outro historiógrafo real), que comparou Luís favoravelmente com outros soberanos intitulados grandes, de Alexandre a Carlos Magno. De maneira similar, Matthew Prior atacou ao mesmo tempo Boileau e o rei:

> Pindar, that Eagle mounts the Skies;
> While Virtue leads the noble Way:
> Too like a Vulture Boileau flies,
> Where sordid Interest shows the Prey.
> Since hir'd for life, thy Servile Muse must sing

Successive Conquests and a glorious King;
Must of a Man Immortal vainly boast;
And bring him laurels what so'er they cost.[36]*

A estátua de Luís na Place des Victoires deu aos discordantes uma oportunidade que não perderam tempo em explorar. Três anos após sua inauguração, o panfleto Os *suspiros* (1689) observava que Luís permitia "estátuas em cujo pedestal estão gravadas blasfêmias em sua honra", reproduzindo em nota de rodapé a inscrição VIRO IMMORTALI (a discussão de um único exemplo no plural é uma técnica retórica bem conhecida).[37] Um panfleto inglês descreveu a estátua como "coroada com raios e estrelas, como os romanos antigos costumavam fazer com seu deus Júpiter ... em um local, puseram as figuras da Europa, Ásia, África e América ajoelhadas a seus pés, como se ele ditasse leis para a Terra inteira".[38] Outro panfleto declarava que "os franceses ... oferecem incenso hoje mesmo à divindade de Luís o Grande, e sob sua estátua, cuja cabeça é envolta por uma Glória, estão escritas estas palavras blasfemas, *Numini Ludovici Magni*... fazem suas oblações ao homem imortal, *Viro immortali*".[39] Em alemão, uma "Descrição do monumento aliciador de louvores e arrogante" [*Beschreibung der Ruhmsüch- und Hochmüthigen Ehren-Seule*], publicada em 1690, não discute outra coisa senão esse monumento.[40] Em 1715, um poema contra o falecido rei mencionava a estátua:

Cet homme qu'un indigne et basse flatterie
Sur un piédestal criminel
Expose à tous les yeux comme étant immortel.**

Até a coroa de louros foi usada contra Luís. Um poema zomba da hesitação de Vitória no ato de coroar o rei, enquanto a contrafação de uma medalha do monumento mostra Vitória retirando a coroa, num exemplo lindamente literal do que o crítico russo Bakhtin chamava de "descoroação".[41] A paródia visual era talvez a maneira mais eficaz de solapar a imagem oficial. Uma gravura que circulava em Paris em 1694 substituía as figuras nos cantos do pedestal por quatro mulheres que traziam o rei na coleira – La Vallière, Fontanges, Montespan e Maintenon.[42]

* Píndaro, essa águia, sobe ao céu/ Enquanto a virtude aponta o caminho nobre;/ Mais semelhante a um abutre Boileau voa/ Para onde o interesse sórdido revela a presa.

Contratadas para a vida toda, tuas musas servis têm de cantar/ Sucessivas conquistas e um glorioso rei;/ Têm de se vangloriar de um homem imortal;/ E levar-lhe lauréis não importa a que preço. (N.T.)

** Este homem, que uma bajulação indigna e baixa/ Sobre um pedestal criminoso/ Expõe a todos os olhares como sendo imortal. (N.T.)

65. Luís como sátiro. *Luís e Madame de Montespan num festim*, de Joseph Werner, óleo sobre tela, 1670. Zurique, coleção von Muralt. Foto Schweiz. Instituit für Kunstwissenschaft Zürich

A cronologia desses ataques a Luís é digna de nota. É impossível compor uma lista exata, mesmo dos panfletos, por causa da dificuldade de definir o gênero quando um texto que inclui observações desfavoráveis se torna um ataque? O que se pode é discutir um *corpus* de 75 textos (listados no Apêndice 3), que tratam da pessoa de Luís com algum detalhe. Quatro textos (entre os quais o famoso *Escudo de Estado*) datam da década de 1660, a década da Guerra da Devolução. Seis textos datam da década de 1670, a do ataque à República Holandesa. O gotejar só se tornou um fio d'água na década de 1680, com 16 textos, entre os quais o famoso *Os suspiros da França escrava* e outras críticas da Revogação do Edito de Nantes. O fio d'água tornou-se um jorro na década de 1690, com 35 textos (sete apenas do ano de 1690). Em seguida ele seca; há apenas 14 textos do período 1700-15.

Quem era responsável por essa imagem não oficial do rei? Sabe-se muito pouco sobre a organização e a distribuição desse *corpus* de textos e imagens. O local da publicação, quando declarado, nem sempre é digno de crédito. Algumas vezes o lugar é "Vrystadt" ou "Villefranche", uma piada comum dos impressores clandestinos da época. Algumas vezes é "Paris", "Versailles" ou até "Trianon". O topônimo mais comum na folha de rosto dos textos franceses é "Colônia", e o impressor mais frequente é "Pierre du Marteau", que talvez jamais tenha existido e certamente não imprimiu todos os livros que lhe são atribuídos ao longo de um período de mais de um século.[43]

Em alguns casos, detetives-bibliógrafos seguiram pistas tipográficas e estas os levaram aos Elsevir, uma família de impressores de Leiden e Amsterdam. É provável que boa parte da literatura francesa anti Luís fosse impressa na República Holandesa e contrabandeada para a França. Os holandeses já tinham uma tradição de imprimir livros em línguas estrangeiras para exportação, e os huguenotes, que fugiram para os Países Baixos na década de 1680, não raro passaram a ganhar a vida como escritores ou livreiros. É provável que alguns deles estivessem profundamente envolvidos nessas formas de comunicação clandestina. O grande golpe dessa imprensa clandestina foi a contrafação, em 1691, da história metálica de Menestrier (acima, p.125), introduzindo nela cinco clichês extras de medalhas satíricas, como uma nota que dizia: "os cinco clichês que se seguem não são menos relevantes para a HISTÓRIA DE LUÍS O GRANDE, que os anteriores, mas o padre Menestrier teve suas razões para não os inserir em suas obras."[44] (ver Figura 60).

Os criadores dessas imagens discordantes são em geral tão anônimos ou pseudônimos quanto os impressores, mas é possível identificar pelo menos alguns artistas e escritores. O artista mais destacado foi o holandês Romeyen de Hooghe, famoso sobretudo como aquafortista, mas ativo também como pintor, escultor, medalhista e escritor. Sua "cruzada dos desenhos", como foi chamada, contra Luís começou na época da guerra de 1672 e continuou até sua morte, em 1708. Inclui uma representação das "atrocidades contra os protestantes franceses", em 1685, e imagens memoráveis de Luís como Faetonte ou na forma de um Apolo estropiado.[45] Outro adversário ferrenho de Luís XIV foi Nicolas Chevalier. Pastor huguenote, ele deixou a França após a Revogação do Edito de Nantes e se tornou livreiro e medalhista na República Holandesa, combinando as duas atividades numa história metálica das campanhas de 1708-9.[46]

Outros artistas parecem ter trabalhado para ambos os lados, desde que os pagassem. Já encontramos antes o pintor suíço Joseph Werner na corte, na década de 1660, retratando o jovem Luís como Apolo (p.68). Não tendo conseguido fazer carreira na França, Werner foi para a Alemanha e pintou Luís, já idoso, como sátiro numa bacanal (Figura 65). Devemos interpretar essa mudança da glorificação para a sátira como desapontamento pessoal ou mera mudança de protetor?[47] E que dizer de Nicolas Larmessin? Esse gravurista e livreiro é conhecido sobretudo pela série de frontispícios que fez para o *Almanaque Real,* editado anualmente, numa importante contribuição para a glorificação do rei. No entanto, foi preso na Bastilha em 1704, acusado de ter feito ou vendido uma caricatura do rei e de Madame de Maintenon.[48]

Os autores a quem os panfletos são atribuídos formam uma mistura semelhante de críticos empenhados e mercenários. Entre eles há alguns nomes bem conhecidos na época. O *Escudo de Estado* foi obra de Franz Paul von Lisola, um advogado do Franche-Comté que se tornou diplomata a serviço do imperador Leopoldo.[49] *Machiavellus Gallicus* é geralmente atribuído a Johan Joachim Becher, que esteve também a serviço de Leopoldo, no duplo papel de alquimista e economista.[50] Considera-se em geral que o panfleto *Os suspiros da França escrava* foi escrito pelo pastor huguenote Pierre Jurieu.[51]

O nome mais famoso, porém, ainda está por vir. Concorda-se em geral que Gottfried Wilhelm Leibniz foi o autor do panfleto "O cristianíssimo Marte" [*Mars Christianissimus*]. Uma crítica de Luís XIV pode parecer algo muito distante dos estudos filosóficos e matemáticos que fizeram a fama de Leibniz, mas ele passou grande parte de sua vida adulta a serviço de dois príncipes alemães, o eleitor de Mainz e o duque de Bruswick, e chegou a conceber um plano para desviar Luís da Alemanha propondo a invasão do Egito.

Outros escritores que fizeram oposição a Luís eram profissionais conhecidos em seu tempo, mas não propriamente famosos. Um dos mais pitorescos foi o milanês Gregorio Leti, um convertido ao calvinismo e autor de vários panfletos antipapais. Em 1680 ele foi à França e apresentou um panegírico de Luís XIV, mas cinco anos depois começou a escrever contra ele. O famoso *Conquêtes amoureuses* é em geral atribuído a um nobre francês, Courtilz de Sandras, que também parece ter escrito de ambos os lados.[52] *Christianissimus christiandus* foi obra de um jornalista vira-casaca, o inglês Marchmont Needham.

As três maiores figuras literárias da Grã-Bretanha acrescentaram, todas elas, detalhes à imagem alternativa do rei: Jonathan Swift, Matthew Prior e Joseph Addison. Swift fez referências desfavoráveis ao "tirano infatigável" num poema que celebrava a expedição de Guilherme II à Irlanda. Prior, que na época servia como diplomata, fez circular, entre os membros do governo britânico sua "balada" sobre a tomada de Namur. A poesia, como a diplomacia, era uma continuação da guerra por outros meios. Quanto a Addison, além de introduzir algumas observações ferinas sobre Luís em seu aparentemente inocente *Dialogues on Medals,* aceitou um convite oficial para escrever um poema celebrando Blenheim.[53]

A campanha de propaganda contra Luís foi, é claro, consideravelmente menos coordenada que a campanha a favor. Jornalistas em Londres, medalhistas em

Nuremberg, exilados huguenotes na República Holandesa e críticos franceses do rei não podiam se comunicar facilmente entre si. Ironicamente, era a imagem oficial do rei que dava aos ataques alguma coerência.

A questão mais importante e mais difícil foi deixada em último lugar. Que eficácia tinha essa campanha? Quem lia os panfletos ou via as medalhas? E que pensavam essas pessoas das críticas? A recepção das imagens desfavoráveis de Luís, assim como as reações às representações oficiais do Rei Sol, serão discutidas no próximo capítulo.

66. O trono de prata. Gravura do trono real, extraída do *Mercure Galant*, dezembro, 1686. Bibliothèque Nationale, Paris

XI

A recepção da imagem de Luís XIV

Etudiez la cour et connoissiez la ville.*

Boileau

Até agora este livro concentrou-se, como estudos anteriores sobre representações de Luís XIV, mais na produção que no consumo, mais na imagem projetada que na imagem recebida. No entanto, nenhum estudo de comunicação pode ser considerado completo, como os historiadores da literatura e da arte acabaram por compreender, sem alguma discussão da recepção da mensagem, a natureza da audiência e os modos como esta reagiu.[1]

Em outras palavras, devemos estudar agora não apenas "quem diz o quê", mas também "para quem" e "com que efeitos", refinando esta fórmula (acima, p.25) para levar em conta os processos de interpretação de mensagens e adequando-os para fins a que não foram originalmente destinados. No caso de Luís XIV, pelo menos a documentação referente às audiências pretendidas é relativamente rica, e os registros nos permitem ter também alguns vislumbres fascinantes de reações individuais.

Receptores domésticos

Para atingir quem, para convencer quem, foi essa imagem exibida por mais de 70 anos? É improvável que fosse dirigida à grande maioria dos súditos de Luís, os 20 milhões de franceses e francesas que viviam em 1643, ou 1661, ou 1715 (a população da França no final do reinado era mais ou menos a mesma do início). Os meios de comunicação de Luís não eram meios de comunicação de massa. As medalhas eram distribuídas em ocasiões especiais, como a inauguração do canal do Languedoc ou da estátua da Place des Victoires, mas não eram cunhadas em grande número. Todos os parisienses podiam ver os arcos do triunfo e as estátuas erguidas em sua cidade, mas poucos teriam sido capazes de entender as inscrições

* Estude a corte e conheça a cidade. (N.T.)

latinas ou mesmo de decodificar a iconografia. Versailles estava aberto para qualquer adulto do sexo masculino que portasse espada, e podia-se alugar uma espada na entrada, mas só uma minoria tinha condições de fazê-lo. Os apartamentos reais eram abertos três vezes por semana para o que foi descrito como "todas as pessoas distintas" [*toutes les personnes d'une qualité distinguée*].[2]

De maneira similar, os festivais, embora talvez se assemelhassem à televisão de nossos dias em seu brilho, seu fascínio e seu apelo simultâneo aos olhos e aos ouvidos, eram produzidos para uma pequena audiência na corte. O *ballet de cour* era um teatro íntimo. Os panegíricos em prosa e verso dirigiam-se em primeiro lugar a uma audiência de uma só pessoa, o próprio rei, e podiam ser lidos por ele (ou para ele) ainda em manuscrito, embora frequentemente os textos fossem publicados mais tarde. As *Mémoires* do rei também foram escritas originalmente para uma audiência de uma só pessoa – o Delfim. Esse documento confidencial só foi publicado em 1806.

Quem era, ou seria, o público? A questão é bem mais difícil de responder do que pode parecer. Antes de mais nada, o conceito de "público" mal estava começando a existir naquela época. Os franceses usavam expressões como "o bem público", "falar em público", e assim por diante, mas não "o público" *tout court.* O conceito de "opinião pública" ainda não era conhecido – a primeira referência a *l'opinion du peuple* data do último ano do reinado, 1715.[3] A expressão *la voix publique,* no sentido de "voz pública", ou talvez "preferência pública", era apenas um equivalente parcial. "Diz-se que um homem tem a voz pública a seu favor para significar o aplauso universal" [*On dit qu'un homme a la voix publique pour luy, pour dire, l'applaudissement universel*].[4]

Poder-se-ia contestar que faltava o significante porque faltava também o significado. O público poderia ser definido como um grupo social que, assim como uma classe social, precisa ter consciência de si mesmo para existir.[5] Essa autoconsciência foi incentivada pelo crescimento dos meios de comunicação. Assim, os fabricantes da imagem do rei deram uma importante contribuição para a criação de uma opinião pública na França. Nesse sentido, tornaram mais fácil a circulação tanto das imagens oficiais como das não oficiais.

Por outro lado, os meios de comunicação do século XVII – como os de hoje – eram moldados por sua vez segundo as necessidades e desejos do público, ou pelo menos pelo que os comunicadores acreditavam ser as necessidades e os desejos do público. A imagem do monarca onisciente e onipotente não pode ser desprezada como mero produto de um círculo de propagandistas e bajuladores. A semelhança entre o rei-herói francês e os heróis de outras culturas sugere que a imagem oficial era – até certo ponto – a expressão de uma necessidade coletiva. Embora isto seja pura especulação, é tentador sugerir um vínculo entre a ascensão de um Estado centralizador no século XVII e a ascensão do culto ao rei, que representava – de fato, encarnava – o poder do centro.

Evidentemente seria um erro tratar as audiências e os espectadores do século XVII como monolíticos. Na verdade, eu gostaria de sugerir que os comunicadores da época tentavam atingir três audiências em particular. Os três alvos que tinham em mira eram: a posteridade; as classes altas francesas, tanto de Paris como das províncias; e os estrangeiros, especialmente as cortes estrangeiras. Façamos um exame destes diferentes grupos, pela ordem.

Por estranho que possa parecer hoje, os publicistas do rei estavam tentando *nos* atingir, ou, mais exatamente, atingir a posteridade tal como a imaginavam. Como as memórias reais o expressam, os reis são obrigados a prestar contas de seus atos "a todas as eras".[6] O rascunho de uma carta escrita por Charles Perrault a Colbert apresenta a pintura e a escultura como artes que, segundo o rei, deveriam dar uma contribuição especial à "transmissão de seu nome à posteridade".[7] Uma razão para a preponderância de obeliscos nos projetos de monumentos era que eles simbolizavam a fama eterna. Os próprios monumentos eram feitos de materiais como o mármore e o bronze para durar por séculos. Medalhas dos eventos do reinado eram enterradas nas fundações de edifícios – por exemplo, do Louvre em 1655, do Observatório em 1667 e da Pont Royal em 1685.[8]

A melhor prova da preocupação do governo com a posteridade é certamente o esforço feito para encontrar autores adequados para uma história oficial do reinado. Dos 90 escritores sobre os quais Chapelain deu informações a Colbert em 1662, nada menos que 18 eram historiadores. Pelo menos 20 pessoas ocuparam o posto, ou se arrogaram o título de *historiographe du roi,* ou foram encarregadas pelo governo de escrever sobre história (Apêndice 3). O próprio rei se envolveu na redação de relatos oficiais de determinadas campanhas.[9]

A imagem do rei era projetada também para atingir os súditos do rei, "os povos sobre os quais reinamos" [*les peuples sur qui nous régnons*]. Em primeiro lugar, os cortesãos, especialmente a alta nobreza, que era praticamente obrigada a frequentar a corte. Saint-Simon conta a história do desagrado do rei com ele porque saíra da corte sem permissão. Pretendia-se que a alta nobreza servisse ao rei na corte, não só para isolá-la de suas bases de poder locais mas também para ofuscá-la com a glória dele. Os cortesãos, homens e mulheres, compunham a parte principal da audiência rotineira das peças teatrais, balés e óperas e outros espetáculos na corte (sem esquecer o *lever* real). Em ocasiões especiais, os números cresciam. Nada menos que 600 damas e cavalheiros participaram dos *Plaisirs de l'Ile Enchantée* de 1644, e 1.500 num *Divertissement* ainda mais elaborado de 1668. O fato de mulheres participarem nos mesmos termos que os homens e em números aproximadamente iguais merece destaque.

Numa famosa frase de sua *Art poétique,* Boileau caracterizou o público literário francês como *la cour et la ville,* "a corte e a cidade" (isto é, Paris).[10] A corte tendia a menosprezar a cidade como "burguesa", termo que começava a ser usado na década de 1660 para designar advogados e outros plebeus. Quanto ao rei, a ideia tradicional de que suas experiências durante a Fronda (acima, p.52) o tornaram hostil à cidade parece procedente. Após as bodas reais e a entrada solene na cidade, que podem muito bem ter sido testemunhadas por 100.000 pessoas, os parisienses tiveram poucas oportunidades de ver pessoalmente seu soberano.[11] Ele passava relativamente pouco tempo no palácio do Louvre, e participou de relativamente poucos eventos públicos em Paris após o *lit de justice* de 1673 (acima, p.52). Foi somente em 1687 que Luís fez uma visita ao Hôtel de Ville, para demonstrar que esquecera a Fronda e estava disposto a fazer as pazes com a cidade.[12]

Ao mesmo tempo, os louvores ao rei atingiam o público urbano. A *Gazette,* que era impressa no Louvre, podia ser lida ainda fresca pelos parisienses. Espetáculos produzidos para a corte eram muitas vezes repetidos em Paris. *La princesse d'Elide* de Molière, por exemplo, estreou em Versailles em maio de 1664, como parte dos *Plaisirs,* mas foi reencenada em Paris, no teatro do Palais Royal, em novembro seguinte. A peça de Racine, *Alexandre,* foi encenada no mesmo teatro e também no concorrente Hôtel de Bourgogne. Em 1673 a direção do teatro do Palais Royal passou para as mãos de Lully, cujas óperas foram produzidas ali.

As academias reais de literatura, pintura, arquitetura e música eram todas sediadas em Paris. Assim também a fábrica real dos Gobelins, que expunha suas tapeçarias por ocasião dos festivais mais importantes. John Locke, por exemplo, as viu na festa de Corpus Christi de 1677, tendo comentado: "Luís o Grande, era o herói de cada peça."[13] Os principais teatros e a ópera estavam em Paris. A reconstrução do Louvre, a construção dos Invalides, os arcos do triunfo e as estátuas reais erguidos na Place des Victoires e na Place Louis-le-Grand (Place Vendôme) carimbaram a imagem do rei sobre a cidade. A transformação foi comemorada com uma medalha com a inscrição "Paris ornamentada" [ORNATA LUTETIA].

Há indícios também da crescente preocupação oficial com o público da província. Seis academias provinciais, organizadas segundo o modelo da Académie Française foram fundadas entre 1669 e 1695 em Arles, Soissons, Nîmes, Angers, Villefranche e Toulouse, enquanto academias científicas que reproduziam a Académie des Sciences foram fundadas em Caen (que já tinha uma academia para as humanidades), Montpellier e Bordeaux.[14] Uma ópera combinada a uma academia de música, segundo o modelo de Paris, foi fundada em Marselha em 1684. Como seus modelos parisienses, essas instituições ocupavam-se frequentemente de promover a glória do rei. As academias de Arles e Angers ofereciam prêmios para louvores a Luís, a academia de Soissons organizava celebrações para o dia de são Luís, e a academia humanística de Caen empenhou-se em erguer uma estátua do rei.

Luís fez também várias visitas solenes a cidades francesas, dando aos habitantes uma oportunidade de vê-lo em pessoa. Foi a Reims, segundo o costume, para sua coroação em 1654. Fez uma entrada formal em Lyon em 1658. No período de seu governo pessoal, visitou diversas cidades, em sua maioria recém-adquiridas, como Dunquerque (1662, 1671), Lille (1671, 1680), Dijon, Besançon e Estraburgo (todas em 1683) e Cambrai (1684).

O governo esperava que acontecimentos felizes como vitórias ou os nascimentos de novos membros da família real fossem celebrados em Paris e nas províncias. Os bispos recebiam mensagens que os instruíam a promover o canto do *Te Deum* em suas catedrais nas ocasiões apropriadas e chegavam até a especificar pessoas e grupos que deveriam comparecer à cerimônia.[15]

Muitas vezes as celebrações assumiam forma mais elaborada. Em 1678, por exemplo, houve festas públicas pela paz de Nijmegen em Abbeville (onde um retrato do rei foi exibido), Caen, Chartres, Havre e Montpellier.[16] Em 1682, o nascimento do duque da Borgonha foi profusamente comemorado nas províncias, de Rennes a Marselha, mas sobretudo na província da Borgonha e em sua capital, Dijon.[17] Os festejos por ocasião do nascimento de outro neto, o duque de Anjou, em 1684, seguiram o mesmo padrão, principalmente em Angers.[18] Em 1687, festivais para celebrar o restabelecimento da saúde do rei foram organizados em Arles e outras cidades.[19] Celebrações desse tipo, que em geral incluíam panegíricos do rei, podiam ser organizadas do *intendant* local, pela municipalidade ou por membros das várias academias provinciais.

As províncias recebiam informação regular sobre o rei através de periódicos, sobretudo a *Gazette,* oficial, e o *Mercure Galant.* O editor do *Mercure* (que passou a receber uma pensão real a partir de 1684) se dirigia aos seus leitores como se todos fossem provincianos, ávidos por notícias de Paris, do rei e da corte (acima, p.105). O periódico era escrito na forma de cartas dirigidas a uma senhora na província – a atenção à mulher merece destaque.[20] Um impressionante indicador da crescente preocupação do governo com a província é fornecido pela expansão desses órgãos oficiais. Na altura de 1685, a *Gazette* de Paris era impressa também em cinco cidades da província (Bordeaux, Lyon, Rouen, Toulouse e Tours); em 1699, já era impressa em 21 cidades e no final do reinado, em 30.[21] *O Mercure Galant* também era impresso na província: em Bordeaux, Lyon e Toulouse.

A "campanha das estátuas" da década de 1680 voltou-se igualmente para cidades importantes da província: Arles, Caen, Dijon, Lyon, Montpellier, Pau, Poitiers e Troyes. Além disso, ergueram-se arcos do triunfo em Tours, Besançon e Montpellier (todos em 1693). Arcos similares foram projetados para La Rochelle, Marselha e Metz.[22] A distribuição geográfica desses arcos assemelha-se à das estátuas equestres (acima, p.108) e à das visitas solenes. Concentravam-se na periferia, nos territórios mais recentemente adquiridos, os que gozavam de mais privilégios – e os que mais frequentemente se rebelavam. Chamar uma fortaleza na recém-conquistada Saarland de "Saarlouis" (acima, p.95) fazia parte dessa tendência geral.

As famosas mensagens dirigidas às províncias, em 1709, para convencê-las da necessidade de levar a guerra adiante (acima, p.122) poderiam ser vistas como a culminação dessa tendência. Cartas abertas aos governadores provinciais e aos bispos, assinadas por Luís mas escritas por Torcy, descreviam os esforços do governo para fazer a paz, a má fé do inimigo e a devoção do rei a seu povo. Essas cartas eram reproduzidas pela imprensa local de toda a França.[23]

Esta descrição das representações de Luís perante um público interno concentrou-se, como o governo, nas elites. Provavelmente nem uma única edição da *Gazette* chegou a ter mais de 2.000 cópias, ao passo que o preço variava entre um e quatro *sous*. O *Mercure Galant*, mais exclusivo, custava 25 *sous* por número mensal na década de 1680. As medalhas, dado seu custo de produção, provavelmente circularam entre um grupo pequeno, assim como a história metálica oficial, um magnífico e caro volume in-fólio.[24] Os *jetons* eram distribuídos em maior número – mais que 26.000 em 1682, por exemplo – mas ainda ficavam restritos a uma minoria da população.[25]

Isto não quer dizer que a gente do povo não tinha uma imagem do seu rei. As visitas solenes às cidades permitiam a todos os interessados pelo menos vislumbrar Luís. Um relato oficial da visita do rei a Cambrai em 1684 comentou a multidão "extraordinária" que se reunira para ver o rei cear.[26] O costume do toque real dava aos franceses e francesas comuns mais uma oportunidade para ver seu soberano face a face. Sugerir que Luís tocou 350.000 pessoas ao longo de seu reinado seria fazer uma estimativa conservadora. Pode-se dizer que essas pessoas atestaram com os próprios pés sua crença na monarquia sagrada. No entanto, deveríamos ter em mente que os que eram tocados desse modo recebiam 15 *sous* cada um, e que isso era antecipadamente anunciado (Figura 67).[27]

As pessoas comuns participaram também das orações públicas pelo êxito dos exércitos franceses, ordenadas em 1672, 1683 e 1709. A carta escrita pelo rei em 1709 aos governadores de suas províncias foi lida em voz alta "a todo o exército" pelo marechal Villars, como o atestou um espião inglês.[28] Considerando que cerca de 650.000 franceses ingressaram no exército só nos anos 1701-13, a instituição merece estudo como um meio de difundir imagens oficiais do rei por toda a nação.[29] As imagens visuais do rei eram capazes de romper a barreira à comunicação imposta pelo analfabetismo, e algumas delas, em especial as estátuas, tinham extrema visibilidade. Mesmo as tapeçarias da história do rei eram expostas ao público ocasionalmente, como nos Gobelins na festa de Corpus Christi.[30]

Apesar disso, os fabricantes da imagem raramente se referem às pessoas comuns. Charpentier foi uma exceção ao recomendar o uso do vernáculo em lugar do latim nos monumentos públicos, para permitir ao povinho [*menu peuple*] "o prazer de participar por uma vez da magnificência do Estado e da glória de seu príncipe".[31] Seja como for, sua recomendação não foi seguida. Numa nação de

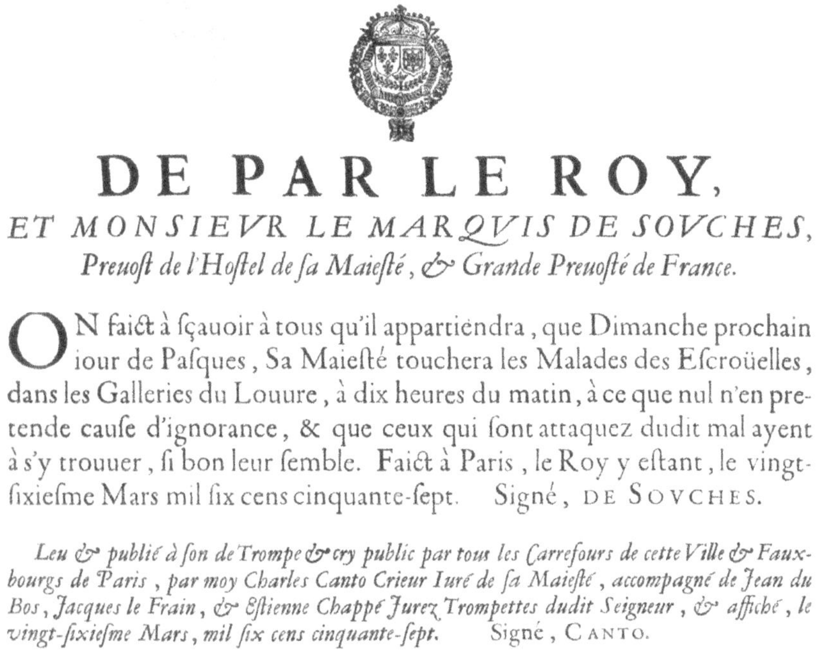

DE PAR LE ROY,
ET MONSIEVR LE MARQVIS DE SOVCHES,
Preuoſt de l'Hoſtel de ſa Maieſté, & Grande Preuoſté de France.

ON faict à ſçauoir à tous qu'il appartiendra, que Dimanche prochain iour de Paſques, Sa Maieſté touchera les Malades des Eſcroüelles, dans les Galleries du Louure, à dix heures du matin, à ce que nul n'en pretende cauſe d'ignorance, & que ceux qui ſont attaquez dudit mal ayent à s'y trouuer, ſi bon leur ſemble. Faict à Paris, le Roy y eſtant, le vingt-ſixieſme Mars mil ſix cens cinquante-ſept. Signé, DE SOVCHES.

Leu & publié à ſon de Trompe & cry public par tous les Carrefours de cette Ville & Faux-bourgs de Paris, par moy Charles Canto Crieur Iuré de ſa Maieſté, accompagné de Jean du Bos, Jacques le Frain, & Eſtienne Chappé Jurez Trompettes dudit Seigneur, & affiché, le vingt-ſixieſme Mars, mil ſix cens cinquante-ſept. Signé, CANTO.

67. *Comunicado anunciando o toque real*, 1657. Bibliothèque Nationale, Paris. Um anúncio de 1692 faz referência a pagamentos aos doentes

camponeses, os esforços oficiais para dar ao rei uma boa imagem pública concentravam-se nas cidades. De fato, é raro encontrar uma estátua do rei numa aldeia. O único exemplo conhecido é uma escultura em Guimiliau (Finistère), que representa Luís XIV como são Luís.[32] Certamente não por coincidência, a data, 1675, é também a da revolta dos bretões contra o rei.

Receptores estrangeiros

O público externo para a *histoire du roi* era considerado não menos importante que o interno. Em 1698, por exemplo, Pontchartrain pediu à petite académie que fizesse uma lista de medalhas adequadas para a apresentação a estrangeiros.

O cardeal Mazarin qualificou o jovem Luís como "o maior rei do mundo" [*le plus grand roy du monde*][33] (Figura 68). A expressão pode parecer tanto pura hipérbole como puro etnocentrismo, mas foi repetida e ampliada pelos panegiristas. Uma medalha cunhada para comemorar o Tratado de Nijmegen apresentava Luís como "o pacificador do Universo" [PACATOR ORBIS] e mostrava

Vitória presenteando-o com um globo. A imagem dos quatro continentes, ou "os quatro cantos do mundo" (a Austrália ainda não fora descoberta) reconhecendo a supremacia do Rei Sol podia ser vista na *Escalier des Ambassadeurs* e em outros lugares.[34] As inscrições no monumento a Luís na Place des Victoires incluíam uma referência às embaixadas de "nações distantes", mencionando as de Moscou, Guiné, Marrocos, Sião e Argélia. Um festival realizado em Grenoble em 1701 representou Luís em seu trono recebendo homenagem dos povos do mundo, entre os quais "siameses, tonquineses, argelinos, chineses, iroqueses".[35] Estes cinco exemplos são referências precisas a eventos do reinado.

Essas imagens correspondiam a um projeto concreto, com objetivos que iam muito além das fronteiras da Europa. Em particular, a atenção dada à embaixada siamesa em 1686 (comemorada com uma medalha, p.111) e à embaixada persa em 1715 dão um eloquente testemunho desse projeto.[36] Para impressionar os representantes dos "despotismos orientais", como os franceses os viam, Luís recebeu os embaixadores otomano e persa num "trono exageradamente alto" [*Un Trône fort élevé*][37] (Figura 66).

O rei tinha boas razões práticas (p.152-3) para bajular o sultão otomano – a hostilidade ao Sacro Império Romano dava-lhes interesses comuns. Argel e Marrocos eram dependências do Império Otomano. Um bombardeio obrigou Argel a se submeter à França em 1684 (p.107). Quanto à Pérsia, quem tomou a iniciativa diplomática não foi o rei, mas o xá. Na esperança de obter a ajuda de um esquadrão francês em sua tentativa de tomar o porto de Muscat, no Golfo Pérsico, o xá Husseim mandou um enviado a Luís em 1715.

Luís XIV tinha pelo menos um lugar onde pôr o pé nas Américas. A cidade de Quebec, fundada por colonizadores franceses em 1608, tornou-se a capital da província da Nova França em 1663. Um busto do rei foi instalado na Place Royale em 1686, na época na "campanha das estátuas" nas províncias francesas (acima, p.102-3). Os iroqueses, que resistiram à dominação francesa, foram obrigados pelo governador francês, Frontenac, a implorar a paz em 1696. Foi de Quebec que o explorador Robert de la Salle partiu para a Louisiana, região muito mais vasta que o atual estado da União, anexada por Luís XIV em 1682 e batizada em sua homenagem.

A morte de Luís XIV chegou a ser homenageada até na América espanhola, graças ao fato de ser ele o avô do monarca reinante, Filipe V. Exibiu-se um féretro na catedral da Cidade do México, o arcebispo Lanciego fez um sermão e publicou-se um panegírico do finado rei, "*Luis XIV el Grande*", que o qualificava de "espelho dos príncipes"[38] (Figura 69).

Contatos oficiais com o Extremo Oriente remontam a 1661, quando Luís ofereceu sua amizade "aos reis da Conchinchina, Tonquim e China".[39] O jesuíta Joachim Bouvet foi para a China e ingressou no serviço do imperador Kang-Hi,

68. O recebimento da medalha histórica. *Retrato de Graf von Dehn*, de Nicolas de Largillière, *c.*1702. Herzog Anton Ulrich-Museum, Braunschweig

que reinou de 1662 a 1722. Bouvet descreveu para Kang-Hi a grandeza de Luís. Infelizmente desconhecemos que impressão o rei causou no imperador. Pelos padrões chineses, o soberano de 20 milhões de pessoas não devia parecer muito mais que um principezinho. Bouvet, no entanto, foi enviado de volta a Versailles para apresentar a Luís uma descrição da corte chinesa.[40]

Esses contatos atendiam a finalidades religiosas, econômicas e políticas. Os jesuítas eram fundamentalmente missionários, seguindo os passos de são Francisco Xavier, o apóstolo do Extremo Oriente, e de Matteo Ricci, o fundador da missão chinesa. Colbert estava empenhado em promover o comércio com a Ásia. O desejo de difundir a notícia da glória do rei e assim ampliá-la era uma razão a mais para o cultivo das relações com esses reinos distantes.

Isso não impedia que se fizesse grande esforço para impressionar as outras cortes da Europa com a grandeza de Luís XIV. O tempo do rei era tomado em boa parte pelos rituais da diplomacia, incluindo relações com Estados muito pequenos. Tomando como exemplo um mês bastante normal, Luís passou o mês de novembro de 1682 em Fontainebleau e Versailles. Em Fontainebleau concedeu duas audiências ao embaixador da Savoia (com quem um casamento real estava sendo negociado) e uma a cada um dos enviados de Hanover, ao passo que os enviados de Savoia e da Bavária foram lhe apresentar seus respeitos antes de partir (o *congé*). Em Versailles, deu audiência aos enviados de Wolfenbüttel e Parma e recebeu as despedidas dos de Hanover e Zell.[41] Em ocasiões especiais, como a morte da rainha, todos os membros do corpo diplomático iam um a um lhe apresentar seus cumprimentos, ou, no caso, suas condolências.[42]

Os embaixadores compunham parte substancial da audiência dos festivais, representações teatrais, balés e óperas realizados na corte. Frequentemente eram agraciados com presentes que haveriam de enaltecer a imagem do rei no exterior – medalhas e tapeçarias representando eventos do reinado, volumes de gravuras reproduzindo os objetos das coleções reais e miniaturas do próprio Luís ricamente ornamentadas. Presentes desse tipo desempenhavam simultaneamente várias funções. Eram amostras da munificência real, difundiam sua imagem e podiam servir ainda a outros propósitos. É razoável supor que a tapeçaria oferecida ao papa, representando o doge de Gênova desculpando-se perante Luís, pretendia ser uma advertência.[43]

A apresentação de espetáculos no estrangeiro era mais um meio de promover a reputação do rei em outras partes da Europa. Em 1668, o embaixador junto à corte do eleitor de Mainz recebeu instruções de Paris para organizar em Aix-la-Chapelle uma representação teatral sobre o tema "a paz recém-concluída" [*Pax nuperrime factum*] (acima, p.84). Em 1682, o nascimento do duque de Borgonha foi publicamente celebrado por embaixadores franceses em Veneza, Roma, Madri,

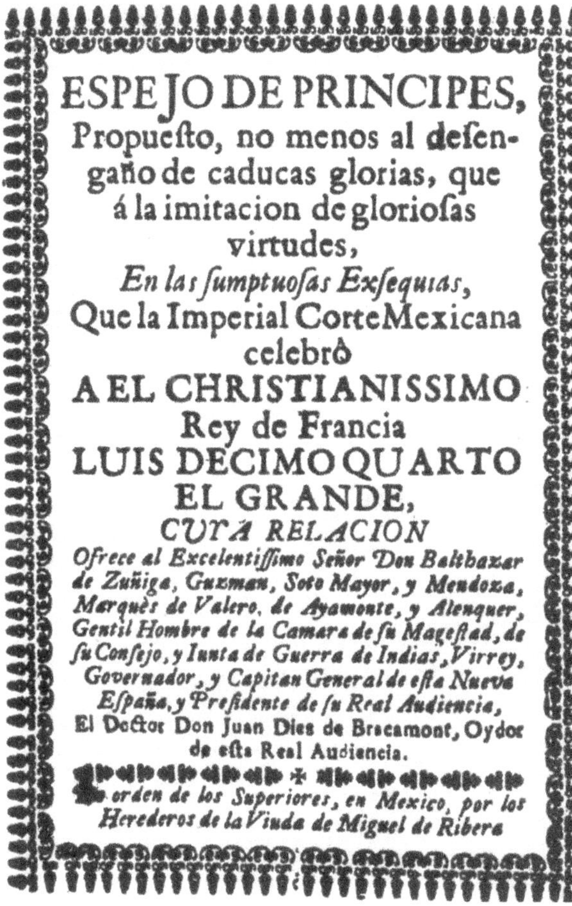

ESPEJO DE PRINCIPES,
Propueſto, no menos al deſengaño de caducas glorias, que á la imitacion de glorioſas virtudes,
En las ſumptuoſas Exſequias,
Que la Imperial Corte Mexicana celebrô
A EL CHRISTIANISSIMO
Rey de Francia
LUIS DECIMO QUARTO
EL GRANDE,
CUYA RELACION
Ofrece al Excelentiſſimo Señor Don Balthazar de Zuñiga, Guzman, Soto Mayor, y Mendoza, Marquès de Valero, de Ayamonte, y Alenquer, Gentil Hombre de la Camara de ſu Mageſtad, de ſu Conſejo, y Iunta de Guerra de Indias, Virrey, Governador, y Capitan General de eſta Nueva España, y Preſidente de ſu Real Audiencia,
El Doctor Don Juan Dies de Bracamont, Oydor de eſta Real Audiencia.
orden de los Superiores, en Mexico, por los Herederos de la Viuda de Miguel de Ribera

69. Luís no Novo Mundo. Folha de rosto de *Espejo de Principes*, México, 1715

Berlim e até na republicana Suíça.[44] Em 1688, o embaixador francês em Roma celebrou a captura da fortaleza de Filipesburgo com uma queima de fogos de artifício.[45]

Textos de glorificação a Luís em línguas estrangeiras mostram a importância conferida a leitores estrangeiros. As inscrições nos monumentos e medalhas eram em latim, apesar dos protestos de "modernos" como Charpentier e Desmarets, não apenas em obediência ao precedente clássico, mas também para assegurar uma comunicação mais efetiva com as pessoas instruídas de toda a Europa.[46] Alguns dos muitos panegíricos ao rei foram compostos em latim. A escolha do latim por vezes indicava um evento acadêmico – Jacques La Beaune, por exemplo, autor de um elogio de Luís como patrono das artes (acima, p.35) era professor do colégio jesuíta Louis-le-Grand. Por outro lado, as traduções de panegíricos para o latim (como as que Charles de la Rue fez de Corneille) visavam sem dúvida uma audiência externa à França. Encontravam-se também relatos em latim da coroação do rei e do famoso *carrousel* nas Tuileries.[47] Algumas das estampas que representavam a *histoire du roi* traziam inscrições em latim. Panfletos justificando a Guerra da Devolução e a Guerra da Sucessão Espanhola também foram traduzidos para o latim, assim como a história metálica oficial.[48]

Nesse período o latim era usado por tantas categorias de pessoas, para tantos fins, que textos nessa língua não nos permitem fazer uma avaliação precisa do grupo a que as mensagens se destinavam. Uma impressão mais nítida das principais audiências-alvo pode ser obtida a partir das traduções para as várias línguas vernáculas.

O espanhol, ou castelhano, era a língua da corte de Madri, com a qual a rivalidade do rei foi particularmente intensa na década de 1660 (acima, p.76). Não espanta, portanto, que a defesa oficial da Guerra de Devolução (supostamente travada em defesa dos direitos da rainha espanhola de Luís) tenha sido imediatamente traduzida para o castelhano. É intrigante verificar que um relato em espanhol do famoso *divertissement* de 1668 – *Breve descrição de um esplêndido banquete,* de um certo Pedro de la Rosa – foi publicado na época não na Espanha, mas em Paris, a sugerir que a tradução foi inspirada pelo governo. Afora estes casos, textos em espanhol exaltando Luís são raros antes do período de seu neto Filipe V. Panfletos que justificavam a Guerra da Sucessão Espanhola foram traduzidos para o espanhol e distribuídos pelo embaixador francês em Madri.[49] O famoso retrato de Luís idoso, pintado por Rigaud, foi originalmente encomendado para ser exibido no palácio de Filipe V em Madri.

Sendo o alemão a língua da corte do sacro imperador romano, outro dos grandes rivais de Luís no palco europeu, não surpreende encontrar traduções para essa língua. Uma das descrições das bodas reais feita na época foi traduzida para o alemão,[50] bem como a justificativa oficial da Guerra de Devolução e a história metálica. Uma tradução alemã da descrição, por Félibien, de tapeçarias Gobelins que representavam os quatro elementos e as quatro estações a que se misturam louvores ao rei – foi publicada em Augsburgo em 1687.[51]

Foi também em Augsburgo que um gravador alemão, Elias Haizelmann, fez uma estampa celebrando a derrota da heresia pelo rei (Figura 70), um lembrete de que os europeus não eram unânimes na crítica à Revogação do Edito de Nantes. Alguns panfletos que justificavam a Guerra da Sucessão Espanhola foram traduzidos para o alemão,[52] bem como grande número de ataques a Luís (Apêndice 3).

A tradução dos louvores ao rei para o italiano sugere o desejo de impressionar o papa e talvez as cortes de Turim, Módena e outras. Uma descrição da coroação do rei foi publicada em italiano em 1654, e uma descrição das bodas reais em

70. *Luís como o destruidor da heresia*, gravura de Elias Hainzelmann, 1686. Bibliothèque Nationale, Paris

1660. Girolamo Graziani, secretário do duque de Módena, recebia pensão de Luís para glorificá-lo. Além de fazer sonetos sobre as vitórias do rei, Graziani difundiu justificações francesas da Guerra de Devolução.[53] Elpidio Benedetti, mais conhecido como um dos conselheiros artísticos de Colbert (acima, p.67), foi também o autor de um panegírico do rei, *A glória da virtude na pessoa de Luís o Grande,* publicado em Lyon, presumivelmente para fins de exportação.[54] Outro panegírico do rei, da autoria de Pelisson, foi traduzido para o italiano, bem como vários panfletos que justificavam a posição francesa durante a Guerra da Sucessão Espanhola."[55]

Ao que parece, fez-se relativamente pouco esforço para convencer os ingleses ou os holandeses da grandeza do rei. Na caso dos holandeses, o uso do francês pela elite dominante fazia o esforço parecer desnecessário, argumento que não pode ser aplicado aos ingleses. No entanto, só na época da Guerra da Sucessão Espanhola se fez uma tentativa séria de convencer o público inglês da legitimidade da causa francesa. A afirmação de Luís, "meu único objetivo é manter a paz", foi traduzida para o inglês e difundida pelo enviado francês em Londres. Esse enviado tentou ainda recrutar *Sir* Charles Davenant para escrever panfletos em defesa da causa francesa. Alguns relatos pró-franceses de operações militares (escritos por Donneau de Visé, editor do *Mercure*) foram publicados em tradução inglesa.[56]

Reações

A questão crucial é a mais difícil de responder. De que modo esses vários públicos reagiram à representação de Luís como um monarca glorioso, invencível, magnificente? O melhor que se pode fazer é oferecer exemplos individuais, faces na multidão. Se essas reações eram típicas dos grupos a que os indivíduos pertenciam, é impossível dizer, mas sua variedade, pelo menos, pode ser instrutiva.

Poderíamos começar com contrastes no seio da alta nobreza. O duque de Saint-Aignan, um favorito do rei, empenhou-se arduamente em promover a glória de seu senhor. Ofereceu um prêmio, anunciado no *Mercure Galant,* para poemas em homenagem ao rei. Ele próprio escreveu poemas desse gênero. Desempenhou importante papel na fundação da Academia de Arles, que entoava regularmente louvores ao rei, e na construção de uma estátua de Luís na cidade do Havre. De modo similar, numa escala mais grandiosa, o duque de Feuillade, marechal de França, encomendou a famosa estátua do rei na Place des Victoires. De fato, foi ele quem pagou pela estátua, embora o projeto tenha sido apoiado pelo governo e o rei tenha dado o mármore. Em contrapartida, como bem sabem os que leram suas memórias, o duque de Saint-Simon foi extremamente crítico em relação ao rei e também ao modo como era glorificado (ver p.195).

Mais abaixo na escala social, é mais fácil encontrar registros de reações coletivas que individuais, particularmente as dos jesuítas e as das municipalidades. Um número considerável de jesuítas contribuiu para a criação da imagem real em diferentes meios de comunicação, notavelmente Jouvancy, La Beaune, Le Jay, Menestrier, Quartier e la Rue. Espetáculos em louvor a Luís foram organizados por esses padres em Paris, Lille, Lyon, Toulouse e outras cidades. Celebravam Luís não só como um monarca piedoso que combatera a heresia, mas também como conquistador e protetor das artes. É difícil ver no empenho da ordem em incentivar Luís a suprimir o protestantismo razão suficiente para todo o dinheiro e esforço que seus padres investiram para glorificá-lo.

As municipalidades também oferecem exemplos de entusiasmo oficial pelo rei. Em 1676, por exemplo, os cônsules de Arles ergueram um fragmento recém-descoberto de um obelisco romano como monumento ao rei, coroando-o com um sol dourado e apondo-lhe uma inscrição latina composta por Pelisson. Isso custou à cidade 6.825 libras.[57] Uma história do século XVIII, porém, sugere que em Pau a municipalidade acolheu com menos entusiasmo a ideia de erguer uma estátua de Luís em praça pública.[58] Nas cidades que acataram a sugestão de erguer estátuas do rei, é difícil interpretar os motivos dos conselhos municipais. Poderiam estar expressando lealdade, bajulando o governo central para obter favores, ou tentando melhorar o aspecto de suas cidades, aproveitando o ensejo para se glorificar a si mesmos.[59]

Essa espécie de reinterpretação local ou de apropriação de mensagens vindas do centro é tão fascinante quanto difícil de definir, pois seu sucesso dependia da ambiguidade. À primeira vista a inscrição posta (em 1715) na estátua de Luís no arco do triunfo de Montpellier, com sua referência a "paz na terra e no mar" [PAX TERRA MARIQUE PARTA] parece um exemplo clássico da hipérbole oficial. Um segundo exame, contudo, sugere a possibilidade de que o monumento celebrasse a Paz de Utrecht, não a do monarca.

Abaixo desses níveis aristocráticos e corporativos, os registros são fragmentários. Inventários feitos em Paris mostram que alguns particulares possuíam retratos do rei.[60] Sua imagem figurava em cartazes de estabelecimentos de Paris, como o do gravador real Guillaume Vallet, "Buste de Louis XIV", ou dos armazéns do Petit Pont, "au Grand Monarque".[61] Figurava também em louça barata. A manufatura desses objetos sugere certo grau de devoção ao rei, mas não há como medir sua intensidade e difusão. Só nos resta citar alguns exemplos contrastantes de reações individuais ao rei e a seu culto.

O conceito de "indivíduo isolado" é bem mais difícil de definir do que pode parecer à primeira vista. Uma pintura de Luís XIV tocando os doentes, por exemplo (Figura 71), foi encomendada por um certo Charles d'Aligre, abade de Saint-Riquier. No entanto, verifica-se que o falecido pai do abade, Etienne d'Aligre, fora chanceler de França e primo de um outro chanceler, Michel Le Tellier, pai de Louvois. O papel dos administradores, seus parentes e protegidos na encomenda de obras de glorificação do rei merece ser estudado em detalhe.

Conservando isto em mente, tomemos algumas faces em meio à multidão. Do lado negativo, poderíamos começar com um homem de Thouars que, em 1707, se viu nas barras do tribunal após observar, com brutal simplicidade: "Le roi est un bougre et un voleur."* Em 1709, quando a comida escasseava, houve o que Saint-Simon chamou de "enxurrada" de cartazes contra o rei. Suas estátuas foram desfiguradas e uma carta anônima pedia seu assassínio.[62] O contraste tradicional entre o bom rei e seus maus conselheiros não era do agrado geral. De modo semelhante, ainda que numa linguagem mais polida, Paul-Ignace Chavatte, um tecelão de Lille (cidade recém-incorporada à França) fez comentários desfavoráveis sobre o rei em seu diário íntimo, criticando Luís em particular por permitir ao seu exército invadir, pilhar e queimar sem prévia declaração de guerra.[63]

Em contrapartida, Pierre Gaulthier, deão de Toul, também nas fronteiras da França, dedicou uma galeria de 31 estátuas "à glória de Luís o Grande". A figura central era a do rei, representado "como está na Place des Victoires em Paris" (ver Figura 36), com a diferença de que a estátua segurava uma maça como a de Hércules para mostrar que é "um verdadeiro herói, domador das nações". Detalhe curioso e talvez revelador numa descrição dessa estátua feita na época é a referência a um "anjinho" prestes a coroar o rei com louros. Ficamos imaginando quantas pessoas, ao ver a estátua da Place des Victoires teriam interpretado assim a figura da Vitória.[64] Mais abaixo na escala social, o diário de um cura de aldeia registra a Revogação do Edito de Nantes como um caso em que a piedade superara o interesse pessoal, qualificando Luís de "grande".[65]

As descrições mais sistemáticas das reações estrangeiras à imagem real encontram-se nos relatórios dos embaixadores venezianos, testemunhas cuja neutralidade política tornava especialmente confiáveis. As reações dos ingleses entre os quais Addison, Evelyn, Prior e Swift – são mais vívidas, mas também mais parciais. Addison e Prior já foram citados (p.122, 156). John Evelyn mencionou com certo desdém "esses bajuladores reais Perault, Carpentier, La Chapel [sic]" e a "egrégia vaidade" da medalha da estátua da Place des Victoires.[66] De modo semelhante, John Northleigh, um médico inglês que visitou a França na década de 1680, expressou sua reprovação às "grotescas" inscrições em monumentos a Luís e "à Aplicação Abusiva ou Blasfema" ao rei de palavras e imagens associadas a Cristo (inclusive "uma Glória acima de sua cabeça").[67] As semelhanças entre estes comentários e a propaganda anti Luís (p.156-7) é óbvia. Talvez Northleigh

* "O rei é um velhaco e um ladrão." (N.T.)

71. Luís opera milagres. *Luís XIV curando a escrófula*, de Jean Jouvenet, óleo sobre tela, 1690. Igreja abacial de Saint-Riquier

e Evelyn tivessem sido persuadidos a ver o rei desse modo. Seja como for, uma reação não é menos genuína por ter sido aprendida.

Além disso, um cavalheiro do interior da Inglaterra denunciou Luís numa carta particular de 1686 por suas "crueldades sem paralelo com seus súditos protestantes" e chegou ao ponto de se regozijar com sua doença (as notícias da fístula evidentemente viajavam depressa): "Ouço dizer que fede ainda vivo, e quando morrer sua carcaça há de feder ainda mais, e assim federá também sua memória por toda a eternidade."[68]*

Os ingleses não foram os únicos a se escandalizar com o modo como Luís era glorificado. A corte de Viena chocou-se com a "arrogância" do embaixador francês, cuja forma de celebrar o nascimento do segundo filho do imperador, em 1682, foi exibir um emblema que fazia reivindicações imperiais a Luís XIV.[69] Carlos XI instruiu seu embaixador a deixar a França caso se confirmasse a história de que o rei da Suécia fora representado como um suplicante num baixo-relevo do famoso monumento da Place des Victoires (Figura 72). O Grande Eleitor de Brandemburgo-Prússia ficou igualmente ofendido pelas representações humilhantes de seus rios, o Oder e o Elba.[70] Alguns habitantes de Roma ficaram chocados com as celebrações feitas na embaixada francesa após a captura de Filipesburgo em 1688.[71] Segundo Saint-Simon, as pinturas da *histoire du roi* em Versailles contribuíram "de modo não desprezível para irritar a Europa contra o rei".

No entanto, algumas cortes estrangeiras prestaram a Luís a homenagem de imitar seu estilo de autorrepresentação. Em, particular, Versailles foi muitas vezes tomado como modelo.

O caso mais claro de imitação foi a corte da Espanha sob o neto de Luís, Filipe V. O retrato solene de Filipe pintado por Rigaud faz eco ao retrato solene de Luís feito pelo mesmo artista (Figuras 73 e 1). A corte espanhola foi reformada segundo o modelo francês, tendo o rei se tornado mais visível e acessível. As estátuas nos jardins do palácio de Filipe em La Granja imitavam as de Versailles – Apolo, Hércules, Latona e assim por diante. O pintor Houasse e o arquiteto Robert de Cotte trabalharam tanto para Luís como para Filipe, e o velho rei interferiu pessoalmente na reconstrução e redecoração dos palácios espanhóis. Filipe fundou também academias de arte, língua e história segundo o modelo francês.[72]

Em outros casos a imitação foi mais espontânea. Nicodemus Tessin, *surintendant des bâtiments* de Carlos XI da Suécia, a "estrela polar" do Norte, que havia sido recebido por Luís em Versailles e estivera com Lebrun, Rigaud, Mignard e outros artistas, levou a sério as lições recebidas ao construir o palácio real de

* No original: "I heare he stincks Alive, & his Carkass will stinck worse when he is dead, and so will his memory to all eternity." (N.T.)

72. *Os suecos reintroduzidos na Alemanha*, de Jean Arnould, relevo, 1686. Louvre, Paris

Estocolmo.[73] Por outro lado, Balthasar Neumann, quando incumbido de construir um palácio para o príncipe-bispo de Würzburg, fez uma visita à França, em 1723, para ver "Versailie", como o chamava, e submeter seus projetos ao arquiteto real, Robert de Cotte. Não admira que a grande escadaria de Würzburg lembre a *Escalier des Ambassadeurs* de Versailles.[74]

A lista de palácios que foram classificados como imitações de Versailles é longa, indo de Caserta a Washington. O critério adotado na classificação nem sempre é claro.[75] Seja como for, o Palácio do Sol é apenas parte da imagem de Luís XIV. Por isso talvez seja mais útil examinar três cortes que consideraram Luís exemplar sob mais de um aspecto: Londres, São Petersburgo e Viena.

73. Luís como modelo. *Retrato de Filipe V*, de Hyacinthe Rigaud, óleo sobre tela, *c.*1700. Louvre, Paris

74. Outro rival real. Frontispício gravado para *Histoire de Guillaume III*, de Nicolas Chevalier, 1692. British Library, Londres

Carlos II tomou a França como modelo ao fundar a *London Gazette* em 1665, o Observatório Real em 1675 e o Hospital de Chelsea (o Invalides inglês) em 1681. Ironicamente, Guilherme III, o inimigo de Luís, imitou-o de modo mais consumado que seu protegido Carlos. Guilherme contratou o arquiteto huguenote Daniel Marot, que fora obrigado a deixar a França após a Revogação, para ajudá-lo a reconstruir o palácio de Het Loo, incluindo uma réplica da *Escalier des Ambassadeurs* de Versailles. Os feitos militares de Guilherme, como os de seu adversário, foram comemorados com uma história metálica: *L'histoire métallique de Guillaume III* (1692)[76] (Figura 74). Em outras palavras, alguns dos mais ferrenhos opositores de Luís ficaram suficientemente impressionados com a fabricação de sua imagem para seguir-lhe o exemplo.

75. Um Versailles inglês. Boughton House, Northamptonshire, exterior. *c.*1690-1700

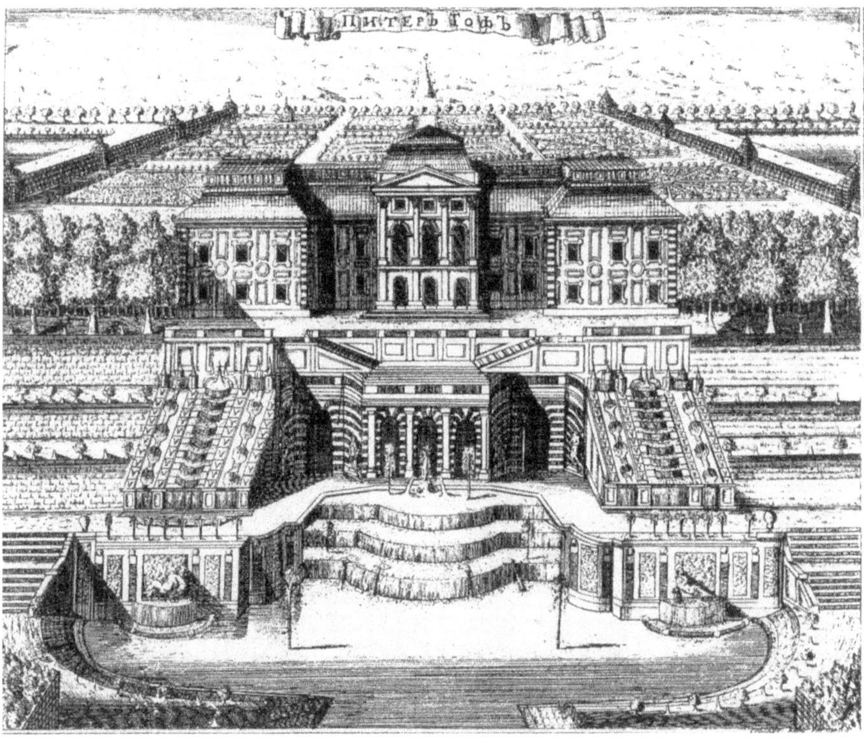

76. Um Versailles russo. *Panorama projetado do Peterhof, com cascatas*, de Alexis Zubov, gravura, 1717

77. O rival de Luís. *Rei Leopoldo I como conquistador dos turcos*, de Mathias Steinl, estatueta de marfim, 1693. Kunsthistorisches Museum, Viena

78. O imperador Leopoldo como Apolo, de Christian Dittmann e Georg von Gross, gravura, 1674. Bildarchiv, Nationalbibliothek, Viena

79. *Primeiro projeto para o Palácio de Schönbrunn*, de Joseph Bernhard Fischer von Erlach, gravura de Johann Adam Delsenbach segundo desenho do arquiteto, *c.*1700. Bildarchiv, Nationalbibliotek, Viena

80. Um Versailles austríaco. *Schönbrunn como o Palácio do Sol*, de I.V. Wolfgang, medalha, 1700. Kunsthistorisches Museum, Viena

Entre indivíduos, Joseph Addison, nada simpatizante de Luís, recomendou a fundação de uma Academia de Inscrições nas linhas da petite académie. O primeiro duque de Montagu, um partidário de Guilherme III, contratou um arquiteto francês para fazer o projeto da Montagu House, em Londres, e um pintor francês (Lafosse, um favorito de Luís XIV) para decorá-la. Sua casa de campo, Boughton, em Northamptonshire, que, segundo Nikolaus Pevsner, era "talvez a construção do século XVII de aspecto mais francês da Inglaterra", foi descrita na época como "projetada segundo o modelo de Versailles, com longas alas, excelentes avenidas, vistas e perspectivas" (Figura 75). Os anos que passara como embaixador na França tinham afetado o gosto de Montagu.[77]

Pedro o Grande esteve na França em 1717, tendo visitado Versailles e a Academia das Inscrições. De volta a seu país, enviou a esta a inscrição para seu monumento equestre em São Petersburgo.[78] O czar fundou também um jornal oficial segundo o modelo da *Gazette*, uma fábrica de tapetes nos moldes dos Gobelins e uma Academia de Ciências nos moldes da Académie des Sciences. Seu palácio de Peterhof em São Petersburgo (Figura 76) poderia ser visto como um novo Versailles, senão na aparência pelo menos na função, levando-se em conta que, mesmo pelos padrões russos de distância, ficava a uma boa distância de Moscou. Peterhof, que foi parcialmente projetado por J.B.A. Le Blond (um pupilo de Le Nôtre, o criador dos jardins de Versailles), continha uma gruta e uma área chamada "Marly".[79] *Os appartements* de Luís também tinham seu equivalente russo nas assembleias de São Petersburgo, embora o objetivo destas fosse bem diverso – ensinar as maneiras ocidentais à aristocracia russa.

A corte de Viena seguiu o exemplo francês ainda mais de perto.[80] O imperador Leopoldo I (Figura 77), que reinou de 1658 a 1705, era não só um rival de Luís XIV, mas seu cunhado (casara-se com a infanta Margarida Teresa, irmã mais jovem de Maria Teresa). Leopoldo era também muito musical, e o balé e a ópera floresceram em sua corte. O mais notável espetáculo foi "O pomo dourado" [*Il pomo d'oro*], de 1668, uma magnífica produção em que Júpiter e Juno representavam o imperador e sua noiva.[81]

O estilo de reinar de Leopoldo foi em geral mais sóbrio que esplêndido. O adjetivo "modesto" lhe era oficialmente aplicado e de fato o quarto de dormir imperial era modesto se comparado ao quarto de dormir real de Versailles. O termo "grande" não lhe foi aplicado enquanto viveu, mas após sua morte em 1705. A contratação por ele de historiadores oficiais (os nobres italianos Galeazzo Gualdo Priorato e Giovanni Baptista Comazzi) e sua iniciativa de reconstruir seu palácio em Viena, o Hofburg, são exemplos normais do tipo de patrocínio esperado dos príncipes na época. Mesmo as comparações feitas entre Leopoldo e o imperador Constantino ou o deus Apolo (Figura 78) eram demasiado banais para serem interpretadas como reações à imagem de Luís XIV.

Por outro lado, o *carrousel* encenado no Hofburg em 1667 pode ser visto como uma reação ao que ocorrera nas Tuileries cinco anos antes, assim como a fundação de um hospital militar em Viena foi inspirada pelos Invalides. Além disso, a construção de um novo palácio fora de Viena, em Schönbrunn (Figura 79), confiada a J.B. Fischer von Erlach, foi certamente uma reação a Versailles, mais evidente ainda porque o primeiro projeto para o palácio coincide com a deflagração da Guerra da Liga de Augsburgo. De fato, uma medalha cunhada em 1700 por um certo I.V. Wolfgang apresenta Schönbrunn como o Palácio do Sol (Figura 80). Poderíamos portanto falar de uma "guerra de imagens", ou da arte como continuação da guerra por outros meios.[82] Os meios escondidos não deixavam de ser uma forma de homenagear Luís como modelo a seguir, por mais involuntária que fosse.

A apresentação oficial do filho mais velho e sucessor de Leopoldo, José I, que reinou de 1705 a 1711, foi ainda mais semelhante à de Luís XIV. A eleição de José como rei dos romanos em 1690 foi marcada por uma entrada triunfal em Viena. Aclamaram-no como um "novo Sol" e representaram-no como Apolo no teto da sala de banquetes de Schönbrunn. Seu sarcófago foi decorado com relevos de quatro vitórias sobre a França, entre as quais a batalha de Ramillies. Até no túmulo ele continuou a competir com Luís.[83]

81. Um modelo para Luís como conquistador. *Filipe IV a cavalo*, de Diego de Velázquez, óleo sobre tela, 1636. Prado, Madri

XII

Luís em perspectiva

Qu'eût dit Louis XIV si on lui avait prouvé qu'en touchant les écrouelles il prenait modèle sur un chef polynésien?*

Reinach[1]

Neste livro procurei descrever a formação gradual da imagem de Luís XIV no decorrer de seu reinado, e considerar as audiências a quem era dirigida e o modo como era recebida. Para concluir o estudo, gostaria de situar essa imagem numa perspectiva comparativa. Tentarei três tipos de comparação. Em primeiro lugar, entre Luís e outros soberanos de seu tempo. Em segundo, com soberanos de períodos anteriores, concentrando-me naqueles que eram mais conhecidos pelo rei e seus conselheiros, artistas e escritores. Finalmente, retornando a um dos temas do capítulo introdutório, farei uma justaposição da imagem de Luís XIV com a de alguns chefes de Estado atuais.

Luís em seu tempo

Luís XIV não foi o único soberano de sua época a dispensar atenção aos modos de autoapresentação. Assim como outros competiram com ele, assim também ele competiu com outros, aprendeu com eles e se definiu por contraste com eles. Se Luís não imitou Leopoldo tanto quanto Leopoldo o imitou, invejou-lhe o título de imperador (e de fato tentou obtê-lo para si por ocasião da eleição imperial de 1658).

Como outros reis do início da Idade Moderna, especialmente após 1648, Luís tentou se apresentar como igual ao imperador, e seu reinado como um império.[2] Assim, por exemplo, na descrição oficial da entrada de 1660, a famosa frase da *Eneida,* de Virgílio, "Foi-me dado um império sem limite" [*imperium sine fine dedi*] foi aplicada aos reis de França, que foram apresentados como sucessores

* Que diria Luís XIV se lhe tivessem provado que, ao tocar escrófulas, tomava por modelo um chefe polinésio? (N.T.)

dos imperadores romanos. A reivindicação foi feita de modo mais explícito e cabal em 1667, no panfleto escrito por Aubéry sobre os direitos de Luís sobre o império (acima, p.84).[3]

Muitas referências aparentemente casuais reforçam essa pretensão. Vernon, um dos historiógrafos reais, por exemplo compôs uma inscrição que intitulava Luís de "o imperador dos francos" [IMPERATOR FRANCORUM].[4] As frequentes referências a Luís como "augusto" ou como o maior monarca do mundo deveriam ser interpretadas tanto como apoio a pretensões políticas particulares quanto como uma forma geral de glorificação. O mesmo se aplica a seu uso do tradicional símbolo imperial, o Sol, com a implicação de que há um soberano supremo na Terra assim como há um sol no céu.

Para situar a fabricação de Luís XIV numa perspectiva histórica, é necessário remontar a antes de 1660, ou até a 1643. Dois reis foram particularmente importantes para Luís nas gerações anteriores à sua, como exemplos a emular e superar: um foi seu próprio pai, Luís XIII e o outro foi seu tio e sogro, Filipe IV.

Filipe IV dedicou considerável atenção à sua imagem pública. O termo "imagem" é especialmente apropriado no caso de um rei que impressionava os estrangeiros, como o embaixador francês, por sua capacidade de permanecer praticamente imóvel, "como uma estátua de mármore", quando aparecia em público, só seus lábios se movendo.[5] De fato, Filipe não fez muitas dessas aparições. O rei participava de rituais religiosos e diplomáticos, e vez por outra saía numa carruagem, mas preferia ficar longe dos olhares. Comia em público uma vez por semana.

Essa maneira de desempenhar o papel real não foi exclusiva de Filipe, fazendo parte da tradição espanhola, em que a serenidade e dignidade – ou, como eles o chamavam, o *sosiego* – era uma qualidade extremamente valorizada. Gravidade e sobriedade não devem ser confundidas com falta de interesse pela autoapresentação – o número de retratos que se conservam do rei são prova eloquente dessa preocupação. O interesse de Filipe pelos rituais da corte manifesta-se igualmente pelo cuidado com que observa os protocolos oficiais [*etiquetas*]. A imobilidade e quase invisibilidade do rei deveriam, portanto, ser vistos como parte do teatro da corte. O fato de Filipe não poder ser visto durante a maior parte do tempo era uma maneira de tornar suas aparições públicas ainda mais deslumbrantes.[6]

"Deslumbrante" pode parecer um termo impróprio para um monarca tão sóbrio como Filipe IV, que em geral se vestia (como seu avô Filipe I) de cores escuras, especialmente após atingir a meia-idade, usando um colarinho simples [*a golilla*] em vez da esplêndida gola de tufos engomados que tinha sido moda na corte (Figura 81). Seus retratos pintados por Velázquez são igualmente sóbrios e impressionam pela discrição.[7]

Não obstante, Filipe foi comparado com o Sol e qualificado de "o rei planeta" [*el rey planeta*]. Foi também conhecido, enquanto vivia, como "Filipe, o Grande" [*Felipe el Grande*]. Uma esplêndida estátua equestre do rei, da autoria do escultor italiano Pietro Tacca, foi erguida na Plaza de Oriente em Madri, em 1640. Filipe se dispunha a gastar muito dinheiro para aparecer em público num cenário magnífico. Foi em sua época, na década de 1630, que se construiu nos arredores de Madri um novo palácio, a um custo de dois milhões de ducados, o Buen Retiro, que incluía uma magnífica sala do trono, a Sala dos Domínios.[8] Foi também na época de Filipe, na década de 1640, que o palácio Alcázar, no centro de Madri, recebeu sua suntuosa Sala de Espelhos [*Sala de Espejos*] (Figura 82), para servir de cenário às audiências reais. Foi ali que os delegados franceses foram recebidos, durante as negociações para o casamento de Luís XIV.[9]

Filipe fez de Velázquez seu pintor da corte, e encarregou-o da decoração dos palácios reais. Na verdade, "decoração" é um termo muito fraco, uma vez que as pinturas nas salas solenes transmitiam mensagens políticas. Na Sala dos Espelhos, em Madri, era exibida uma pintura de Rubens que representava Filipe como Atlas, o globo sobre os ombros, numa alusão às reivindicações dos Habsburgos ao império mundial. O tema imperial era reforçado pela famosa pintura equestre de Carlos V feita por Ticiano, exposta na mesma sala, juntamente com retratos de imperadores romanos.[10] Na Sala dos Domínios, no Buen Retiro, pendiam cinco retratos equestres de Velázquez e dez cenas da vida e dos trabalhos de Hércules (o ancestral mítico do rei), de Zurbarán. A sala abrigava ainda doze pinturas das grandes vitórias do reinado de Filipe, em especial a *Rendição de Breda,* de Velázquez, e a *Recuperação da Bahia,* de Juan Bautista Maino (Figura 83).[11] O rei podia se vestir simplesmente, mas sua residência tinha de ser magnífica.

O primeiro-ministro de Filipe, o conde-duque de Olivares, partilha a responsabilidade pela fabricação da imagem real com o monarca amante das artes e seu pintor da corte. Como seu contemporâneo Richelieu, Olivares sabia da importância política de pinturas, panfletos, histórias, poemas e peças teatrais. Empregou o poeta Quevedo (entre outros) mas escreveu tanto panfletos como peças teatrais sobre temas tópicos, ao passo que o nobre italiano Virgilio Malvezzi foi designado historiador da corte para glorificar o rei.[12] Olivares esperava participar dessa glória. Na *Recuperação da Bahia,* Maino glorifica não só o comandante vitorioso e seu monarca como também o ministro. Nem Mazarin, a quem se entoaram louvores na entrada de 1660 (p.56) foi tão longe assim. Olivares aparece também no fundo de uma pintura que Velázquez fez do herdeiro do trono, príncipe Baltasar Carlos. A significação política dessa aparição pode ser aferida pelo fato de que, numa cópia feita depois que caiu em desgraça, o ministro foi omitido.[13]

Luís XIV, que tinha mãe e esposa espanholas, conhecia bem o estilo de monarquia de Filipe IV. Durante as negociações que levaram ao seu casamento, os

82. Um modelo para a Grande Galerie. *Carlos II da Espanha na Sala de Espelhos, Escorial*, de Juan Carreño de Miranda, óleo sobre tela, *c.*1676. Prado, Madri

apartamentos reais do Alcázar foram mostrados ao embaixador francês. Em 1660, Luís teve uma oportunidade de se encontrar com o tio (p.77, ver Figura 21).

Como o conflito de 1661 em torno da questão da precedência deixa bastante claro, o objetivo de Luís era suplantar Filipe. Seu método era a imitação, no sentido renascentista do termo: seguir o modelo para ultrapassá-lo. Embora nunca tenha permitido a Colbert tornar-se um Olivares, Luís tinha seu próprio Velázquez na pessoa de Charles Lebrun, que era o guardião da coleção real e comprava obras de arte para o rei de todas as partes da Europa.[14] Versailles assemelhava-se ao Buen Retiro tanto em sua concepção – um palácio nos arredores da capital como em sua decoração com pinturas de vitórias reais. A Galerie des Glaces, por outro lado, seguiu – e superou – o exemplo da *Sala de Espejos* no Alcázar. Os rituais diários de Versailles, tão mais formais que os da corte de Luís XIII, devem algo ao precedente espanhol. Os cortesãos franceses parecem ter sido

83. *Recuperação da Bahia*, de Juan Bautista Maino, *c.*1633. Prado, Madri

tomados de interesse pelo estilo espanhol: em todo caso, o guia de sobrevivência na corte da autoria do espanhol Baltasar Gracián ganhou pelo menos oito edições francesas entre 1684 e 1702. Luís foi provavelmente menos acessível e menos visível que seus predecessores imediatos. Saint-Simon foi o primeiro a expressar essa opinião, tendo criticado "a ideia de se fazer mais venerável furtando-se aos olhos da multidão" [*l'idée de se rendre plus vinérable en se dérobant aux yeux de la multitude*].[15]

A imagem oficial do rei enfatizava sua acessibilidade. As memórias estabelecem um contraste explícito entre o estilo francês de monarquia com os daquelas "nações" – obviamente a Espanha – em que "a majestade dos reis consiste, em grande parte, em não se deixar ver" [*où la majesté des rois consiste, pour une grande partie, à ne se point laisser voir*].[16] O jesuíta La Rue congratulava os habitantes das províncias conquistadas da Espanha porque com isso passariam a poder ver seu monarca.[17] Uma opinião semelhante foi emitida em um dos sermões feitos quando da morte de Luís, que o descrevia como "bem diferente desses reis misteriosos que se escondem para se fazer respeitados" [*bien différent de ces rois mystérieux, qui se cachent pour se faire respecter*].[18] Não há dúvida de que Luís aparecia em público muito mais que Filipe. Seu estilo de autoapresentação era majestático, mas também expansivo. Quando instituiu em Versailles o costume dos *appartements,* ele e a rainha passeavam entre as mesas de jogo e chegavam até a jogar também, honrando assim seus súditos (como o *Mercure Galant* se apressou em assinalar) com sua familiaridade.[19] O estilo de Luís poderia ser definido como um meio-termo entre a rígida maneira espanhola e o estilo mais demótico dos outros reis do século XVII, em especial Cristiano IV da Dinamarca e Gustavo Adolfo da Suécia, que gostava de conversar com seus súditos na feira. Já se sugeriu (ver p.43-4) que o famoso retrato de Luís pintado por Rigaud tenta alcançar esse equilíbrio entre formalidade e informalidade. A ostentação das insígnias reais e a pose relaxada do rei são ambas características que os retratos reais espanhóis evitavam aplicadamente.

O contraste entre Luís e Filipe pode ter sido uma questão de diferença de temperamento, mas deveria ser explicado também em termos de tradição política e cultural. A sobriedade de Filipe, como a do imperador Leopoldo (acima, p.188), faziam parte do estilo Habsburgo. Poder-se-ia afirmar que uma família que vinha reinando desde o século XIII gozava de tal legitimação por herança que não precisava de muita glorificação por outros meios. Luís, em contrapartida, era um mero rei de França de terceira geração (embora um Bourbon anterior tivesse sido rei de Navarra). Por isso os seus retratos tinham de ser mais bombásticos e mais heroicos. Luís precisava de mais estátuas equestres e de mais medalhas que Filipe ou Leopoldo. O governo francês fazia também muito maior uso da imprensa que os Habsburgos. Sob este aspecto, como em outros, seguiu o modelo de governo de Luís XIII e do cardeal Richelieu.

Richelieu, juntamente com seus assistentes o frei capuchinho Joseph (para a literatura) e o *intendant* Sublet des Noyers (para a arquitetura e a pintura) tinham se empenhado muito em atrelar artistas e escritores ao carro do Estado, em apresentar uma imagem favorável do rei e de seu governo. Com essa finalidade, fundaram em 1634 a Académie Française, um grupo de 40 pessoas indicadas segundo uma mistura de critérios literários e políticos.[20] A pedido de Richelieu, o nobre Jean-Louis Guez de Balzac, um membro da academia, escreveu um tratado sobre *O príncipe,* que retratava Luís XIII como um soberano ideal. Vários panfletos foram escritos para justificar as políticas do governo contra críticos internos e externos. Um deles, de autoria do *sieur* de Fancan, exibia o conveniente título *La voix publique.*[21] Em 1631, foi fundado um jornal oficial, o semanário *Gazette,* impresso no Louvre e editado por um protegido de Richelieu, Théophraste Renaudot.[22]

A história do reinado foi narrada por diversos historiadores oficiais, como Charles Sorel (mais conhecido como escritor de ficção), Pierre Matthieu, autor de *Les merveilles de Louis le Juste* (1627), e Scipion Dupleix, cuja *Histoire de Louis le Juste* (1635) também apresentava o reinado como uma série de "maravilhas" e comparava o rei a César, Clóvis, Carlos Magno e são Luís.[23] Note-se o uso do título "Justo" enquanto o rei vivia. De maneira semelhante, Henrique IV foi denominado "Henri le Grand" numa ode do poeta Malherbe.

O governo dava atenção também ao espetáculo e às artes plásticas. Luís XIII apreciava a música e a dança, e o *ballet de cour,* como o teatro, floresceram em seu reinado. A função política de algumas encenações do período é óbvia, como no caso do *La prospérité des armes de France* (1640), idealizado por Jean Desmarets, um membro-fundador da Académie Française.

O rei mostrava pouco interesse pelas manifestações visuais, mas sua mãe e Richelieu lhe atribuíam considerável importância. Foi a rainha Maria de Medici quem chamou Rubens a Paris em 1622 para pintar um ciclo de 24 telas do reinado de Henrique IV e da Regência, cenas da história da época combinada com alegoria que são talvez o precedente mais próximo das imagens de Luís XIV feitas por Lebrun na Grande Galerie de Versailles (Figura 48). Além disso, a rainha encomendou uma estátua equestre do marido, Henrique IV, ao mais destacado escultor de Florença (de fato, da Europa) na época, Giambologna, ao passo que Richelieu encomendou o famoso monumento equestre de Luís XIII erguido na Place Royale, em Paris.

O interesse do cardeal pela pintura era ainda mais claro. Chamou Simon Vouet e Nicholas Poussin de volta à França, tendo tentado também atrair artistas italianos. Quanto às gravuras, o flamengo Jacques de Bie dedicou a Luís XIII sua *La France métallique* (1634), uma história dos reis de França em medalhas que certamente ajudou a inspirar a história metálica de Luís XIV.

Quando dançava no *ballet de cour,* o jovem Luís XIV estava de fato seguindo os passos do pai, que talvez gostasse ainda mais de música e de dança. O famoso *carrousel* de 1662 seguiu o precedente do *carrousel* de 1612. As semelhanças entre o programa de Richelieu na década de 1630 e o de Colbert na década de 1660 são também claras. Na verdade, houve fortes conexões e continuidades entre os dois. A suntuosa publicação oficial, *Os triunfos de Luís, o Justo,* que envolveu artistas e poetas (entre os quais Corneille), foi planejada enquanto o rei ainda vivia, embora só tenha sido publicada em 1649.[24]

Mazarin, que foi protegido de Richelieu e protetor de Colbert, fez a ponte entre as décadas de 1630 e de 1660, ao lado de todo um grupo de escritores. Jean Chapelain, por exemplo, era um protegido de Richelieu antes de se tornar conselheiro de Colbert. Bourzeis foi assistente literário de Richelieu antes de ingressar na petite académie. Desmarets viveu o bastante para escrever panegíricos das campanhas de Luís XIV nas décadas de 1660 e 1670 (acima, p.86). Quando Colbert contratou o *seigneur* de Chantelou para acompanhar Bernini em sua vinda à França, estava seguindo o precedente de Sublet des Noyers e Richelieu, que enviara Chantelou a Roma para trazer Poussin de volta.

84. Um modelo para Luís em triunfo. *Entrada triunfal de Henrique IV em Paris*, de Peter Paul Rubens (detalhe), *c.*1625. Uffizi, Florença

Precedentes

Nenhuma tentativa de situar a imagem de Luís XIV numa perspectiva histórica pode se restringir à França e à Espanha, ou se deter no início do século XVII. Poderíamos partir do fato de que a notória estratégia atribuída a Luís, a de obrigar a alta nobreza a se deslocar para Versailles no intuito de enfraquecê-la, já tinha sido atribuída a Henrique IV por um embaixador inglês, *Sir* George Carew. Consistia ela: "Em tê-los morando na corte; assim não exerciam atividades em nenhum outro lugar; e ali à força de divertimentos, e outras prodigalidades, empobreciam."[25]

Sob certos aspectos, a corte de Luís XIV se parece mais com as cortes dos reis Valois que com as que cercavam seu pai e seu avô. Francisco I foi um munificente protetor das artes e da literatura, tendo sido apresentado como tal em seu próprio tempo. Foi comparado a Constantino e Carlos Magno e representado envergando a armadura romana. Foi homenageado com uma estátua equestre e um arco do triunfo à maneira romana, embora essas construções não tenham sobrevivido aos festivais de que fizeram parte.[26] Henrique III foi qualificado de Rei Sol, dançava em *ballets de cour* e patrocinou uma academia. Além disso, designou um grão-mestre de cerimônias e tornou o ritual da corte (incluindo os do *lever* e do *coucher*) mais elaborados e formais.[27] É improvável que Luís e seus mestres de cerimônias desconhecessem esse precedente.[28] A relação entre os outros rituais públicos do século XVI e os de Luís XIV é bem menos perceptível. [29]

A dívida francesa para com as tradições italianas renascentista e barroca foi enorme em quase todos os meios de comunicação em que o rei foi representado. A "conexão italiana", como poderíamos chamá-la, é um aspecto óbvio do patrocínio das artes exercido por Mazarin (acima, p.58). Ele aprendera a ser um patrono em Roma, no círculo do papa Urbano VIII, e tendia a favorecer os italianos. Contratou um italiano, Francesco Buti, como seu conselheiro artístico em Paris, ao passo que Elpidio Benedetti e Luigi Strozzi o mantinham em contato com Roma e Florença. Levou da Itália para a França cantores, compositores, pintores e cenógrafos (Giacomo Torelli, Gasparo, Carlo Vigarani).

Uma conexão italiana específica que merece destaque é o eixo Paris-Módena. Francesco d'Este, duque de Módena, tinha grande interesse pelas artes. Consultou Bernini a propósito dos melhoramentos de seu palácio, encomendou-lhe a pintura de um busto seu e contratou Gaspare Vigarani como seu arquiteto e superintendente dos festivais da corte. Além disso, o duque cultivou relações com a corte de França. Visitou Paris em 1657, propôs sua filha como esposa para Luís XIV e casou-se ele próprio com uma sobrinha de Mazarin.[30]

O rei de França seguiu o exemplo do duque de várias maneiras. Em 1959, Gaspare Vigarani foi chamado a Paris e projetou os arcos para a entrada real na cidade no ano seguinte, ao passo que seu filho dedicou duas décadas a projetar máquinas para as festas reais. O secretário do duque, Giarolamo Graziani, recebeu pensão de Luís XIV na década de 1660 e escreveu panegíricos do "Hércules francês" (acima, p.63). É improvável que tenha sido por coincidência que tanto Francesco I como Luís XIV tenham pedido conselhos a Bernini com relação a modificações em seus palácios e encomendado dele a pintura de seus bustos.

Como estes exemplos demonstram, a conexão italiana sobreviveu a Mazarin. Foi incentivada pela fundação em Roma da Academia Francesa (1666), onde jovens artistas podiam estudar. De fato, o hábito de estudar na Itália, e mais especialmente em Roma, fora estabelecido antes de ser institucionalizado. Lebrun passara quatro anos em Roma, de 1642 a 1646. Girardon também esteve em Roma na década de 1640, ao passo que Mignard passou mais de 20 anos lá (1635-57).

A Itália tinha muito a oferecer aos artistas a serviço de Luís XIV. Em Roma, eles podiam observar o uso dos obeliscos na transformação de espaços urbanos em monumentos de celebração aos papas. Em Veneza, o uso de pinturas históricas no Palácio dos Doges, como meio de glorificar o regime. Em Florença, a sequência de salas – associadas aos planetas – do Palazzo Pitti (Figura 85), residência do grão-duque da Toscana, parece muito um modelo de Versailles.[31] Essas salas foram decoradas por Pietro da Cortona entre 1637 e 1647, com uma combinação de estuque, douração e afrescos que glorificam a família Medici. O exemplo era especialmente apropriado porque a avó de Luís XIV era uma Medici.

85. Um modelo para Versailles. Salão de Saturno, Palazzo Pitti, Florença, de Pietro da Cortona, *c.*1640

Um grão-duque anterior da Toscana, Cosimo de Medici, foi quase certamente um modelo para Luís XIV e seus conselheiros. Cosimo, que reinou de 1537 a 1574, transformou seu ducado numa monarquia absoluta em miniatura, governando um Estado com menos de um vigésimo da população da França sob Luís XIV. Cosimo era filho de um capitão mercenário, que foi tomado rei de Florença depois que Alessandro de Medici foi assassinado sem deixar filhos. Sua falta de legitimidade tornou-o ainda mais cônscio dos usos políticos das artes na criação de uma boa imagem pública.

Entre outras coisas, Cosimo ergueu uma coluna na Piazza Santa Trinità, em Florença, para comemorar sua vitória sobre as forças dos republicanos exilados. Mandou cunhar 12 medalhas para comemorar eventos do reinado. Contratou Bronzino, Celline e Vasari para retratá-lo de maneira heroica, em pose rígida e leonina, em telas, estátuas e afrescos.[32] Fez-se também representar ao lado dos artistas que patrocinava (Figura 86). Cosimo designou historiadores oficiais, que recebiam pensões e tinham acesso a documentos oficiais, estando encarregados de narrar uma história que favorecesse os Medici. Em 1565, gastou 50.000 escudos num esplêndido festival de boas-vindas à noiva de seu filho (irmã do imperador), com arcos do triunfo, cercos simulados, fogos de artifício etc. Fundou duas academias, a Academia Florentina, que trabalhou numa gramática e num dicionário italianos, e a Academia de Desenho. Essas academias foram os protótipos da Académie Française e da Académie Royale de Peinture.

Os artistas e escritores que trabalharam para Luís XIV eram grandes admiradores da Itália renascentista. Jean Chapelain, por exemplo, era versado em literatura italiana, tendo chegado até a escrever versos em italiano.[33] Os grandes debates entre antigos e modernos e, no terreno da pintura, entre a primazia do desenho ou da cor, ecoavam debates ocorridos antes na Itália. Em sua "história poética" da guerra entre os antigos e os modernos, François de Callières atribuiu ao exército dos modernos o comando de Torquato Tasso. Não chega a espantar descobrir que *Armide* (1686), a ópera de Quinault-Lully, baseia-se em episódios de *Gerusalemme liberata,* de Tasso, ou que os *Plaisirs de l'Isle Enchantée* continham cenas de *Orlando Furioso,* de Ariosto, adaptadas para o contexto de um torneio. O famoso *carrousel* de 1662 deve muito a modelos italianos. A própria ideia de combinar torneio e teatro remonta às cortes renascentistas de Ferrara e Florença.[34]

As divisas ou *imprese* usadas nos festivais, ou nas medalhas, pertenciam a uma tradição renascentista italiana. O mesmo se aplica às próprias medalhas, bem como grande parte de sua iconografia, especialmente personificações como as da Fama, na forma de uma mulher, da Discórdia, na forma de um monstro, e assim por diante, frequentemente tomadas da obra de Cesar Ripa, *Iconologia* (1593), esse inestimável livro de referência para artistas, traduzido em francês em 1644. Os escritos de Menestrier sobre o que ele chamou de "a filosofia das imagens" revelam seu conhecimento da literatura renascentista italiana sobre divisas.[35] De fato, Menestrier poderia ser considerado um exemplo tardio de um fenômeno renascentista, o chamado "conselheiro humanista" de artistas.

Também no estilo a Itália renascentista forneceu um modelo, ou melhor, modelos, pois os estilos florentino e veneziano tinham cada um seus adeptos. A "maneira elevada" de Lebrun era o estilo do Alto Renascimento e em particular de Rafael. Em *Triunfo de Constantino,* Lebrun rendeu homenagens simultâneas a Rafael, Colbert e o rei. Essa gravura de Constantino numa biga, coroado pela Vitória, seguia um desenho de Rafael. Foi dedicada a Colbert e representava um dos soberanos com quem Luís foi mais frequentemente comparado. Além disso, as conferências de François Blondel, diretor da Academia de Pintura, mostram constante consciência de precedentes renascentistas. Ele cita com frequência os principais arquitetos italianos desse período, como Alberti, Palladio, Vignola e Scamozzi.

Essas formas de imitação não eram servis. Não são exemplos do "peso morto" da tradição. Artistas e escritores franceses escolhiam do repertório italiano precisamente o que podiam usar. Seu respeito pelas realizações italianas não impedia alguns de pensar que eram capazes de fazer melhor.[36]

A relação da imagem de Luís com a tradição medieval é bastante diferente. Neste caso, o que encontramos são antes continuidades mais ou menos inconscientes que imitação e competição. O ritual do *sacre* seguia um precedente medieval francês (p.53). Assim também os *lits de justice* da parte inicial do reinado (p.52). A entrada real solene numa cidade era um costume medieval, embora tivesse sido reconstruído no Renascimento segundo o modelo do triunfo romano, com carros, panóplias, arcos do triunfo e assim por diante. Um ritual elaborado caracterizava a corte da Borgonha no final da Idade Média – de fato, alguns traços do ritual da corte espanhola tinham sido adotados da Borgonha em meados do século XVI.

Os franceses do século XVII, em geral, não admiravam a Idade Média. Tendiam a olhar com desdém para essa era de trevas e a associá-la com o barbarismo do "godos".[37] Isso não impedia, porém, que vínculos entre Luís e Clóvis, Carlos Magno e são Luís fossem levados a sério (Figura 87). Sob certos aspectos, soberanos medievais forneciam modelos para a apresentação pública de Luís XIV. Luís foi ungido com o santo óleo que supostamente teria sido levado para Clóvis por uma pomba. Usava o manto real tradicional, bordado com flores-de-lis. Usava as insígnias reais, os símbolos tradicionais da autoridade – coroa, cetro, orbe, espada, anel etc.[38] O rei executava outros ritos medievais (como o *lit de justice* e a entrada solene) que, a despeito da transformação sofrida no século XVI, eram essencialmente medievais. Tocava os doentes e lavava os pés dos pobres. Poderíamos dizer que Luís era profano o suficiente para apreciar as vantagens de ser um monarca sagrado, uma afirmação que Bossuet, por exemplo, continuava a fazer em seu favor.[39] Talvez não partilhasse da fé de seus predecessores merovíngios no poder mágico dos cabelos longos, mas usava sua famosa peruca alta.

No decorrer do reinado, o rei se afastou desses modelos medievais sem abandoná-los por completo. Ao contrário de soberanos medievais, não usava sempre coroa, ou segurava um cetro, uma *main de justice* (um bastão encimado por uma mão, que representava o papel do rei como juiz supremo). Depois de desistir de manter os *lits de justice,* Luís não se sentou muitas vezes num trono. Entre as raras ocasiões em que o fez podem-se contar as audiências concedidas aos enviados argelinos em 1684, aos enviados siameses em 1686 e aos enviados persas em 1715 (ver Figura 68). Ficamos portanto com a impressão de que o trono começara a ser visto como um resquício arcaico tão exótico que só era usado para impressionar orientais.

Até as representações do rei abandonavam os símbolos tradicionais de autoridade, mostrando-o muitas vezes em trajes comuns, sentado numa cadeira ou empunhando um bastão em vez do cetro para demonstrar sua autoridade. O famoso retrato solene de Rigaud (Figura 1) exibe alguns dos símbolos tradicionais, mas de forma discreta. Luís usa o manto real, mas ele está aberto, de modo a deixar ver, por baixo, suas roupas modernas. Segura o cetro, mas de maneira não convencional. Traz a espada solene, mas só o punho é visível. Não há orbe nem *main de justice.*

86. Um modelo para Luís como patrono. *Cosimo e seus arquitetos*, de Giorgio Vasari, pintura em teto, *c*.1560. Palazzo Vecchio, Florença

Outro modelo de governo conhecido nos círculos do rei era o de Bizâncio. Uma magnífica edição in-fólio da história bizantina foi publicada na década de 1660 com dedicatória para Colbert. Talvez tenha sido uma pena que o famoso guia para o ritual da corte escrito por Constantino VII Porfirogêneto fosse desconhecido em Versailles, pois Luís se assemelhava em mais de um aspecto ao imperador bizantino.[40]

Luzes ardiam diante das imagens dos imperadores, e havia rituais formais para saudá-los de manhã, para ficar de pé ou sentado em sua presença, e até para se prostrar diante deles (o chamado *proskynesis*). O imperador era qualificado de "pacificador" (*eirenpoios*), piedoso (*eusebius*), benfeitor (*euergetes*), de sacerdote, de *autokrator* (não tão longe assim de monarca absoluto), de representante de Deus, de Sol. Algumas das moedas de Constantino traziam a legenda "o Sol invicto" [SOL INVICTUS].

87. Luís identificado com são Luís. *Luís como são Luís*, pintura anônima, *c.*1660. Poitiers, capela do Colégio Jesuíta

A pretensão do rei francês a ser *monarque de l'univers* talvez pareça menos chocante aos ouvidos modernos quando nos lembramos de que os imperadores bizantinos também reivindicavam o comando do mundo todo (*oikumene*).[41] Como imperadores posteriores, Luís foi qualificado de "um novo Constantino", paralelo ainda mais apropriado porque (como historiadores recentes enfatizam), o próprio Constantino tinha clara percepção do valor da propaganda. Bossuet, que deu esse título a Luís, provavelmente via a si mesmo como um novo Eusébio, o bispo de Cesareia, famoso por seus panegíricos de Constantino, sua perseguição aos hereges e sua história da Igreja.[42] O célebre arco de Constantino em Roma foi uma inspiração e um modelo dos arcos do triunfo do rei, embora, como Charles Perrault não deixou de assinalar, os arcos de rei fossem maiores.[43]

Os imperadores bizantinos se inspiravam nas tradições imperiais romanas, e aqui estamos num terreno mais firme. Na época de Luís XIII, Guez de Balzac tinha sugerido a imitação do culto romano ao imperador. Especialistas em cerimonial, como Godefroy e Saintot estudaram os rituais dos imperadores romanos.[44] Os críticos da estátua da Place des Victoires (acima, p.156-7) eram mais precisos do que podiam imaginar em suas alusões maliciosas à apoteose romana[45].

A relação entre a imagem de Luís XIV e a tradição clássica é um assunto que sem dúvida merece por si só uma monografia, à maneira de Aby Warburg, que discuta as percepções que o século XVII tinha da Antiguidade, bem como a adaptação do repertório de formas e imagens clássicas a novas funções e novos contextos. Arquitetos e artistas tinham pleno conhecimento dos modelos romanos antigos, mesmo quando optavam por se desviar deles. Charles Perrault publicou uma tradução do tratado de autoria do arquiteto romano Vitrúvio, ao mesmo tempo em que projetou uma "ordem francesa" para o Louvre, para mostrar que a França moderna podia competir com a Roma antiga. François Blondel gostava de incluir armas modernas em seus emblemas, entre as quais mosquetes, canhões e até bombas (no que era um grande especialista), mas gostava também de citar precedentes romanos para seus projetos, como a coluna de Trajano, o Arco de Tito (com suas vitórias aladas nos tímpanos) e o Arco de Constantino (com seu sol).[46]

O fato de restarem monumentos antigos em cidades francesas, a Porte de Mars em Reims, por exemplo, tornavam os precedentes clássicos familiares tanto para Colbert como para seus arquitetos.[47] Escultores iam a Roma para estudar estátuas antigas e voltavam para ensinar seus pupilos sobre o Laocoonte, o Hércules de Farnese e o Torso do Belvedere.[48] Estátuas clássicas e modelos de argamassa (até da Coluna de Trajano) foram levados para Paris por Colbert, por razões tanto políticas como estéticas, para impressionar estrangeiros e demonstrar que Paris era uma nova Roma.[49]

Estátuas equestres de Luís tiveram muitas vezes por modelo a estátua de Marco Aurélio no Capitólio. Uma cópia de argamassa dessa estátua ficava em exibição na Académie Royale de Peinture et Sculpture, onde os enviados siameses a viram em 1686.[50] Girardon foi um dos escultores que seguiu esse modelo, embora tenha feito questão de que sua estátua fosse maior.[51] No debate sobre dourar ou não a estátua de Luís na Place des Victoires, foi invocado o exemplo de Marco Aurélio.[52] Medalhistas acompanhavam os precedentes romanos tanto nas imagens como nas inscrições, embora ocasionalmente se dispusessem a romper com eles (p.143). É pouco provável que artistas como Lebrun e Desjardins, que representaram Luís como Hércules, desconhecessem que também os imperadores romanos tinham sido representados desse modo.

A relação entre a literatura da Roma antiga (e, em menor extensão, da Grécia) e a da França do século XVII era ainda mais estreita e mais complexa que a existente nas artes plásticas, porque os escritores (ao contrário dos artistas, ou em medida muito maior que estes) podiam supor uma familiaridade com os clássicos da parte de seus leitores. Escritores exploravam essa familiaridade jogando com a citação e a alusão.

Se Bossuet foi um novo Eusébio, Boileau qualificou a si mesmo de um novo Horácio, sendo Colbert seu Mecenas e Luís seu Augusto. Como Horácio, escreveu odes, epístolas, sátiras e uma *Arte da poesia.* Os retratos em prosa do rei, da autoria de Félibien e outros, seguiam a tradição do clássico *ekphrasis,* isto é, a descrição de uma obra de arte.[53] Os panegíricos formais do rei, e mesmo o hábito de lançá-los no dia do seu aniversário, seguiam precedentes clássicos. O jesuíta La Beaune escreveu panegíricos tanto clássicos como modernos. O panegírico que Plínio fez do imperador Trajano era particularmente bem conhecido. Para os que não sabiam ler latim ou grego, as traduções se faziam cada vez mais disponíveis.

Benserade, por exemplo, traduziu as *Metamorfoses* de Ovídio em verso, e o rei ordenou sua publicação numa edição ilustrada, sem dúvida porque isso ajudaria os leitores a decodificar muitas das pinturas alegóricas em sua homenagem. Os escritores viam a Roma antiga como uma rival a superar para a maior glória de Luís XIV. Evidentemente, seria absurdo reduzir a famosa "batalha dos livros" entre antigos e modernos a um meio de propaganda para Luís XIV. Mesmo assim, havia um elemento político no lugar-comum literário de que Luís era um novo Augusto, ou até, segundo a inscrição de um busto do rei no convento dos maturinos, "mais augusto que Augusto" [*Augusto augustior*].[54]

Como os classicistas mostraram que Augusto dava grande atenção à sua imagem pública, talvez seja interessante desenvolver um pouco mais a comparação.[55] De fato, os paralelos entre os dois líderes são impressionantes. Augusto era um homem baixo e, para parecer mais alto, usava saltos.[56] Apresentou sua própria interpretação de seu reinado em suas memórias, ou *Res gestae.* Acreditava-se que tinha uma relação especial com Apolo.[57] Foi representado como Júpiter. Muitas estátuas de Augusto foram erguidas em praças públicas, tanto nas províncias como em Roma, retratando-o como "altivo, majestático e heroico".[58] As pessoas, por sua própria conta, mantinham também imagens de Augusto em suas casas em sinal de lealdade, enquanto cidades provinciais o reverenciavam como um deus, o salvador do mundo, o senhor da terra e do mar (como Luís XIV, os imperadores romanos sublinhavam seu poder sobre o mundo com títulos como *Conservator Orbis, Pacator Orbis, Restitutor Orbis* etc.).[59] Moedas e estátuas associavam Augusto, como outros imperadores (Figura 88), com a figura da Vitória. Ele dedicou dois obeliscos ao Sol. Organizavam-se festivais para estimular a lealdade do povo. Com a ajuda de Mecenas, vários escritores foram recrutados para servir ao regime, entre eles o historiador Lívio, bem como Virgílio e Horácio.

As diferenças na apresentação dos dois soberanos também são dignas de nota. Augusto substituiu uma república e foi necessário modificar a linguagem da comunicação política (literária e visual) para representar sua posição como chefe.[60] Foi retratado como eternamente jovem, ao passo que Luís, como vimos,

88. *O imperador Claudius*, camafeu, século I. Cabinet des Médailles, Bibliothèque Nationale, Paris

permitiu-se envelhecer discretamente. Augusto fez da simplicidade uma virtude e, se pudesse ter visto Versailles, teria provavelmente reprovado sua rica decoração. Era mais "populista" que Luís no sentido de se declarar interessado na aprovação popular. Aparecia no teatro para ser visto pelo povo romano e até para dialogar com ele.[61]

O acúmulo de paralelos exatos é notável, mas não se deve presumir que as imagens similares (ou mesmo idênticas) tinham o mesmo significado nos dois contextos. Apolo, por exemplo, fazia parte do panteon oficial romano. Na época de Luís, era uma alegoria cristã. As diferenças políticas e culturais entre as duas épocas são fundamentais, embora fiquem mascaradas pela reverência do século XVII pela tradição clássica em geral, e em particular pela época de Augusto [*le beau siècle d'Auguste*].[62]

O culto romano a Júlio César, Augusto e imperadores posteriores tinha muito a dever à Grécia e às tradições orientais. O mausoléu de Augusto, por exemplo, tomou a forma de uma pirâmide, como se ele fosse mais um faraó.[63]

Tanto para César como para Luís XIV, o grande herói foi Alexandre Magno. Entre os feitos de Alexandre estava não só a conquista da maior parte do mundo conhecido, como o estabelecimento de novo estilo de monarquia, segundo o modelo persa ou egípcio, com um elaborado cerimonial de corte. Foi assim que o *proskynesis* oriental entrou na tradição ocidental. O culto ao soberano expressou-se também na fundação de pelo menos 13 cidades com o nome de Alexandria, e o projeto de transformar toda uma montanha, o monte Atos, numa colossal imagem de Alexandre.[64]

É difícil saber até que ponto os eruditos da época de Luís XIV conheciam bem a tradição da adoração do soberano. Tanto Blondel como Charles Perrault pesquisaram os obeliscos egípcios como modelos para sua própria época e tinham conhecimento do culto egípcio ao Sol.[65] Seria interessante saber se pensavam na sala cósmica do palácio de Coroés (rei sassânida da Pérsia no século XVI), analisado por pelo menos uma publicação erudita da época, como um precedente para Versailles.[66] No tempo de Luís, Coroés foi também o herói de uma peça teatral de Jean Rotrou, cuja ação se passava no palácio de Persépolis.[67] É improvável, contudo, que adjetivos aplicados a Luís, como "doado por Deus", fossem ecos conscientes dos epítetos de soberanos acadianos e sumérios.[68] É ainda menos provável que os fabricantes da imagem de Luís soubessem da associação tradicional entre o soberano e o Sol em culturas tão distantes deles como as do Japão e do Peru.

Também no Havaí havia uma conexão entre a realeza, a divindade e o Sol.[69] O recurso à mesma imagem de poder em culturas tão diferentes não deveria nos surpreender. A identificação implícita entre a ordem política e a ordem cósmica é um exemplo clássico da legitimação de determinado conjunto de acordos institucionais através de sua apresentação como natural, de fato, como o único sistema possível.

O século XX

Até aqui, a tentativa foi ver Luís em perspectiva, olhando para trás no corredor do tempo. Luís foi comparado e contrastado com certos outros monarcas na intenção de descobrir se seu modo de autoapresentação foi ou não inusitado. Uma vez que o próprio rei e os artistas e escritores a seu serviço também olhavam para trás, mostrou-se necessário discutir suas atitudes diante de diferentes períodos e soberanos do passado.

É impossível ignorar o fato de que nosso próprio ponto de vista é necessariamente diferente do deles. Nos três séculos que os separam de nós, as representações dos governantes mudaram de muitas maneiras. Quer tenhamos ou não consciência disto, a visão que temos do século XVII é moldada pelas nossas próprias experiências do século XX. Para evitar julgamentos anacrônicos, talvez seja melhor fazer comparações explícitas. De fato, podemos chegar a uma compreensão mais profunda tanto de nossa época, como da de Luís XIV se considerarmos tanto as semelhanças como as diferenças entre esses dois períodos. Gostaria, portanto, de concluir este capítulo – e o livro – comparando e contrastando meios de comunicação do século XVII e XX, e a imagem pública de Luís com as imagens de alguns de nossos mais recentes chefes de Estado.

Os estudiosos dos meios de comunicação do século XX operam por vezes com pressupostos bastante questionáveis sobre períodos anteriores, entre os quais o chamado "velho regime", que precedeu a Revolução Francesa. Tomemos, por exemplo, um estudo bastante conhecido sobre propaganda, escrito nos anos 1920, que sugere que "os tempos mudaram" desde Luís XIV, e que a ascensão da propaganda, e "a nova profissão de relações públicas", é um fenômeno do século XX, estimulado pela Primeira Guerra Mundial mas tornado necessário pela livre competição de ideias numa sociedade democrática.[70]

Outro exemplo de estudo do mundo de hoje prejudicado por falsos pressupostos sobre o velho regime é o arguto e provocativo ensaio sobre "a imagem" publicado no início da década de 1960 por Daniel Boorstin, historiador da cultura norte-americano. Nesse ensaio Boorstin afirma que o que chama de "revolução gráfica" do final do século XIX e início do século XX (graças à impressão a vapor, à fotografia etc.) levou à ascensão do que ele chama de "pseudoevento", um termo cujos significados vão desde um acontecimento encenado para efeitos da mídia a um que é noticiado antes de ter lugar.[71] Espero ter mostrado a utilidade desse termo de Boorstin para a análise dos meios de comunicação do século XVII, entre os quais os jornais, medalhas e gravuras. Na época de Luís XIV, ações aparentemente espontâneas eram por vezes encenadas com algum cuidado, desde os regozijos públicos com notícias de vitórias francesas até a construção de estátuas do rei.

Além disso, um estudo escrito na década de 1970 usa expressões como "o Estado-espetáculo" [*l'état-espectacle*] e "o sistema estelar em política" para qualificar o mundo de Kennedy, De Gaulle, Pompidou e Carter. O autor estabelece uma comparação entre essa "personalização da política" e a insistência em empacotar candidatos ao poder com o sistema que dominava "outrora" (seja isto quando for), quando as ideias importavam e os políticos redigiam os próprios discursos. Explica a diferença pela influência do cinema – incluindo *Louis XIV* de Rossellini – e da propaganda.[72]

O exagero desta argumentação deveria ser óbvio para os leitores deste livro. O poder já era personalizado no século XVII. O cardeal Richelieu e Luís XIV empregavam *ghost-writers* para escrever seus discursos, memórias e até cartas (p.20). Talvez os políticos atuais sejam apresentados como produtos, mas seria possível afirmar igualmente que os produtos contemporâneos são louvados de uma maneira outrora reservada aos príncipes. *Hype** *deriva de hyperbole.*

Muito antes do cinema, o teatro afetava percepções da política. Quando o doge de Gênova chegou em Versailles em 1685, um observador da época, que por acaso era um dramaturgo, Donneau de Visé, observou que "o personagem que ele tinha de sustentar não era fácil" [*le Personnage qu'il avoit à soutenir n'estoit pas aisé*].[73] A comparação entre a política e o teatro era comum nesse período. Tanto para seus contemporâneos como para a posteridade, o Rei Sol era um astro.

Os meios de persuasão empregados por governantes do século XX como Hitler, Mussolini e Stalin e, em menor grau, pelos presidentes franceses e norte-americanos, são análogos sob certos aspectos importantes aos meios empregados por Luís XIV.[74] A grandiosidade da arquitetura e escultura oficiais, por exemplo, que torna os espectadores anões para que tomem maior consciência do poder do governante. O mito do herói como onisciente, invencível e destinado ao triunfo sobre as forças do mal e da desordem. A imagem do líder que trabalha durante a noite enquanto seu povo dorme. Muito antes que essa imagem de Mussolini (ou, na verdade, de Napoleão) se difundisse, La Bruyere descrevia como "nós repousamos... enquanto esse rei ... vela sozinho sobre nós e sobre todo o Estado" [*nous reposons... tandis que ce roi ... veille seul sur nous et sur tout l'État*].[75] A publicação de periódicos oficiais, a organização de escritores em academias oficiais encarregadas da publicação de prestigiosos dicionários e enciclopédias. Até um detalhe como a insistência de Mussolini em que seu título de DUCE fosse impresso em letras maiúsculas tem seu paralelo na apresentação tipográfica de LOUIS. Ambos os governantes eram apresentados em público como um segundo Augusto.[76] Se as partes íntimas de Lyndon Johnson foram o centro da publicidade durante sua operação da vesícula, assim também o foram as de Luís na época de sua fístula.

Olhando para trás, ao longo do corredor da história, a supressão da medalha sobre a destruição de Heidelberg, assim como a supressão de Olivares do retrato de Baltasar Carlos, ganham semelhança com a eliminação de Trotsky da *Enciclopédia Soviética.* As instruções às municipalidades francesas para que erguessem voluntariamente uma estátua de Luís XIV na praça principal da cidade (acima, p.106-7) são bons exemplos do que um historiador da Rússia revolucionária chamou de "o mito da espontaneidade".[77] Os nomes Saarlouis e Louisiana, como Leningrado, parecem expressão do culto da personalidade. Chapelain parece ser o perfeito *apparatchik,* e a reação contra Luís XIV no período da Regência, um caso de "desluisificação", segundo o modelo da desestalinização. Olhando do ponto de vista oposto, podemos ver a Academia Soviética de Ciências como, ironicamente,

* *Hype* é publicidade enganosa e exagerada. (N.T.)

um ato de homenagem à França de Luís XIV – ou, mais exatamente (p.188), a sucessora de uma instituição fundada por Pedro o Grande em homenagem às academias francesas.

Estas semelhanças são sem dúvida impressionantes. Lembram-nos não somente a importância do ritual, do mito e do símbolo na política em todos os tempos, mas também a persistência de determinados mitos e símbolos nas sociedades ocidentais.[78] Não desejo, no entanto, fazer a afirmação simples de que *plus ça change, plus c'est la même chose.* A imagem dos governantes atuais, e mais ainda a imagem dos regimes atuais, difere de fato da de Luís XIV e de seus contemporâneos em alguns sentidos importantes.

A mais óbvia dessas diferenças é tecnológica. Luís era apresentado em público através da imprensa, de estátuas e medalhas, ao passo que os governantes do século XX apoiam-se cada vez mais na fotografia, no cinema, no rádio e na televisão. Os novos meios eletrônicos têm suas próprias exigências. A mudança de discursos políticos para debates e entrevistas, por exemplo, é um de seus efeitos.[79] Mesmo assim, o contraste entre o que poderíamos chamar de "governantes eletrônicos" e seus predecessores foi exagerado.

Mais importante é a ascensão da legitimação por eleição popular. Luís representava Deus, ao passo que governantes posteriores representavam a nação, aspecto ressaltado por um especialista em direito internacional em 1758.[80] A Revolução Francesa é um divisor de águas entre os velhos regimes, em que não havia necessidade de persuadir o povo, e os Estados modernos, em que ele é o principal alvo da propaganda. Surgiram os jornais populares. Consta que um deles, *Père Duchesne,* chegou a vender um milhão de cópias. Os analfabetos podiam ouvir a leitura desses textos por outros, ou "ler" as imagens políticas, ou participar de rituais políticos como o Festival da Federação, que celebrou a própria Revolução. Não foi por acaso que as ideias de conversão política e conversão religiosa surgiram nessa época.[81]

Desde esse tempo, a organização da persuasão tornou-se ainda mais elaborada e sofisticada, em especial nos Estados Unidos, graças à combinação de um regime presidencialista, eleições democráticas e um interesse pelos novos meios de comunicação. Já foi sugerido que a fabricação da imagem tornou-se importante nas campanhas presidenciais americanas desde a década de 1820, com o desenvolvimento da biografia de campanha.[82] Empresários políticos profissionais remontam à Califórnia da década de 1930, com agências como "Campaigns Inc.".[83] A ascensão dessas agências está associada com a ideia de "pacote". Como observou o presidente do conselho do Partido Republicano em 1952, "Vocês vendem seus candidatos e seus programas do mesmo modo que uma companhia vende seus produtos".[84] Chegamos à época de Saatchi and Saatchi.

Foi afirmado com alguma ênfase que o Estado russo após 1917 foi "mais permeado pela propaganda que qualquer outro", no sentido de um esforço consciente para "criar uma nova humanidade adequada para viver numa nova sociedade". "Nenhum Estado anterior teve ambições semelhantes e nenhum líder dedicou atenção comparável às questões da persuasão."[85] Alguns dos meios empregados eram relativamente tradicionais. O Comitê do Partido da cidade de Smolensk, por exemplo, enfatizava a necessidade de "esplendor, grandiosidade e pompa" como meio de influenciar os jovens, e advogava a instituição de feriados revolucionários. Outros meios de persuasão eram novos, notavelmente o uso de cartazes, jornais murais, filmes curtos e simples (os chamados *agitki*) e trens e navios especiais de propaganda, com cinemas, bibliotecas e gráficas a bordo.[86]

O objetivo original, tanto em 1789 como em 1917, era celebrar a própria revolução. Houve tentativas de eliminar as estátuas dos soberanos, assim como os próprios soberanos. A maioria das estátuas de Luís XIV foi destruída em 1792. Após 1917, as estátuas dos czares foram removidas das praças de Moscou e de Leningrado e substituídas pelas dos heróis populares e revolucionários.[87]

A mais longo prazo, os governantes retornaram às ruas como retornaram aos palácios presidenciais. Simplesmente passaram a ser representados num estilo mais popular. Exemplos desse estilo podem ser encontrados ocasionalmente, seja na época de Gustavo Adolfo da Suécia, seja na de Augusto (p.204-8). A multiplicação dos retratos de famílias reais – a "domesticação da majestade", como foi chamada – é um notável indicador dessa mudança de estilo.[88]

Um exemplo da França é o do rei Luís-Filipe. Após chegar ao poder depois da revolução de 1830, ele foi apresentado como um soberano acessível aos seus súditos e de fato não muito diferente deles. Assim, seus primeiros retratos oficiais o mostravam – em contraste com seu predecessor Carlos X – sem acessórios patentemente reais, como a coroa e o manto da coroação, e com os olhos no nível dos do espectador.[89] Esse igualitarismo, fosse genuíno ou artificial, teria sido impensável na época de Luís XIV. Era uma conciliação entre os ideais da monarquia tradicional e os da Revolução Francesa.

De maneira similar, poderíamos dizer que a imagem de Lenin nos últimos dias de sua vida foi uma conciliação entre os ideais da Revolução Russa e a tradição dos czares. O estilo de vida de Lenin era modesto, e ele evitava pintores e fotógrafos.[90] No entanto, já havia um culto a Lenin antes de sua morte, marcado por poemas em seu louvor, biografias, cartazes, e por escolas, fábricas, minas e fazendas coletivas batizadas com seu nome.[91]

Hoje, a linguagem dominante da política é a linguagem da liberdade, igualdade e fraternidade. Presume-se que o poder emana "do povo" e os monumentos públicos celebram "o soldado desconhecido" ou um trabalhador heroico genérico. Líderes eleitos precisam pensar nos eleitores, e até governantes antidemocráticos afirmam que seu poder vem do povo. A distância social foi abolida, ou parece ter sido (graças tanto à invasão das câmeras de TV como a escolhas conscientes). A ilusão de intimidade com o povo é necessária, a conversa ao pé do fogo, os apertos de mão intermináveis etc. A dignidade é perigosa, porque implica distância. A ênfase recai agora sobre o dinamismo, a juventude e a vitalidade. Mussolini está longe de ser o único governante de meia-idade a se apresentar em público como esportista e até atleta.[92] Escolhem-se fotografias que ressaltem as qualidades dinâmicas. Ocasionalmente, a linguagem corporal de indivíduos é modificada por conselho das agências de publicidade e dos empresários de campanha, para que o candidato melhor se ajuste ao papel de líder popular.

Luís proclamava dever seu poder a Deus, não ao povo. Não precisava cultivar eleitor nenhum. Seus meios de comunicação não eram de massa. Foi apresentado – de fato, tinha de sê-lo – como alguém especial, o ungido por Deus, *le Dieudonné.* O contraste entre os líderes do século XX não é um contraste entre retórica e verdade. É um contraste entre dois estilos de retórica.

Glossário

Absolu [absoluto]. É definido por Furetière em seu Dicionário como "sem condição, sem reserva". Spanheim, por exemplo, referiu-se ao período anterior a 1661 como aquele em que "le pouvoir absolu du gouvernement était entre les mains d'un premier ministre", em outras palavras, aquele em que Mazarin estava no controle. Um dos historiadores oficiais de Luís XIV, Dupleix, afirmou a seu respeito: "jamais roi ne fut si absolu en France que nostre Louis."

Académie française. A mais prestigiosa academia, composta por 40 homens de letras, fundada em 1635.

Académie des inscriptions, ver petite académie.

Académie royale de peiniure et sculpture [Academia Real de Pintura e Escultura]. Fundada em 1648.

Académie des sciences [Academia de Ciências]. Fundada em 1666.

Appartements. Termo usado na época não só para designar os apartamentos reais em Versailles, mas também o costume de abri-los ao público três vezes por semana.

Ballet. O *ballet de cour* desse período era uma encenação musical que, embora centrada na dança, não excluía o canto.

Conseil d'en haut. O "Conselho do andar de cima", assim chamado por causa do local em que se reunia, era o conselho de Estado, em que os ministros mais importantes se reuniam semanalmente com o rei e as decisões mais importantes eram tomadas.

Conseil secret. O equivalente francês do que os britânicos chamam de "Privy Council".

Estados [Etats]. Assembleias regulares com representação dos três "estados" ou "ordens" (o clero, a nobreza e o "terceiro estado") em certas províncias francesas (conhecidas como os *pays d'états*): Artois, Bretanha, Languedoc, Normadia e Provença. Os Estados Gerais, representando todo o reino, não se reuniram entre 1614 e 1789.

Grande galerie. Nome francês que se dava na época à sala de Versailles hoje conhecida como *Galerie des Glaces,* ou Galeria dos Espelhos.

Gratification. Um presente do rei, com frequência uma pensão.

Histoire du roi ["A história do rei"]. Nome dado pelos contemporâneos do rei não só às histórias sobre seus feitos mas também às várias séries de representações dos mesmos em pinturas, tapeçarias, gravuras e medalhas.

Histoire métallique [história metálica]. A história do reinado contada pelo arranjo em ordem cronológica das medalhas que representavam seus eventos. Houve duas histórias metálicas do reinado de Luís XIV; uma, não oficial, foi a obra do jesuíta Menestrier publicada em 1689; a outra, elaborada pela petite académie, foi publicada em 1702. Para mais detalhes ver o Apêndice 1.

INTENDANT. Representante do governo central numa província. A importância dos *intendants* cresceu no decorrer do século XVII, à medida que a centralização foi se tornando mais efetiva.

JETON. Espécie de medalha distribuída pelo governo todos os anos, no dia 1º de janeiro.

LIT DE JUSTICE. Literalmente "leito de justiça", visita formal do rei ao Parlamento, com frequência para impor o registro de editos reais.

LIVRE. A *livre tournois* [libra de Tours] era uma unidade de cálculo que, como a libra, os xelins e os pence tradicionais do Reino Unido, valia 20 *sous*, estes valendo por sua vez 12 *deniers*.

PARLEMENT. Não se tratava de um parlamento no sentido inglês, mas de um tribunal. Havia parlamentos provinciais em Aix, Besançon (a partir de 1676), Bordeaux, Dijon, Douai (a partir de 1686), Grenoble, Pau, Rennes, Rouen e Toulouse. O Parlamento de Paris era a corte suprema do reino.

PETITE ACADÉMIE [pequena academia]. Originalmente um comitê da Académie Française instituído por Colbert em 1663 para supervisionar a glorificação do rei. Em 1696, tornou-se independente com o nome de Académie Royale des Médailles et Inscriptions, modificado em 1701 para Académie des Inscriptions et Médailles e em 1717 para Académie des Inscriptions et Belles Lettres.

SURINTENDANT DES BÂTIMENTS [superintendente das edificações]. Título do funcionário encarregado das construções reais, ou, como o diriam os ingleses da época, "das obras do rei". Colbert conservou esse cargo de 1664 até 1683.

APÊNDICE I

As medalhas de Luís XIV

Contar as medalhas de Luís XIV é mais difícil do que se poderia imaginar, que dirá datá-las.

Antes de mais nada, a expressão "medalhas de Luís XIV" é ambígua. É preciso distinguir medalhas e *jetons*. Os *jetons* eram menores e produzidos em maior número.[1] Outro problema é o fato de que nem todas as medalhas que representavam o rei eram cunhadas por ele. A cidade de Paris, por exemplo, cunhou em 1671 uma famosa medalha de Luís "o Grande" (Figura 14).

Para calcular o número de medalhas cunhadas pelo rei, poderíamos pensar que estaríamos em terreno firme recorrendo à história metálica oficial do reinado, publicada em 1723, que contém 318 medalhas. Esse total, no entanto, inclui duas medalhas que representam a morte de Luís XIV, devendo portanto ser consideradas pertencentes ao reinado de seu sucessor. Por outro lado, pelo menos duas medalha foram deliberadamente excluídas da história metálica oficial: a que representa a estátua da Place des Victoires e a que Roussel desenhou para representar a destruição de Heidelberg.[2] Ficamos assim com um total de 318 medalhas oficiais. Uma comparação entre as edições de 1702 e 1723 revela outras discrepâncias. Cada coleção contém medalhas omitidas na outra. Somando as duas chegamos a 332 medalhas e acrescentando as duas suprimidas, a 334.[3]

Datar essas medalhas é ainda mais difícil. Muitas vezes são analisadas como se a data que figura na medalha fosse a de sua cunhagem e não a do evento comemorado. No caso das medalhas do período final, esta suposição não está muito distante da verdade, mas no caso de medalhas comemorativas de eventos anteriores a cerca de 1685, ela é extremamente enganosa. É necessário, portanto, distinguir a data dos eventos da data das medalhas que os representam e também da data do agrupamento destas na *histoire métallique*.

1. A DATA DOS EVENTOS. Se analisarmos o *corpus* de medalhas segundo a data do evento representado, encontraremos a seguinte distribuição, nas várias décadas:

1630	2
1640	29
1650	26
1660	70
1670	67
1680	49
1690	53
1700	25
1710	11
Total	332

2. A DATAÇÃO DAS PRÓPRIAS MEDALHAS. Dezesseis medalhas foram atribuídas a Jean Warin, que morreu em 1672.[4] Em 1675, após a morte de Warin, seu discípulo François Chéron foi chamado a Paris e designado *graveur ordinaire des médailles.* Chéron trabalhara em Roma para os papas Clemente X e Inocêncio X. Sugeriu-se que apenas 37 medalhas foram cunhadas no período de Colbert, isto é, 1661-83, mas esse número é implausivelmente baixo. Uma fonte da época afirma que 99 medalhas tinham sido cunhadas até o início de 1685.[5] A história metálica não oficial publicada por Menestrier em 1689 inclui 122 medalhas que representam eventos ocorridos entre 1638 e 1688. Subtraindo este número de 332, ficamos com 220 medalhas cunhadas no período 1689-1715. Destas, 92 referem-se ao período 1689-1715. Se as deduzirmos de 220, ficamos com 128 medalhas cunhadas no período 1689-1715, embora representando eventos anteriores do reinado.

3. A DATAÇÃO DA HISTÓRIA METÁLICA DO REINADO TAMBÉM APRESENTA PROBLEMAS. Em geral, o projeto oficial de uma história metálica é datado em cerca de 1685 e associado a Louvois.[6] Se o que nos interessa é um projeto bem definido para publicação em forma de livro, a data pode muito bem estar correta, mas ideias mais vagas podem ser encontradas bem mais cedo no reinado, especialmente nas cartas de Jean Chapelain (1º de agosto de 1665 e 28 de setembro de 1672). Em 1673, o *Mercure Galant* falava de Jean Warin como envolvido na "Histoire du Roy en médailles".

A tarefa de realizar o projeto oficial foi confiada à petite académie. O trabalho avançava lentamente – a academia tinha outros afazeres. Nesse ínterim, em 1689, Claude-François Menestrier publicou sua famosa (mas não oficial) *Histoire du roi par les médailles.* Esta coleção de medalhas e emblemas comemorativos de eventos ocorridos entre 1638 e 1688 parece ter sido um tributo ao rei em seu quinquagésimo aniversário. Foi talvez em reação a essa publicação não oficial que a petite académie foi renomeada Académie des Inscriptions, em 1691, e recebeu ordens para se concentrar na história metálica. Em 1693, a segunda edição do livro de Menestrier recebeu um novo título, *L'Histoire du règne de Louis XIV,* presumivelmente para permitir à academia o uso da expressão clássica *l'histoire du roi.* Contudo, quando o trabalho da academia foi finalmente publicado em 1702, recebeu o título de *Médailles sur les principaux événements du règne de Louis-le-Grand.* Para maiores detalhes, ver Jacquiot (1968), Jones (1979a e b), Ferrier (1982) e Oresko (1989).

Notas

1. Jacquiot (1968); cf. *MG,* janeiro de 1682, p.53 s.
2. Jacquiot (1968), p.433 s, 617 s.
3. Compare o número de 312 em N.R. Johnson (1978), p.52.
4. O inventário com sua listagem está publicado em Jaquiot (1968), documento 72.
5. Ibid., p.xxvi; *MG,* janeiro de 1685, p.99.
6. Jacquiot (1968), p.x-xi, xxv s.

APÊNDICE 2

Iconografia de Luís XIV

Parece não haver nenhuma maneira de avaliar o número de retratos de Luís XIV executados durante seu reinado nos vários meios de comunicação. O levantamento mais completo do meu conhecimento restringe-se às obras que se conservaram, excluindo assim as famosas estátuas da década de 1680.[1] Está também limitado a obras "de artistas que viram ou puderam ter visto o rei". Os compiladores listam somente 99 gravuras, embora assinalem (p.4n) que se encontram 671 gravuras de Louis no Cabinet des Estampes da Bibliothèque Nationale. Seu levantamento exclui medalhas e tapeçarias. Apesar de todas essas restrições, o total chega a 433 (incluindo esboços e algumas cenas em que o rei não é figura proeminente). Destas, extraí 287 retratos acabados passíveis de datação para uma maior análise.

A distribuição das imagens por décadas merece algum comentário. Ao contrário do que se passa com as medalhas, há geralmente pequena discrepância entre a data representada e a data da pintura, gravura etc. (com exceção dos números 7, 165 e 271, que foram por isso omitidos da tabela que se segue).

1630	5
1640	30
1650	14
1660	48
1670	40
1680	62
1690	44
1700	36
1710	5
Total	284

O pico na década de 1680 é pronunciado, e seria mais ainda se todas as estátuas erguidas nessa década tivessem se conservado.

Nota

1. Maumené e d'Harcourt (1932).

APÊNDICE 3

Cronologia da literatura publicada contra Luís XIV

A lista que se segue inclui unicamente publicações que discutem o rei (em contraposição à França) em algum detalhe. Quase todos são anônimos, ou pseudônimos, ao passo que o local de publicação raramente merece crédito.

1665	*Histoire amoureuse des Gaules*
1667	*Bouclier d'état*
*c.*1667	*Chimaera gallicana*
1673	*Die französische Türckey*
1673	*Das französische Cabinet*
1674	*Machiavellus gallicus*
1674	*Risées de Pasquin*
1678	*Christianissimus christiandus*
1678	*The French King Conquered*
1680	*The French Politician*
1681	*French Intrigues*
1684	*Mars christianissimus*
1684	*Breviarium Mazarini*
1684	*Conduct of France*
1684	*Triomphe de la Vérité*
1685	*Les Conquêtes amoureuses du Grand Alcandre*
1686	*Le Dragon missionaire*
1687	*Mars Orientalis e Occidentalis*
1688	*La France Galante*
1688	*L'Esprit de la France*
1688	*Remarques sur le gouvernement du royaume*
1689	*Intrigues*
1689	*Bombardiren*
1689	*Soupirs de la France esclave*
1689	*Laus Ludovici delusa*
1689	*Montespan im Schlaf*
1690	*Eigenlob stinckt gern*
1690	*Der Französische Attila*
1690	*The Most Christian Turk*
1690	*Concursus*
1690	*Nero Gallicanus*
1690	*The Present French King*

1690 *Beschreibung… Ehren Saule*
1690 *Solstitium gallicum*
1691 *Ludwig der französische Greuel*
1692 *The French King Lamentations*
1692 *Monarchie Universelle*
1692 *L'Ombre de Louvois*
1693 *French Conquest*
1693 *Royal Cuckold*
1694 *On the Taking of Huy*
1694 *Giant Galieno*
1694 *La politique nouvelle de la cour de France*
1694 *Scarron apparu*
1695 *Alcoran de Louis XIV*
1695 *Amours de Mme. de Maintenon*
1695 *Tombeau des amours de Louis-le-Grand*
1695 *On the Taking of Namur*
1696 *Grand Alcandre frustré*
1696 *Nouvelles amours*
1697 *Parallèle*
1697 *Chrestien non français*
1699 *Télémaque*
1700 *La partage du lion*
1702 *The French Tyrant*
1702 *Französische Ratio Status*
1705 *Catechismus van de Konig van Frankrijk*
1706 *Allerchristliche Fragstücke*
1708 *The French King's Wedding*
1708 *Ludwig des Grossen Testament*
1708 *Proben einer königlichen Baukunst*
*c.*1709 *Pillers geordeneerd voor L14*
1709 *Curses*
1709 *The French King's Dream*
1711 *Clear View*
1712 *Friendship*
1714 *Arcana gallica*

Notas

ABREVIATURAS

DNB *Dictionary of National Biography*
HARI *Histoire de l'Académie Royale des Inscriptions*
MG *Mercure Galant*

1. *Apresentação a Luís XIV* (p.13-26)

1. Lavisse (1906); Goubert (1966); Wolf (1968); Labatut (1984); Bluche (1986).
2. Sonnino (1964); Thireau (1973).
3. Vries (1947); N.R. Johnson (1978).
4. Burke (1987, 1990).
5. Maumené e D'Harcourt (1932); Jacquiot (1968); Mai (1975); Jones (1979a); M. Martin (1986); Oresko (1989).
6. Estudos recentes incluem Beaussant (1981); Verlet (1985); Himelfarb (1986); Néraudau (1986); Pommier (1986); Walton (1986).
7. Ssymank (1898); Ferrier Caveriviere (1981); Marin (1981).
8. Ranum (1980); Fossier (1985); Tyvaert (1974); Klaits (1976).
9. Kantorowicz (1963); Elias (1969); Haueter (1975); Giesey (1985, 1987); Christout (1967); Isherwood (1973); Apostolidès (1981); Moine (1984).
10. L'Orange (1953); Hautecoeur (1953); Kantorowicz (1963).
11. Dilke (1888); Lavisse (1906)
12. Giesey (1985), p.59.
13. Zwiedineck-Südenhorst (1888); Gillot (1914b); Gaiffe (1924); Malssen (1936); Jones (1982-3).
14. Hartle (1957); Posner (1959); Grell e Michel (1988).
15. Godelier (1982).
16. Citado em Adhémar (1983), p.26.
17. Chapelain (1883, 1964); Clément (1868); Jacquiot (1968).
18. Para detalhes, ver Apêndice 1.
19. Grell e Michel (1988).
20. Apostolidès (1981), p.126; Picard (1956)
21. Walton (1986)
22. Moine (1984), p.12; M. Martin (1986).
23. Collas (1912), p.357.
24. McGinniss (1968); Atkinson (1984).

25. Klaits (1976); cf. Speck (1972); Schwoerer (1977); Vocelka (1981), esp. cap.1; Kenez (1985), introdução; J. Thompson (1987).
26. Schieder e Dipper (1984).
27. France (1972).
28. Kenez (1985), p.4.
29. Veyne (1988).
30. Furetière (1690), s.v. "Gloire".
31. Rosenfield (1974).
32. Longnon (1927), p.33, 37s.
33. Scudéry (1671).
34. Clément (1868) 5, p.246.
35. Longnon (1927), p.134.
36. Bossuet (1967), livro 10.
37. Montesquieu (1973), p.58.
38. Charpentier (1676), p.131; *MG*, abril 1686, p.223.
39. Naudé (1639), p.158.
40. La Bruyère (1960), p.239.
41. Cf. N.R. Johnson (1978).
42. Sobre mitos políticos, Tamse (1975). Cf. Burke (1939-40); Kershaw (1987).
43. Racine (1951-2), p.209.
44. Geertz (1980); cf. Schwartzenberg (1977).
45. Saint-Simon (1983-8) 1, p.714, 781, 857s.
46. Quiqueran (1715), p.48; Mongin (1716), p.3.
47. Lünig (1719-20); Longnon (1927).
48. Kertzer (1988).
49. Goffman (1959).
50. La Porte (1755).
51. Pitkin (1967); H. Hofmann (1974); Podlach (1984).
52. Gaxotte (1930), p.104.
53. Furetière (1690).
54. Saint-Simon (1983-8) 1, p.803s.; Gaxotte (1930), introdução.
55. Longnon (1927), p.53. Sobre a autoria das memórias, Dreyss (1859); Sonnino (1964).
56. Courtin (1671), p.41.
57. Félibien (1688).
58. Courtin (1671), p.40.
59. *M.G.*, setembro de 1687, p.178 (Poitiers)
60. Em Agde em 1687; *MG*, abril de 1687, p.141.
61. Visconti (1988), p.28.
62. Lacour-Gayet (1898), p.306, 357.
63. Longnon (1927), p.280; cf. Hartung (1949).
64. Bossuet (1967), p.177; Soupirs (1689), p.18.
65. Bossuet (1967), p.141; Louis XIV (1806) 3, p.491.
66. Cf. o título de Biondi (1973).
67. Godelier (1982); Bloch (1987), p.274.

68. Bloch (1924).
69. Boorstin (1962); sobre pesquisa em comunicações nos Estados Unidos, W. Shramm (1963).
70. Shils (1975); Eisenstadt (1979).
71. Geertz (1980); p.13; cf. Tambiah (1985).
72. Burke (1987), cap.2.
73. Trilling (1972), cap.1.
74. Lasswell (1936); Hymes (1974).

II. *Persuasão* (p.27-49)

1. Lee (1940).
2. Reprod. em Félibien (1688), p.83-112; cf. Bosquillon (1688); Benserade (1698) 1, p.171-2; Guillet (1854) 1, p.229-38.
3. Mauméné e d'Harcourt (1932).
4. Grivet (1986).
5. Dotoli (1983).
6. Christout (1967); Silin (1940).
7. Quinault (1739), 4, 145s., 269, 341; 5, 200, 257, 411; cf. Gros (1926).
8. Félibien (1674); Apostolidès (1981).
9. Möseneder (1983).
10. Pincemaille (1985); Sabatier (1985, 1988).
11. Perrault (1909), p.60.
12. Combes (1681); Rainssant (1687).
13. Curtius (1947).
14. Tronçon (1662); cf. Roy (1983); Bryant (1986).
15. Maumené e d'Harcourt (1932), n°s 79, 178.
16. Jenkins (1947); Mai (1975); Burke (1987)
17. Chapelain (1936), p.335-6; Krüger (1986), p.227-46.
18. Fléchier (1670).
19. Jump (1974)
20. Racine (1951-2) 2, p.986.
21. Benserade (1698) 1, p.193-4.
22. La Beaune (1684).
23. Bossuet (1961); Boudaloue (1707); Fléchier (1696); La Rue (1829). Sobre o sermão, Hurel (1872); Truchet (1960), p.19s.; Bayley (1980).
24. Perrault (1688-97), p.262s.
25. Bossuet (1961), p.310, 340s.
26. Truchet (1960), p.216-58.
27. Rapin (1677).
28. Poussin (1964), p.170; Piles (1699) 1, p.6; Coypel in Jouin (1883), p.280.
29. Chantelou (1889), p.212.
30. Boileau (1969), p.45.
31. France (1972); Pocock (1980), p.74s.
32. Rapin (1677), p.43s. Racine (1951-2) 2, p.209.

33. Spanheim (1900), p.70s.; sobre ele, Loewe (1924).
34. Sedlmayr (1954).
35. Para um útil sumário das opiniões convencionais, *MG,* dezembro de 1684, p.3-9. Cf. Ferrier (1978).
36. Montagu (1968); Rosasco (1989).
37. Bardon (1974); Polleross (1988).
38. Montaiglon (1875-8) 1, p.224.
39. Whitman (1969).
40. Posner (1959); Grell e Michel (1988).
41. Polleross (1988), nº 555.
42. *MG,* 1679, 1681, 1682 etc.; cf. Zobermann (1985); Neveu (1988).
43. Scudéry (1654-61); cf. Scudéry (1699).
44. Du Bos (1709); cf. Klaits (1976).
45. Sobre retratos visuais de Luís, Mai (1975); sobre retratos literários, Marin (1881).
46. Guillet (1854); p.209s.; Sabatier (1984).
47. Wittkower (1961).
48. Mai (1975).
49. Hatton (1972), p.101; Blunt (1953), p.401.
50. Sobre o Van Dyck, Held (1958).
51. Goffman (1959).
52. J. Espitalier (1697), citado in Römer (1967), p.119 n.
53. Blondel (1698), p.608.
54. Molière (1971) 2, p.1193-4.
55. Racine (1951-2) 1, p.990.
56. Menestrier (1689).
57. Perrault (1688-97).
58. Robinet (1665), in Rothschild (1881), p.37.
59. Vertron (1686).
60. Finnegan (1970), p.111-46; Curtius (1947); McGowan (1985), p.1s., 11s.
61. Sobre Boileau, France (1972); sobre Pelisson, Marin (1981), p.50. Cf. Pellisson (1735, 1749).
62. La Fontaine (1948), p.626s., 63s., 730s.

III. *O nascer do Sol* (p.51-59)

1. Campanella (1915), p.195-207.
2. *Gazette* (1938).
3. Maumené e d'Harcourt (1932), nº 151.
4. Sobre o estabelecimento da Regência, Wolf (1968), cap.2.
5. Keohane (1980), p.220s.
6. Furetière (1690).
7. A estátua foi obra de Gilles Guérin, o balé, de Isaac Benserade.
8. Menot (1987).
9. Hanley (1983), especialmente p.307-21.
10. Haueter (1975); Jackson (1984); Le Goff (1986); Coquault (1875), p.279-96, 613-32.

11. Godefroy, citado em Haueter (1975), p.197.
12. Viguerie (1985)
13. Dreyss (1860) 1, p.450; cf. a carta régia de 1654, citada in Le Goff (1986), p.144.
14. Bloch (1924).
15. Möseneder (1983).
16. Especialmente importante é Tronçon (1662).
17. Ibid., p.9.
18. Möseneder (1983), p.42. A citação foi tomada da de Guy Patin.
19. Tronçon (1662), p.21-2.
20. Barozzi e Berchet (1857) 2, p.401.
21. Citado in Labatut (1984), p.43.
22. Laurain-Portemer (1968); Lotz (1969); Marder (1980).

IV. *A construção do sistema* (p.61-71)

1. Meyer (1981).
2. Châtelain (1905)
3. Chapelain (1883) 2, p.272s.; cf. Collas (1912), cap.8; Couton (1976).
4. Mesnard (1857).
5. Thuillier (1967); Hahn (1971); Isherwood (1973).
6. Dussieux et al. (1854) 2, p.16.
7. Grove (1980), s.v. "Bousset".
8. Gersprach (1893); Florisoone (1962).
9. Morgan (1929).
10. H.J. Martin (1969), p.695s.
11. Chapelain (1883), p.113.
12. Ibid., p.422.
13. Ibid., p.451.
14. Ibid., p.608.
15. Chapelain (1964), p.28.
16. Chapelain (1883), p.384.
17. Ibid., p.667.
18. Ibid., p.509n.
19. Ranum (1980).
20. Os outros cinco eram Denys Godefroy, um arquivista erudito; Jean Puget de la Serre, mais conhecido como autor de um manual sobre a redação de cartas; Charles Sorel, mais conhecido como autor de ficção, que obteve o cargo já em 1635; Samuel Sorbière e Henri de Valois, ambos designados em 1660.
21. Thuillier (1983).
22. Sobre a iniciativa original surgida de baixo, Hahn (1971), p.8.
23. Hahn (1971).
24. Chapelain (1883), p.502.
25. Depping (1885), nº 1, p.41; Clément (1868), p.237, 281, 293, 346.
26. Jouin (1889); Thuillier (1963).
27. Citado in Gould (1981), p.91.

28. Lefebvre de Venise, citado in Chantelou (1889), p.105.
29. Dilke (1888) p.141.
30. Weber (1985), p.165.
31. Perrault (1909), p.30; Soriano (1968), p.266-93.
32. Couton (1976); Maber (1985).
33. Viala (1985), p.69s.; Kettering (1986).
34. Perrault (1909), p.31.
35. Chapelain (1883), p.469, 583.
36. Perrault (1909), p.38s. Os esboços históricos que se encontram entre os manuscritos de Chapelain (Collas, 1912, p.380) talvez sejam parte do projeto.
37. Jacquiot (1968), p.xx.

v. *Autoafirmação* (p.73-81)

1. Wolf (1968), p.180.
2. *Gazette* (1661), p.271.
3. Ibid., p.332, 403.
4. Longnon (1927), p.44, 49-50.
5. Félibien (1703), p.161.
6. *MG*, dezembro de 1684, p.18-25.
7. Jacquiot (1968), p.144s.
8. *Médailles* (1702).
9. Longnon (1927), p.34.
10. Chapelain (1883), p.509n.
11. Pepys (1970-83) 2, p.187 (30 de setembro de 1661): cf. Roosen (1980).
12. Gersprach (1893), p.62s.; Félibien (1703), p.103, 166; *MG*, setembro de 1680, p.297.
13. *Médailles* (1723), n°s 69, 78, 79; Menestrier (1689) 2.8, 15, 16, 21; Jacquiot (1968), p.158s.
14. Soriano (1968), p.101.
15. Magalotti (1968), p.157-8.
16. Montaiglon (1875-8) 1, p.220-4.
17. A. Coypel, in Jouin (1883), p.257.
18. Menestrier (1689) não inclui medalhas sobre esses temas; *Medailles* (1702), (1723); Jacquiot (1968), p.183s., 188s.
19. Perrault (1670a), Longnon (1927), p.132s.
20. Gould (1981), p.7; compare Perrault (1909), p.71, que afirma que o nome de Bernini foi sugerido por Benedetti.
21. Lavin (1987).
22. Clément (1868) nº 19; cf. n°s 20-1; e Perrault (1909), p.77s.
23. Menestrier (1689), n°s 23, 24, 26 (medalhas omitidas das coleções de 1702 e 1723).
24. Jacquiot (1968), p.244s.
25. Luís XIV (1806), p.496, maio de 1672.
26. Clément (1868), nº 24; cf. nº 23.

27. Walton (1986), cap.5.
28. Segundo Perrault (1909), p.120, o plano aprovado era de seu irmão.
29. Gould (1981), p.19, 39; cf. Chantelou (1889).
30. Chantelou (1889), p.104.
31. *MG*, janeiro de 1684, p.326.
32. Jamines (1965); Schnapper (1988).
33. Hartle (1957); cf. Crell e Michel (1988).

VI. *Os anos de vitória* (p.83-95)

1. Chapelain (1883), p.279; cf. Collas (1912), p.433s.
2. Collas (1912), p.435.
3. Aubéry (1668).
4. Félibien (1688), p.197-270.
5. Maumené e d'Harcourt (1932), n°s 237-40; Collas (1912), p.373.
6. Gersprach (1893), p.62s.
7. *Médailles* (1723), n°s 97-107.
8. Chapelain (1883), p.635.
9. Blondel (1698) 4, 12, 3, p.608; Brice (1698) 1, p.345-6.
10. Perrault (1909), p.101.
11. Clément (1868) 5, p.288.
12. Félibien (1680), p.4; Walton (1986), cap.6.
13. Collas (1912), p.397-8.
14. Dalicourt (1668), p.43.
15. Corneille (1987), p.705-7.
16. Corneille (1987), p.16.
17. Chapelain (1883), p.783, 786-7.
18. Racine (1951-2) 2, p.207-38. Para uma avaliação mais imparcial, Wolf (1969), caps.16-8.
19. Racine (1951-2) 2, p.207.
20. *Gazette* (1672), p.560, 562, 564, 572, 615.
21. Ibid., p.684, 849-60.
22. Corneille (1987), p.1155-65.
23. Boileau (1969), p.45-9; Genest (1672).
24. Jouin (1883), p.108-12.
25. Guillou (1963); Néraudau (1986); Walton (1986).
26. *MG,* setembro de 1680, p.294-5.
27. Dussieux et al. (1854), p.40; Nivelon (s.d.), f.327a.
28. Félibien (1703), p.102.
29. Dussieux (1854) 1, p.448.
30. Ibid., 2, p.43.
31. *Médailles* (1723), n°s 119-27; Jacquiot (1968), p.264s.
32. Desmarets (1673, 1674); Furetière (1674).
33. Félibien (1674), p.71s.
34. Petzet (1982).

35. Desmarets (1673), p.7.
36. Corneille (1987), p.1309s., 1317s.; *Médailles* (1723), nº 156, p.159-62.
37. Wolf (1968), p.287s., 304s.
38. Desmarets (1674), p.2.
39. Corneille (1987), p.1306.
40. *MG*, março de 1679, passim; setembro de 1689, p.2, 5, 9; novembro de 1682, p.106.
41. Corneille (1987), p.1325.

VII. *A reconstrução do sistema* (p.97-117)

1. Trout (1967-8).
2. *MG*, edição extra, julho de 1683, p.188.
3. K.O. Johnson.(1981)
4. Autin (1981), p.52s.
5. Rainssant (1687); Félibien (1703).
6. Walton (1986), p.95.
7. *MG*, dezembro de 1684, p.7.
8. *MG*, dezembro de 1684, p.10.
9. Rainssant (1687), p.9-84.
10. Racine (1951-2) 1, p.68. Segundo Furetière, porém, as inscrições originais eram de Tallemant.
11. Jansen (1981).
12. Félibien (1680); *MG*, setembro de 1680, p.295-310.
13. Saint-Simon (1983-8) 5, p.607.
14. Ibid., p.604.
15. Elias (1969).
16. Saint-Simon (1983-8) 5, p.530.
17. Ibid., 2, p.553, 877, 951s.
18. Courtin (1671).
19. Cf. Hobsbawm e Ranger (1983), especialmente a introdução.
20. Saint-Simon (1983-8) 5, p.596s. Sobre ele, Coirault (1965).
21. Visconti (1988), p.61. Cf. a famosa descrição do duque de Vendôme em postura semelhante, Saint-Simon (1983-8) 2, p.695.
22. Courtin (1671).
23. Saint-Maurice (1910) 1, p.157.
24. *MG*, dezembro de 1682, p.48.
25. Autin (1981).
26. Corvisier (1983), p.375-404; cf. Duchene (1985).
27. Perrault (1909), p.135-6.
28. Guillet, in Dussieux (1854) 1, p.67.
29. Mélèse (1936); Mirot (1924); Teyssèdre (1957).
30. Corvisier (1983), p.390.
31. Josephson (1928); Boislisle (1889); Souchal (1983), que usa o termo "campagne", p.133; Martin (1986).

32. *Récit* (1685); *Gazette* (1685), p.560; *MG,* outubro de 1685, p.13s.
33. *MG,* janeiro de 1686, p.2.
34. Lister (1699), p.25. Cf. Boislisle (1889), p.49s.; *Description* (1686); e *MG,* abril de 1686, p.216s., 224s., 240-309.
35. Brice (1698), p.169s.
36. Boislisle (1889), p.58s.; *MG,* abril de 1686, p.250-309.
37. *Relation* (1687).
38. *MG,* fevereiro de 1687, p.50, 55, 57, 73.
39. *MG,* junho de 1685, p.69.
40. *MG,* outubro de 1685, p.13; fevereiro de 1686, parte 2, p.49s.
41. Boislisle (1889), p.210s.; Wolf (1968), 465, 787; Souchal (1983), p.311; Mettam (1988).
42. Rance (1886); N.R. Johnson (1978); Mettam (1988).
43. Mallon (1985); Taton (1985).
44. *HARI* (1740) 2, p.10-3.
45. Rousset (1865) 2, p.376, 464.
46. Menestrier (1689), p.53; *Médailles* (1702), p.195.
47. *Médailles* (1702), p.202.
48. Sobre o "castigo" de Gênova, veja os versos em *MG,* abril de 1684, p.323, e agosto de 1684, p.52s.
49. Gazette (1685), p.192, 271, 295s., 320; *MG,* maio de 1685, p.310s.
50. Menestrier (1689), p.51.
51. Para um baixo-relevo de Coysevox no pedestal da estátua do rei para Rennes, Dussieux (1854) 2, p.36. Para medalhas, Menestrier (1689), p.66; *Médailles* (1702), p.216; Lanier (1883), p.58s.
52. *MG,* janeiro de 1682, p.10; junho de 1685, p.20.
53. *MG,* dezembro de 1684, p.88-9.
54. *MG,* outubro de 1685, p.32s.
55. *MG,* janeiro de 1686, p.18. Cf. fevereiro, 1686 (número especial sobre a Revogação).
56. Menestrier (1689), p.36-7; Médailles (1702), p.209-11.
57. Perrault (1686), p.99-106.
58. Stankiewicz (1960), p.179.
59. Bossuet (1961), p.340.
60. Quartier (1681); Jouvancy (1686); Le Jay (1687).
61. Quartier (1681); La Rue (1683).

VIII. *O pôr do sol* (p.119-135)

1. *MG,* abril de 1686, p.2-4; novembro de 1686, p.322.
2. Le Roi (1862), p.261, 277.
3. Klaits (1976).
4. Magne (1976).
5. Schnapper (1967).
6. La Bruyère (1960), p.452, 454.

7. Mallon (1985); Taton (1985).
8. Herault (1692); Boileau (1969), p.123-7; Maumené e d'Harcourt (1932), nº 254.
9. *Médailles* (1702), p.228, 230, 238, 241, 243, 249, 250, 254.
10. *Médailles* (1702), p.235, 236, 240, 251, 267; sobre a medalha de Heidelberg, Jacquiot (1968), p.617s., p.110.
11. Wolf (1968), p.546; *Médailles* (1702), p.234, 268.
12. Addison (1890), p.351.
13. *Médailles* (1723), p.303, 309.
14. Ibid., p.311, 314.
15. Gaxotte (1930), p.126 (Vigo), p.136 (Ramillies).
16. Maintenon (1887) 2, p.30
17. *MG*, agosto de 1704, p.426, e outubro de 1704, p.8; Surville citou Isherwood (1973), p.281.
18. Para a reação pessoal do rei diante da derrota de Oudenarde e a perda de Lille, Gaxotte (1930), p.143s., 147s.
19. *Gazette* (1708), p.118, 360.
20. *MG*, julho de 1708, parte 2, prefácio, e p.141, 167-8.
21. *Médailles* (1723), nº 316.
22. Gaxotte (1930); Klaits (1976), p.208s. Torcy confessou a autoria em suas memórias.
23. Félibien (1703), p.103.
24. *MG*, março de 1687, parte 1, p.7-9, 110s. e parte 2, um número especial sobre os festejos.
25. Para a reação do rei à morte do duque e da duquesa, Gaxotte (1930), p.158.
26. Pintura *c.*1655 no colégio jesuíta de Poitiers, in Polleross (1988), fig.104; estátua feita para a entrada régia em Paris, 1660, Möseneder (1983), p.103, 107; estátua de 1675 in Guimiliau (Finistère), Polleross (1988), nº 555.
27. *Gazette* (1669), p.859.
28. Zobermann (1985); cf. *MG*, 1679, 1681, 1682, 1689, 1693, 1697.
29. Jacquiot (1968), lâmina K.
30. Neveu (1988).
31. Menestrier (1699).
32. Jacquiot (1968), p.cxii.
33. Luís XIV (1806) 3, p.492.
34. N.R. Johnson (1978), p.100.
35. Hurel (1872), p.xxxixn. Compare com o número de 35 in N.R. Johnson (1978), p.78.
36. Mongin (1716), p.3.
37. Quiqueran (1715), p.18, 27.
38. Gaxotte (1930), p.186.
39. Rave (1957); Le Roy Ladurie (1984).

IX. *A crise das representações* (p.137-144)

1. Hatton (1972), p.42.
2. Jacquiot (1968), p.cviii.

3. Boorstin (1962).
4. Hahn (1971).
5. Gillot (1914a); Jauss (1964); Kortum (1966).
6. Blondel (1698), p.167s., 174; Perrault (1687); Hall (1987).
7. Michel (1987), p.146.
8. A. Niderst, in Godard (1987), p.162.
9. Gouhier (1958); Foucault (1966).
10. Borkenau (1934); Hazard (1935); Gusdorf (1969).
11. Simson (1936); Sedlmayr (1954); Bryson (1981).
12. Kantorowicz (1957); Archambault (1967).
13. Schochet (1975).
14. Lévy-Bruhl (1921).
15. Thomas (1971).
16. Cf. Burke (1987), cap.16; e Burke (1990).
17. Vert (1706-13).
18. Bourdieu e Passeron (1970).
19. Locke (1690) 1, 6, p.65.
20. Montesquieu (1721), carta 24.
21. France (1982).
22. Le Roi (1862), p.234, 247.
23. Sagnac (1945), 1, p.87; mas observe as restrições em Brockliss (1987), p.446n.
24. Haueter (1975), p.250n. (corrigindo Bloch, 1924).
25. Cf. Apostolidès (1981) sobre "le passage du systeme de signes antique au moderne". Não posso concordar, no entanto, com sua datação da mudança para 1674. A data é ao mesmo tempo demasiado precisa (como espero que meus exemplos tenham demonstrado) e precoce.
26. Cf. Klaits (1976), p.293-5 sobre a mudança para "apresentações mais racionais".
27. *Médailles* (1702), p.121, 126, 138, 143, 148, 179, 183, 199, 206, 210, 213, 223, 224, 226, 232, 240, 244, 249, 260, 263, 271, 283.
28. King (1949).
29. Lasswell (1936), p.31.

X. *O reverso da medalha* (p.147-161)

1. Raunié (1879) 1, p.46-9.
2. Para detalhes sobre panfletos hostis, em sua maioria anônimos, ver Apêndice 3.
3. Há muitas monografias sobre imagens discordantes de Luís, em especial Zwiedeneck-Südenhorst (1888); Schmidt (1907); Gillot (1914b); e Kleyser (1935) sobre o material alemão; van Malssen (1936) sobre o holandês; e Blum (1913) e Rothkrug (1965) sobre o francês. Não conheço nenhuma monografia sobre o material inglês, ou algum estudo do conjunto.
4. Cf. Burke (1978).
5. *An Historical Romance.*
6. *Nero.*
7. *Present French King.*

8. *French Tyrant.*
9. *French Tyrant; Nero.*
10. *Nero; Politique nouvelle.*
11. *Bombardiren,* p.11; *Französische Ratio Status.*
12. *Nero gallicanus.*
13. *The French Tyrant.*
14. Ibid.
15. *Soupirs.*
16. *The Most Christian Turk.*
17. Swift (1691).
18. *Remarques.*
19. *Grand alcandre,* in Bussy (1930), p.178.
20. Ibid., p.12.
21. *Nouvelles amours,* p.36, 122.
22. Chevalier (1711).
23. Wolf (1968), p.261.
24. Cf. ibid., p.505s.; Köpeczi (1983).
25. Menestrier (1691), p.39.
26. Para inscrições zombeteiras, veja *Der französische Attila* e os epitáfios em Raunié (1879), p.58s.
27. Gillot (1914b) p.273n.; *Solstitium gallicun.*
28. Swift, "Ode to the King" (1691), in Swift (1983), p.43-6.
29. Medalha de 1709, in Chevalier (1711), p.112. Faetonte tinha sido usado oficialmente, mas como símbolo do governo pessoal.
30. *La peste.*
31. "Louis le petit", Raunié (1879), p.58; e *Mars,* p.108. Grande apenas na ambição, *Bombardiren,* p.5.
32. *Mars; Turk, Christianissimus, Bombardiren.*
33. Fragestücke, p.11.
34. *Soupirs,* p.19; *Fragestücke,* p.14; *Proben,* p.3.
35. *Turk,* p.67.
36. Prior (1959) 1, p.141, 220.
37. *Soupirs,* p.19.
38. *Turk,* p.70.
39. *Politique nouvelle.*
40. Gillot (1914b), p.269s.
41. Raunié (1879), p.27; Chevalier (1711), p.30-1, tornando a mensagem clara com a inscrição AUFER NON DAT.
42. Clément (1866), p.76-7.
43. Janmart (1888).
44. Menestrier (1691), p.38.
45. Kunzle (1973), p.109s.
46. Chevalier (1711).
47. Sobre Werner, Glaesemer (1974).
48. Sobre Larmessin, Grivet (1986), p.244.

49. Sobre Lisola, Pribram (1894), cap.15, esp. p.353n., e Longin (1900).
50. Sobre Becher, Hassinger (1951), p.210.
51. Sobre Jurieu, Dodge (1947) e Stankiewicz (1970).
52. Sobre Counilz, Woodbridge (1925).
53. Swift (1983); Prior (1959) 1, p.130-51; cf. Legg (1921); Addison (1890), p.351.

XI. *A recepção da imagem de Luís XIV* (p.163-189)

1. Holub (1984); Freedberg (1989).
2. *MG,* fevereiro de 1683, p.23.
3. Hölscher (1978), p.448.
4. Furetière (1690).
5. Cf. Habermas (1962).
6. Longnon (1928), p.32.
7. Citado in Gould (1981), p.123.
8. Brice (1698) 2, p.309; Jacquiot (1968), documento 9.
9. Sonnino (1973-4).
10. Auerbach (1933).
11. Loret, citado in Mosëdener (1938), p.13.
12. Boislisle (1889).
13. Locke (1953), p.150.
14. Storer (1935); Roche (1978) 1, p.19-20; Lux (1989).
15. Um exemplo de 1693 in Gaxotte (1930), p.83.
16. *MG* (1678).
17. *MG,* agosto de 1682; p.224-34.
18. *MG,* janeiro de 1684, p.184s.
19. *MG* (1687).
20. Vincent (1979); Dotoli (1983).
21. Feyel (1982), p.33.
22. Stopfel (1964), p.63-73.
23. Texto in Gaxotte (1930); comentário in Klaits (1976), p.209, 213s.
24. Cf. Jones (1982-3), p.209s.
25. *MG,* janeiro de 1682, p.53.
26. *MG,* maio de 1684, p.238.
27. Numa ocasião, em 1654, ele tocou 2.000 ou 3.000 pessoas (Haueter, 1975, p.251n.). A cerimônia se realizou várias vezes ao ano por pouco mais de 70 anos, 1654-1715. Por isso o número de 350.000 (70 × 5.000) não parece exagerado. Para os anúncios, Blegny (1692) 1, p.21.
28. Klaits (1976), p.219.
29. Corvisier (1964) não trata desse problema.
30. Locke (1953), p.150.
31. Charpentier (1683), p.131.
32. Polleross (1988), nº 556.
33. Mazarin (1906), p.257, carta de 1659.
34. Jansen (1981), p.61s.

35. Menestrier (1701).

36. Sobre o enviado turco, talvez um impostor, Beaussant (1981). Sobre a embaixada siamesa, Lanier (1883), sobre a persa, Herbette (1907) e Walton (1986), cap.1.

37. *Gazette* (1669), p.1.165; *MG,* dezembro de 1686, parte 2, p.325.

38. Tovar de Teresa (1988), p.66-7.

39. Gaxotte (1930), p.12s.

40. Bouvet (1697).

41. *Gazette* (1682), p.724-39.

42. *Gazette* (1683), p.551-672.

43. Leith (1965), p.22.

44. *MG* (1682).

45. Pastor (1940) 32, p.396n.

46. Brunot (1917), cap.2.

47. *Regis Ludovici inauguratio,* atribuído a C. de Hennot; Perrault (1670b).

48. As *Lettres d'un suisse* de La Chapelle circularam com o título de *Helvetti ad Gallum epistolae*, e seu *Testament politique de Leopold I* com o de *Ultima Consilia.* Klaits (1976), p.113n., 151, 297.

49. Klaits (1976), p.150-1.

50. *Relation* (1660).

51. Félibien (1665, 1667).

52. Klaits (1976), p.113, 275.

53. Chapelain (1883), p.513.

54. Benedetti (1682).

55. Klaits (1976), p.151, 174, 199, 275.

56. Ibid., p.70n., 106s.

57. Rance (1886) 1, p.298s., 340n.

58. Johnson (1978), p.50-1.

59. Cf. Roy (1983) e Mettam (1988), p.54s. uma afirmativa extremada da ideia de que as elites locais estavam pensando somente em si mesmas.

60. Pardailhé-Galabrun (1988), p.386.

61. Grivet (1986); Rave (1957), p.4.

62. Bercé (1974), p. 609; Saint-Simon (1983-8) 3, p.476s.

63. Lottin (1968), p.189.

64. Sohier (1706), f.13a.

65. Dubois (1965), p.70, 175.

66. Evelyn (1697), p.78, 81.

67. Northleigh (1702) 2, p.7, 54.

68. Verney (1904) 2, p.447.

69. Kovács (1986), p.75; Polleross (1987), p.251.

70. Ellenius (1966), cap.5; Geoffroy (1885), p.lxxii-lxxiii.

71. Pastor (1940), p.396n.

72. Bottineau (1962), p.154s., 167s., 191s., 258s.; Moran (1990), p.15, 46, 50, 62.

73. Josephson (1930), p.9s.

74. Hansmann (1986), p.33, 44.

75. Moine (1984), p.168s., sugere São Petersburgo, Potsdam, Estocolmo, Het Loo, Caserta, Racconigi e Washington.

76. Chevalier (1692); cf. Speck (1972); e Schwoerer (1977).
77. *DNB*, s.v. "Ralph Montagu"; Pevsner (1961), p.105; Boyer (1703-13) 8, p.371.
78. HARI, p.70, 77.
79. Cracraft (1988), p.158, 185.
80. Moraw (1962); Ehalt (1980); Mandlmayr e Vocelka (1985); Kovács (1986); Polleross (1986, 1987); Hawlik (1989).
81. Biach-Schiffmann (1931).
82. Polleross (1987), p.239.
83. Uma gravura do sarcófago é reproduzida em Hawlik (1989), p.39.

XII. *Luís em perspectiva* (p.191-213)

1. Bloch (1924), p.52.
2. Duchhardt (1981).
3. Möseneder (1983), p.105; Aubéry (1668).
4. *MG*, junho de 1684, p.118
5. Hoffmann (1985), p.23n.
6. Brown e Elliott (1980), cap.2; Elliott (1977); Elliott (1989), caps.7-8.
7. Brown (1988).
8. Brown e Elliott (1980).
9. Orso (1986).
10. Ibid., cap.2.
11. Brown e Elliott (1980).
12. Elliott (1989), cap.9; Elliott (1986), p.418 segs.
13. Harris (1976).
14. Guillet, in Dussieux (1854) 1, p.26.
15. Saint-Simon (1983-8) 5, p.239.
16. Longnon (1928), p.133.
17. La Rue (1987), p.716.
18. Mongin (1716), p.10.
19. *MG*, dezembro de 1682, p.48-50.
20. Mesnard (1857), cap.1.
21. Thuau (1966), p.177s., 215s.; Church (1972).
22. Solomon (1972), especialmente p.111s.
23. Ranum (1980), p.99, 129s.; Dupleix (1635).
24. Valdor (1649).
25. Carew (1749), p.453.
26. Lecoq (1987), p.217s., 264s.
27. Lecoq (1986); Boucher (1986), especialmente p.196s.
28. Bluche (1986), p.274, 279.
29. Giesey (1987).
30. Southom (1988), cap.2.
31. Campbell (1977), p.177s.
32. Forster (1971).
33. Chapelain (1964), p.xvs.

34. Strong (1984), p.142s.
35. Menestrier (1684).
36. Perrault (1688-97) 1, p.61-3.
37. Edelman (1946); Voss (1972).
38. Schramm (1939).
39. Bossuet (1967).
40. Kantorowicz (1963), p.165.
41. Treitinger (1938).
42. Bossuet (1961), p.340; Drake (1976); Warmington (1974); Barnes (1981); McCormick (1986).
43. Perrault (1688-97) 1, p.80.
44. Hanley (1983), p.330s.
45. Saint-Simon (1983-8) 1, p.629-30; Choisy, citado in Gaiffe (1924), p.10.
46. Blondel (1698) parte 4, livros 11-12.
47. Petzet (1982), p.162.
48. Conferências de G. Marsy, J. van Obstal e M. Anguier, 1667-9.
49. *MG*, julho de 1682, p.138-9; Perrault (1688-97), p.191-2.
50. *MG*, setembro de 1686, parte 2, p.362.
51. Boislisle (1889), p.118n.
52. *MG*, junho de 1687, parte 2, p.48.
53. Cf. cap.2, n.41.
54. *MG*, setembro de 1682, p.52.
55. Charlesworth (1937); Syme (1939); Price (1984); Zanker (1987).
56. Syme (1939), p.480.
57. Gagé (1955), p.499s.
58. Syme (1939), p.385.
59. Zanker (1987), p.264s.; Syme (1939), p.519.
60. Zanker (1987), cap.1.
61. Ibid., p.151s.
62. Perrault (1688-97).
63. Blondel (1698), p.164.
64. Taylor (1931), p.18s., 74s.
65. Blondel (1698), p.164.
66. Herbelot (1697), p.997.
67. Rotrou (1649)
68. L'Orange (1953); Seux (1967).
69. Sahlins (1985), p.18, 19n.
70. Bernays (1928).
71. Boorstin (1962), especialmente cap.1.
72. Schwartzenberg (1977).
73. *MG*, maio de 1685, p.339.
74. Burke (1939-40); Biondi (1967); Melograni (1976); Stern (1975); Kenez (1985); Kershaw (1987).
75. La Bruyère (1693), p.544.
76. Kostof (1978).

77. Kenez (1985), p.153, 237.
78. Kertzer (1988); Kantorowicz (1963).
79. Mickelson (1972), p.46.
80. Vattel (1758), p.42s.
81. Leith (1965); Ozouf (1976); Schieder e Dipper (1984); Chartier (1990).
82. Heale (1982), p.51.
83. Perry (1968).
84. McGinniss (1968), p.27
85. Kenez (1985), p.4.
86. Ibid., p.62, 91, 109.
87. Bowlt (1978).
88. Schama (1988).
89. Marrinan (1988), p.3s.
90. Tumarkin (1983), p.63.
91. Ibid., p.80, 88, 95s., 197, 131.
92. Pozzi (1990).

Bibliografia

Esta bibliografia contém todas as publicações mencionadas nas notas, com exceção dos ataques anônimos a Luís, listados no Apêndice 3.

A menos que haja outra especificação, o local da publicação é Paris.

Addison, J. (1890) *Dialogues on Medals,* Londres.

Adhémar, J. (1983) "Information gravée au 17e siècle: images au cuivre destinées à un public bourgeois et élegant", *Quaderni del '600 franeese* 5, p.11-3.

Apostolidès, J. (1981) *Le Roi-machine: spectacle et politique au temps de Louis XIV.*

Archambault, P. (1967) "The analogy of the body in Renaissance political literature", *Bulletin d'Humanisme & Renaissance* 29, p.21-53.

Atkinson J.M. (1984) *Our Master's Voices: the Language and Body Language of Politics,* Londres.

Aubéry, A. (1668) *Des justes prétentions du roy sur l'empire.*

Auerbach, E. (1933) "La cour et la ville", reproduzido em seu *Vier Untersuchungen zur Geschichte der französischen Bildung,* Berna, 1951; trad. inglesa, *Scenes from the Drama of European Literature,* Nova York, 1959, p.133-82.

Autin, J. (1981), Louis XIV *architecte.*

Bardon F. (1974) *Le portrait mythologique à la cour de France sous Henri IV et Louis XIII.*

Barnes, T.D. (1981) *Constantine and Eusebius,* Cambridge, MA.

Barozzi, N. e G. Berchet (orgs.) (1857) *Relazioni degli stati europei dagli ambasciatori veneti,* Veneza.

Bayley, P. (1980) *French Pulpit Oratory 1598-1650,* Cambridge.

Beaussant, P. (1981) *Versailles, opéra.*

Benedetti, E. (1682) *La glorie della virtù nella persona di Luigi il Magno,* Lyons.

Benserade, I. de (1698) *Oeuvres,* 2 vols.

Bercé, Y.-M. (1974), *Histoire des croquants,* 2 vols., Genebra.

Berger, R.W. (1985) *In the Garden of the Sun King: Studies on the Park of Versailles under Louis XIV,* Washington.

Bernays E.L. (1928) *Propaganda,* Nova York.

Bertelli, S. (1990) *Il corpo del Re,* Florença.

Biach-Schiffmann, F. (1931) *Giovanni und Ludovico Burnacini: Theater und Feste am Wiener Hofe,* Viena e Berlim.

Biondi, D. (1973) *La fabbrica del Duce,* Florença.

[Blegny, N. de] (1692) *Le livre commode,* rpr. 1878.

Bloch, M. (1924) *The Royal Touch*; trad. inglesa, Londres, 1973.

________. (1987) "The ritual of the royal bath in Madagascar", in Cannadine and Price, p.271-97.

Blondel, F. (1698) *Cours d'architecture,* 2ª ed.
Bluche, F. (1986) *Louis XIV;* trad. inglesa, Londres, 1990.
Blum, A. (1913), *Louis XIV et l'image satirique pendant les dernières années du 17e siècle,* Nogent-le-Rotrou.
Blunt, A. (1953), *Art and Architecture* in France, 4ª ed., Harmondsworth, 1980.
Boileau N. (1969) *Oeuvres,* org. S. Menant, 2 vols.
Boislisle, A. de (1889) "Notices historiques sur la Place des Victoires et sur la Place Vendôme", *Mémoires de la société de l'histoire de Paris et de l'Ile-de-France,* 15, p.1-272.
Boorstin, D. (1962) *The Image,* repr. Harmondsworth, 1963.
Borkenau, F. (1934) *Der Übergang vom feudalen zum bürgerlichen Weltbild.*
Bosquillon (1688) *Portrait de Louis-le-Grand.*
Bossuet, J.-B. (1961) *Oraisons funèbres,* org. J. Truchet.
________. (1967) *Politique tirée des propres paroles de l'écriture sainte* (1709), org. J. Le Brun, Genebra.
Bottineau, Y. (1962) *L'Art de cour dans l'Espagne de Philippe V, 1700-46,* Bordeaux.
Boucher, J. (1986) *La cour de Henri III,* La Guerche-de-Bretagne.
Bouhours, D. (1687) *La manière de bien penser dans les ouvrages de l'esprit.*
Bourdaloue, L. (1707) *Sermons pour le caresme,* 3 vols.
Bourdieu, P. e J.-C. Passeron (1970) *Reproduction in Education, Society and Culture,* trad. inglesa, Beverly Hills, CA, 1977.
Bouvet, J. (1699) *L'histoire de l'empereur de la Chine,* Haia.
Bowlt, J.E. (1978) "Russian sculpture and Lenin's plan of monumental propaganda", in *Art and Architecture in the Service of Politics,* org. H.A. Millon e L. Nochlin, Cambridge, MA, p.182-93.
Boyer, A. (1703-13) *The History of the Reign of Queen Anne Digested into Annals,* Londres.
Brice, G. (1698) *Description nouvelle de la ville de Paris,* 2 vols.
Brockliss, L.W.B. (1987) *French Higher Education in the Seventeenth and Eighteenth Centuries,* Oxford.
Brown, J. (1988) "Enemies of flattery: Velázquez' portraits of Philip V", in *Art and History,* ed. R.I. Rotberg e T.K. Rabb, Cambridge, p.137-54.
Brown, J. e J.H. Elliott (1980) *A Palace for a King,* New Haven, CT e Londres.
Brunot F. (1917) *Histoire de la langue française* 5 (rpr. 1966).
Bryant, L.M. (1986) *The King and the City in the Parisian Royal Entry Cerimony,* Genebra.
Bryson, N. (1981), *Word and Image,* Cambridge.
Burke, K. (1939-40), "The rhetoric of Hitler's battle", reproduzido em *Language and Politics,* org. M. Shapiro, Oxford, 1984, cap.5.
Burke, P. (1987) *Historical Anthropology of Early Modern Italy,* Cambridge.
________. (1990) "Historians, anthropologists and symbols", in *Culture Through Time,* org. E. Ohnuki Tierney, Stanford, CA, p.268-323.
________. (*c.*1993) "The demise of royal mythologies", a publicar in A. Ellenius (org.) *Iconography and Ideology.*
Bussy Rabutin, R. (1930) *Histoire amoureuse des Gaules* (1665), *suivie de La France galante* etc., org. G. Mongrédien, 2 vols.
Campanella T. (1915) *Poésie,* ed. G. Gentile, Bari.
Campbell, M. (1977) *Pietro da Cortona at the Pitti Palace,* Princeton, NJ.

Cannadine, D. e S. Price (orgs.) (1987) *Rituals and Royalty,* Cambridge.
Carew, G. (1749), "A relation of the state of France", in *An Historical View,* org. T. Brich, Londres, p.415-528.
Cérémonial français des années 1679, 1680 et 1681, ms. B.N., fonds français, 7831.
Chantelou P. de (1889) *Journal de voyage du cavalier Bernini en France,* org. L. Lalanne, rpr. 1981.
Chapelain, J. (1883) *Lettres,* 2, org. P. Tamizey de Larroque.
________. (1936) *Opuscules critiques,* org. A. Hunter.
________. (1964) *Lettre inédite,* org. P. Ciureanu, Gênova.
Charlesworth, M.P. (1937) "The virtues of a Roman emperor", *Proceedings of the British Academy,* 23, p.105-27.
Charpentier, F. (1676) *Defense de la langue françoise pour l'inscription de l'Arc de Triomphe.*
________. (1724) *Carpentariana.*
Chartier, R. (1990) *Les origines culturalles de la révolution française.*
Châtelain, U. (1905) *Fouquet.*
Chevalier, N. (1692) *Histoire de Guillaume III,* Amsterdam.
________. (1711) *Relation des campagnes de l'année 1708 et 1709,* Utrecht.
Christout, M.F. (1967) *Le ballet de cour de Louis XIV,* 1643-72.
Church, W.F. (1972) *Richelieu and Reason of State,* Princeton, NJ.
Clément, P. (1886) *La police sous Louis XIV.*
________. (org.) (1868) *Lettres, instructions et mémoires de Colbert,* 5, parte 2.
Coirault, Y. (1965) *L'Optique de Saint-Simon.*
Collas, G. (1912) *Jean Chapelain.*
Combes, le sieur de (1681) *Explication historique de ce qu'il y a de plus remarquable dans la maison royale de Versailles.*
Conquault, O. (1875) *Mémoires 1649-68,* org. C. Loriquet, Reims.
Corneille, P. (1987) *Oeuvres,* 3, org. G. Couton.
Corvisier, A. (1964) *L'Armée française de la fin du 17e siècle au ministère de Choiseul: le soldat*, 2 vols.
________. (1983) *Louvois.*
Courtin A. de (1671) *Nouveau traité de la civilité*, Basel.
Couton, G. (1976) "Effort publicitaire et organization de la recherche", *Actes du sixième colloque de Marseille*, org. R. Duchene, Marselha.
Cracraft J. (1988) *The Petrine Revolution in Russian Architecture.*
Curtius, E.R. (1947) *European Literature and the Latin Middle Ages*, trad. inglesa, Nova York, 1954.
[Dalicourt, P.] (1668) *La campagne royale.*
Demoris, R. (1978) "Le corps royal et l'imaginaire au 17e siècle: *Le portrait du roy* par Félibien", *Revue des Sciences Humaines*, 172, p.9-30.
Depping, G.P. (org.) (1855) *Correspondance administrative sous le règne de Louis XIV,* 4, parte 4.
Description (1686) *du monument érigé* à *la gloire du roy par M. le Maréchal Duc de la Feuillade.*
Desmarets, J. (1673) *Au roy, sur la prise de Mastrich.*
________. (1674) *Au roy, sur sa seconde conquête de Franche-Comté.*

Dilke, E. (1888) *Art in the Modern State,* Londres.

Dipper, C. e W. Schieder (1984) "Propaganda", in *Geschichtliche Grundbegriffe* 5, Stuttgart, p.69-112.

Dodge, G.H. (1947) *The Political Theory of the Huguenots of the Dispersion,* Nova York.

Dotoli, G. (1983) "Il *Mercure Galant* di Donneau de Visé", Quademi del *600 francese* 5, p.219-82.

Drake, H.A. (1976) *In Praise of Constantine,* Berkeley, CA.

Dreyss, C. (1859) *Etude sur la composition des mémoires de Louis XIV,* rpr. Genebra, 1871.

________. (org.) (1860) *Mémoires de Louis XIV,* 2 vols.

Dubois, A. (1965) *Journal d'un curé de campagne,* org. H. Platelle.

Du Bos, J.-B. (1709) *Histoire de la Ligue de Cambrai.*

Duchene, R. (org.) (1985) *De la morte de Colbert à la Revocation de l'Edit de Nantes: un monde nouveau?,* Marselha.

Duchhardt, H. (1981) "*Imperium* und *Regna*", *Historische Zeitschrift* 232, p.555-83.

Dupleix. S. (1635) *Histoire de Louis le Juste.*

Dussieux, L. et al. (orgs.) (1854) *Mémoires inédits de l'Académie Royale de Peinture et de Sculpture.*

Edelman, N. (1946) *Attitudes of Seventeenth-Century French toward the Middle Ages,* Nova York.

Ehalt, H.C. (1980) *Ausdrucksformen absolutistischer Herrschaft: Der Wiener Hof in 17. und 18. Jht,* Munique.

Eisenstadt, S.N. (1979) "Communication patterns in centralized empires", in *Propaganda and Communication in World History,* org. H. Lasswell, D. Lerner e H. Speier, Honolulu, p.536-51.

Elias, N. (1969) *The Court Society,* trad. inglesa, Oxford, 1983.

Ellenius, A. (1966) *Karolinska bildidéer,* Estocolmo.

Elliott, J.H. (1977) "Philip IV of Spain: prisoner of ceremony", in The *Courts of Europe,* org. A.G. Dickens, Londres, p.169-90.

________. (1986) *The Court-Duke of Olivares,* New Haven, CT e Londres.

________. (1989) *Spain and its World 1500-1700,* New Haven, CT e Londres.

Evelyn, J. (1697) *Numismata,* Londres.

Félibien, A. (1674) *Les divertissements de Versailles.*

________. (1680) "Le Grand Escalier de Versailles", Apêndice a Jansen (1981).

________. (1688) *Recueil des descriptions de peintures et d'autres ouvrages faits pour le roi.*

Félibien, J.-F. (1703) *Description sommaire de Versailles.*

Ferrier-Caveriviere, N. (1978) "Louis XIV et ses symboles dans l'Histoire Metallique", *17e siècle,* 34, p.19-30.

Ferrier-Caveriviere, N. (1981) *L'Image de Louis XIV dans la littérature française.*

Feuchtmüller, R. e E. Kovács (orgs.) (1986) *Welt des Barock,* 2 vols. Viena.

Feyel G. (1982) *La Gazette en province à travers ses réimpressions 1631-1752*, Amsterdam e Maarssen.

Finnegan, R. (1970) *Oral Literature in Africa,* Oxford.

Fléchier, E. (1670) *Circus regius.*

________. (1696) *Panegyriques,* 2 vols.

Florisoone, M. (1696) *Charles le Brun premier directeur de la manufacture royale des Gobelins.*

Foster, K. (1971) "Metaphors of rule: political ideology an history in the portraits of Cosimo I de Medici", *Mitteilungen des Kunsthistorischen Institutes in Florenz*, p.15, 65, 104.
Fossier, F. (1985) "A propos du titre de historiographe sous l'ancien regime", *Revue d'histoire moderne et contemporaine* 32, p.361-417.
Foucault, M. (1966) *The Order of Things*, trad. inglesa, Londres, 1970.
France, P. (1972) *Rheroric and Truth in France*, Oxford.
________. (1982) "Equilibrium and excess", in *The Equilibrium of Wit*, org. P. Bayley e D.G. Coleman, Lexington, MA, p.249-61.
Freedberg, D. (1989) *The Power of Images*, Chicago.
Furetière, A. (1674) Ode sur la seconde conquête de Franche-Comté.
________. (1690) *Dictionnaire universel*, 3 vols., Haia e Rotterdam.
Gagé, J. (1955) *Apollon romain.*
Gaiffe, F. (1924) *L'Envers du grand siècle.*
Gaxotte, P. (org.) (1930) *Lettres de Louis XIV.*
Gazette *[Recueil des Gazettes, Recueil des Nouvelles*], 1660-1715.
Geertz, C. (1980) *Negara: The Theater State in Nineteenth-Century Bali*, Princeton, NJ.
Geoffroy, A. (org.) (1885) *Recueil des instructions données aux ambasssadeurs et ministres de France.*
Genest, C.C. (1672) *Ode pour le roi sur sés conquestes.*
Gersprach, E. (1893) *Repertoire des tapisseries des Gobelins.*
Giesey, R. (1985) "Models of rulership in French royal cerimonial" in *Rites of Power*, org. S. Wilentz, Filadélfia, p.41-64.
Giesey R. (1987), "*The King imagined*", *in The Political Culture of the Old Regime*, org. K.M. Baker, Oxford, p.41-59.
Gillot, H. (1914a) *La querelle des anciens et des modernes*, Nancy.
________. (1914b) *Le règne de Louis XIV et l'opinion publique en Allemagne*, Nancy.
Glaesemer, J. (1974) J. *Werner*, Zurique e Munique.
Godard, L. (org.) (1987) *D'un siècle à l'autre: anciens et modernes*, Marselha.
Godelier, M. (1982) *The Making of Great Men*, trad. inglesa, Cambridge, 1986.
Goffman, E. (1959) *The Presentation of Self in Everyday Life*, Nova York.
Goubert, P. (1966) *Louis XIV and Twenty Million Frenchmen*, trad. inglesa, Londres, 1970.
Gouhier, H. (1958) "Le refus du symbolisme dans l'humanisme cartésien", in E. Castelli (org.) *Umanesimo e simbolismo*, Pádua, p.65-74.
Gould, C. (1981) *Bernini in France*, Londres.
Grell, C. e C. Michel (1988) *L'École des Princes ou Alexandre disgracié.*
Grivet, M. (1986) *Le commerce de l'estampe à Paris au 17e siècle.*
Gros, E. (1926) *Quinault*, Paris e Aix-en-Provence.
Grove, G. (1980) *Dictionary of Music and Musicians*, org. S. Sadie, 20 vols., Londres.
Guillet de Saint-Georges, G. (1854) "Discours sur le portrait du roy", in Dussieux et al. 1, p.229-38.
Guillou, E. (1963) *Versailles, le Palais du Soleil.*
Gusdorf, G. (1969) *La révolution galiléene*, 2 vols.
Habermas J. (1962) *The Structural Tansformation of the Public Sphere*, trad. inglesa, Cambridge, 1989.

Hahn, R. (1971) *The Anatomy of a Scientific Institution: The Paris Academy of Sciences, 1666-1803,* Berkeley, CA.

Hall, G. (1987) "Le siècle de Louis-le-Grand: l'évolution d'une idée", in Godard, p.43-52.

Hanley, S. (1983) *The* Lit de Justice *of the Kings of France,* Princeton, NJ.

Hansmann, W. (1986) *Balthasar Neumann,* Colônia.

Harris, E. (1976) "Velázquez' portrait of Prince Baltasar Carlos in the Riding School", *Burlington Magazine* 118, p.266-75.

Hartle, R. (1957) "Lebrun's *Histoire d'Alexandre* and Racine's *Alexandre le Grand*", *Romanic Review* 48, p.90-103.

Hartung, A. (1949) "L'état c'est moi", *Historische Zeitschrift* 169, p.1-30.

Hassinger, E. (1951) *J.J. Becher.* Viena.

Hatton, R. (1972) *Louis XIV and his World,* Londres.

Haueter, A. (1975) *Die Krönungen der französischen Könige im Zeiralter des Absolutismus und in der Restauration,* Zurique.

Hautecoeur (1953) *Louis XIV roi soleil.*

Hawlik-van de Water, M. (1989) *Der Schöne Tod: Zeremonialstrukturen des Wiener Hofes bei Tod und Begrabung zwischen 1640 und 1740.* Viena.

Hazard, P. (1935) *La crise de la conscience européenne;* trad. inglesa, *The European Mind 1680-1720,* New Haven, CT, 1952.

Heale, M.J. (1982) *The Presidential Quest.* Londres.

Held, J.S. (1958) "Le roi à la chasse", *Art Bulletin* 40, p.139-49.

L'Herault de Lionniere, T. (1692) *Panegyrique historique de Louis-le-Grand por l'année 1689.*

d'Herbelot, B. (1697), *Bibliothèque orientale.*

Herbette, M. (1907) *Une ambassade persane sous Louis XIV.*

Himelfarb, H. (1986), "Versailles, fonctions et légendes", in Nora, 1, p.235-92.

Histoire de l'Académie Royale des Inscriptions (1740), 3 vols.

Hobsbawm, E.J. e T. Ranger (orgs.) (1983) *The Invention of Tradition,* Cambridge.

Hölscher, L. (1978) "Öffentlichkeit", in *Geschichtliche Grundbegriffe,* org. O. Brunner, W. Conze e R. Koselleck, 4, Stuttgart, p.413-67.

Hofmann, C. (1985) *Das Spanische Hofzeremoniell von 1500-1700,* Frankfurt.

Hofmann, H. (1974). *Repräsentation: Studien zur Wort-und Begriffsgeschichte von der Antike bis ins 19 Jth,* Berlim.

Holub, R.C. (1984) *Reception Theory,* Londres.

Hurel, A.J. (1872), *Les orateurs sacrès à la cour de Louis XIV,* rpr. Genebra, 1971.

Hymes, D. (1974) *Foundations in Sociolinguistic,* Filadélfia.

Isherwood, R. (1973) *Music in the Service of the King,* Ithaca, Nova York e Londres.

Jackson, R. (1984) *Vive le roi!,* Chapel Hill, NC.

Jacquiot, J. (1968) *Médailles et jetons,* 4 vols.

Jammes, A. (1965) "Louis XIV, sa bibliothèque et le cabinet du roi", *The Library 20,* p.1-12.

Jammart, J. (1888) *Histoire de Pierre du Marteau.*

Jansen, B. (1981) *Der Grand Escalier de Versailles,* Bochum, Diss.

Jauss, H.-R. (1964) "Ästhetischen Normen und geschichtliche Reflexion in der *Querelle des anciens et des modernes*", in Perrault (1688-97), p.8-64.

Jenkins, M. (1947) The State Portrait (sem local de publicação).
Johnson, K.O. (1981) "*Il n'y a plus de Pyrénées:* the iconography of the first Versailles of Louis XIV", *Gazette des Beaux Arts* 98, p.29-40.
Johnson N.R. (1978) *Louis XIV and the Enlightenment.*
Jones, M. (1979a) *Medals of the Sun King,* Londres
________. (1979b) *The Art of the Medal,* Londres
________. (1982-3) "The medal as an instrument of propaganda in late seventeenth and early eighteenth-century Europe", *Numismatic Chronicle* 142, p.117-25, e 143, p.202-13.
Josephson, R. (1928) "Le monument de Triomphe pour le Louvre", *Revue de l'art ancien et moderne* 32, p.21-34.
Josephson, R. (1930) *Nicodème Tessin à la cour de Louis XIV.*
Jouin, H. (org.) (1883) *Conférences de l'Académie Royale de Peinture.*
________. (1889) *Charles Le Brun.*
Jouvancy, J. de (1686) *Clovis.*
Jump, J.D. (1974) *The Ode,* Londres.
Kantorowicz, E.H. (1957) *The King's Two Bodies,* Princeton, NJ.
________. (1963) "Oriens Augusti Lever du Roi", *Dumbarton Oaks Papers,* 17, p.117-77.
Kenez P. (1985) *The Birth of the Propaganda State: "Mass Mobilisation" in Russia, 1917-29,* Cambridge.
Keohane, N.O. (1980) *Philosophy and the State in France,* Princeton, NJ.
Kershaw, I. (1987) *The "Hitler Myth": Image and Reality in the Third Reich,* Oxford.
Kertzer, D. (1988) *Ritual, Politics and Power,* New Haven, CT e Londres.
Kettering, S. (1986) *Patrons, Brokers and Clients in Seventeenth-Century France,* Nova York.
King, J.E. (1949) *Science and Rationalism in the Government of Louis XIV,* Baltimore, MD.
Klaits J. (1976) *Printed Propaganda under Louis XIV,* Princeton, NJ.
Kleyser F. (1935) *Der Flugschriftenkampf gegen Ludwig XIV zur Zeit des pfälzischen Krieges,* Berlim.
Köpeczi, B. (1983) *Staatsräson und christliche Solidarität: Die ungarische Aufstände und Europa in der zweiten Hälfte des 17. Jahrhunderts,* Budapeste.
Kortum, H. (1966) *Charles Perrault und Nicolas Boileau,* Berlim.
Kostof, S. (1978) "The Emperor and the Duce", *in Art and Architecture in the Service of Politics,* org. H.A. Milton e L. Nochlin, Cambridge, MA, p.270-325.
Kovács, E. (1968), "Die Apotheose des Hauses Österreich" in Feuchtmüller e Kovács, p.53-85.
Krüger, R. (1986) *Zwischen Wunder und Wahrscheinlichkeit: Die Krise des französischen Versepos im 17. Jahrhundert,* Marburg.
Kunzle, D. (1973) *The Early Comic Strip,* Berkeley, CA.
Labatut, J.P. (1984) *Louis XIV roi de gloire.*
La Beaune, J. de (1684) *Ludovico Magno Panegyricus.*
La Bruyère J. (1960) *Les caractères* (1688), rpr. org. G. Mongrédien.
________. (1693) "Discours de réception à l'Académie Française", ibid., p.429-56.
Lacour-Gayet, G. (1898) *L'Éducation politique de Louis XIV.*
La Fontaine, J. (1948) *Oeuvres diverses,* org. P. Clarac.

Lanier, L. (1883) *Etude historique sur les relations de la France et du royaume de Siam de 1662 à 1703,* Versailles.
La Porte, P. de (1755) *Mémoires,* 2ª ed., Genebra, 1756.
La Rue, C. de (1683) *Ludovicus Pius.*
________. de (1987) "Regi epinicion", trad. P. Corneille como "Poème sur les victoires du roi em 1667", in Corneille 3, p.709-18.
________. de (1829) *Sermons,* 2 vols.
Lasswell, H. (1936) *Politics: Who gets what, when and how,* 2ª ed., Nova York, 1958.
Laurain-Portemer, M. (1968) "Mazarin, Benedetti et l'escalier de la Trinité des Monts", *Gazette des Beaux-Arts* 110, p.273-9.
Lavin, I. (1987) "Le Bernin et son image du Roi-Soleil" in *Il se rendit en Italie: études offertes à André Chastel,* Roma, p.441-65.
Lavisse, E. (1906) *Louis XIV.*
Lecoq, A.-M. (1986) "La symbolique de l'état", in Nora, p.145-92.
________. (1987) *François I imaginaire.*
Lee, R.W. (1940) *Ut Pictura Poesis: the Humanistic Theory of Painting,* rpr. Nova York, 1967.
Legg, L.G. Wickham (1921) *Matthew Prior,* Cambridge.
Le Goff, J. (1986) "Reims, ville du Sacre", in Les lieux de mémoire, ed. P. Nora, 2, *La nation,* 1, p.89-184.
Leith, J.A. (1965) *The Idea of Arts as Propaganda in France 1750-99,* Toronto.
Le Jay, G. (1687) *Le triomphe de la religion sous Louis-le-Grand.*
Le Roi, J.A. (org.) (1862) *Journal de la santé du roi Louis XIV.*
Le Roy Ladurie, E. (1984) "Réflections sur la Regence", *French Studies,* 38, p.286-305.
Lévy-Bruhl, L. (1921) *La mentalité primitive.*
Lister, M. (1699) *A Journey to Paris in the Year 1698,* Londres.
Locke, J. (1690) *Two Treatises of Government,* org. P. Laslett, Cambridge, 1960.
________. (1953) *Journal,* org. J. Lough, Cambridge.
Loewe, V. (1924) *Ein Diplomat und Gelehrter, Ezechiel Spanheim,* Berlim.
Longin, E. (1900) *François de Lisola,* Dole.
Longnon, J. (org.) (1927) *Louis XIV, Mémoires,* rpr. 1983.
L'Orange, H.P. (1953) *Studies on the Iconography of Cosmic Kingship in the Ancient World,* Oslo.
Lottin, A. (1968) *Vie et mentalité d'un Lillois sous Louis XIV,* Lille, 2ª ed. Paris.
Lotz, W. (1969) "Die Spanische Treppe", *Römische Jahrbuch,* rpr. in *Politische Architektur,* org. M. Warnke, Colônia, 1984, p.175-223.
Louis XIV (1806) *Oeuvres,* 6 vols.
Louis XIV, *Lettres,* veja Gaxotte (1930).
Louis XIV, *Mémoires,* veja Dreyss (1860); Longnon (1927).
Lünig, J.C. (1719-20)*Theatrum Ceremoniale Historico-Politicum,* 2 vols., Leipzig.
Lux, D.S. (1989) *Patronage and Royal Science in Seventeenth-century France,* Ithaca, NY.
Maber, R. (1985) "Colbert and the Scholars", *17th-Century French Studies* 7, p.106-14.
McCormick, M. (1986) *Eternal Victory: Triumphal Rulership in Late Antiquity, Byzantium and the Early Medieval West,* Cambridge.
McGinniss, J. (1968) *The Selling of the President,* Nova York.

McGowan, M, (1985) *Ideal Forms in the Age of Ronsard*, Berkeley, CA.

Magalotti, L. (1968) *Relazioni di Viaggio*, org. W. Moretti, Bari.

Magne, B. (1976) *Crise de la littérature française.*

Magne, E. (1909) *Le plaisant abbé de Boisrobert.*

Mai, W.W.E. (1975) *Le portrait du roi: Staatsporträt und Kunsttheorie in der Epoche Ludwigs XIV*, Bonn.

Maintenon, F. de (1887) *Mme. de Maintenon d'après sa correspondance authentique,* org. A. Geffroy, 2 vols.

Mallon, A. (1985) "L'Académie des Sciences à Paris (1683-5): une crise de direction?" in Duchene, p.17-34.

Malssen, P.J.W. van (1936) *Louis XIV d'après les pamphlets répandus en Hollande,* Amsterdam.

Mandlmayr, M.C. e K. Vocelka (1985) "Christliche Triumphfreude", *Südostforschungen* 44, p.99-137.

Marder, T.A. (1980) "Bernini and Benedetti at Trinità dei Monti", *Art Bulletin* 62, p.286-9.

Marin, L. (1981) *Portrait of the King,* trad. inglesa, Londres, 1988.

Marrinan, M. (1988) *Painting Politics for Louis-Philippe,* New Haven, CT e Londres.

Martin, H.J. (1969) *Livre, pouvoir et societé à Paris au 17e siècle,* 2 vols.

Martin, M. (1986) *Les monuments équestres de Louis XIV.*

Massillon, J.-B. (1865) *Oeuvres,* org. E.A. Blampignon, 2 vols., Bar-le-Duc.

Maumené, C. e L. d'Harcourt (1932) *Iconographie des rois de France,* vol.2.

Mazarin, G. (1906) *Lettres,* vol.9, org. G. D'Avenel.

Médailles (1702) *sur les principaux événements du règne de Louis-le-Grand* (2 edições, in-fólio e in-quarto).

Médailles (1723) *sur les principaux événements du règne entier de Louis-le-Grand.*

Mélèse, P. (1936) *Donneau de Visé.*

Melograni, P. (1976) "The Cult of the Duce in Mussolini's Italy", *Journal of Contemporary History* 11, p.221-37.

Mémoires inédites, ver Dussieux et al. (1854).

Menestrier, C.-F. (1681) *Des représéntations en musique anciennes et modernes.*

________. (1684) *L'Art des emblèmes,* rpr. Mittenwald (1981)

________. (1689) *Histoice du roy Louis-le-Grand par les médailles.*

"________." (1691) *Histoire du roy Louis-le-Grand par les médailles* (a edição falsificada).

________. (1701) *Décorations faites dans la ville de Grenoble,* Grenoble.

Menot, A. (1987) "Décors pour le Louvre de Louis XIV: la mythologie politique à la fin de la Fronde" in *La monarchie absolutiste et l'histoire de France,* org. F. Laplanche e C. Grell, p.113-24.

Mercure Galant, 1672-1715.

Mesnard, P. (1857) *Histoire de l'Académie Française.*

Mettam, R. (1988) "Power, status and precedence: Rivalries among the provincial elites of Louis XIV's France", *Transactions of the Royal Historical Society* 38, p.43-62.

Meyer, J. (1981) *Colbert.*

Michel, C. (1987) "Les enjeux historiographiques de la querelle des anciens et des modernes", in *La monarchie absolutiste et l'histoire en France,* org. L. Laplanche e C. Grell, p.139-54.

Mickelson S. (1972) *The Eletric Mirror: Politics in an Age of Television,* Nova York.
Mirot, L. (1924) *Roger de Piles.*
Moine, M.-C. (1984) *Les fêtes à la cour du roi soleil.*
Molière, J.-B. (1971) *Oeuvres complètes,* org. G. Couton, 2 vols.
Mongin, E. (1716) *Oraison funèbre de Louis-le-Grand.*
Montagu, J. (1968) "The painted enigma and French seventeenth-century art", *Journal of the Warburg and Courtauld Institutes* 31, p.307-35.
Montaiglon, A. de (1875-8 edn) *Procès-ver-baux de l'Académie Royale de Peinture et Sculpture,* 2 vols.
Montesquieu, C.-L. de (1721) *Lettres persanes.*
________. (1973) *Oeuvres.*
Moran, M. (1990) *La imagen del rey: Felipe V y el arte,* Madri.
Moraw, P. (1962) "Kaiser un Geschichtschreiber um 1700", *Die Welt als Geschichte,* 22, p.162-203.
Morgan B. (1929). *Histoire du* Journal des Savants *depuis 1665 jusqu'en 1701.*
Möseneder, K. (1983) *Zeremoniell und monumentale Poesie: Die "Entrée Solennele" Ludwigs XIV. 1660 in Paris,* Berlim.
Naudé, G. (1639) *Considérations politiques sur les coups d'état.*
Néraudau, J.P. (1986) *L'Olympe du roi-soleil.*
Neveu B. (1988) "Du culte de Saint Louis à la glorification de Luis XIV: la maison royale de Saint-Cyr", *Journal des Savants,* p.277-90.
Nivelon C. (s.d.) *Vie de Charles le Brun,* ms, BN, fonds français 12, p.987.
Nora P. (org.) (1984-6) *Les lieux de mémoire,* 4 vols.
Northleigh, J. (1702) *Topographical Descriptions,* Londres.
Oresko, R. (1989) "The *Histoire Métallique* de Louis XIV and the Diplomatic Gift", *Médailles et Antiques* I, p.49-55.
Orso S.N. (1986) *Philip V and the Decoration of the Alcázar of Madrid,* Princeton, NJ.
Ozouf, M. (1976) *Festivals and the French Revolution,* trad. inglesa, Cambridge, MA, 1988.
Pardailhé-Galabrun, A. (1988) *La naissance de l'intime.*
Pastor L. von (1940) *History of the Popes,* 32, Londres.
Pellisson, P. (1735) *Oeuvres diverses.*
________. (1749) *Histoire de Louis XIV.*
Pepys S. (1970-83) *Diary,* org. R. Latham e W. Matthews, Londres.
Perrault, C. (1670a) *Courses de testes et bagues.*
________. (1670b) *Festiva ad capira annulumque Decursio.*
________. (1686) *Saint Paulin evesque de Nole.*
________. (1687) *Le siècle de Louis-le-Grand.*
________. (1688-97) *Parallèle des anciens et des modernes,* rpr. Munique, 1964.
________. (1909) *Mémoires,* org. P. Bonnefon.
________. e I. Benserade (1679) *Labyrinte de Versailles.*
Perry, J.M. (1968) *The New Politics,* Nova York.
Petzet M. (1982) "Das Triumphbogen-monument für Ludwig XIV auf der Place du trône", *Zeitschrift für Kunstgeschichte* 45 (1982), p.145-94.
Pevsner N. (1961) *The Buildings of England: Northamptonshire,* Harmondsworth.

Picard R. (1956) *La carrière de Jean Racine.*
Piles, R. de (1699) *Abrégé de la vie des peintres.*
Pincemaille, C. (1985) "La guerre de Hollande dans le programme iconographique de Versailles", *Histoire, Economie et Société* 4, p.313-33.
Pitkin, H.F. (1967) *The Concept of Representation,* Berkeley, CA.
Pocock, G. (1980) *Boileau and the Nature of Neo-classicism,* Cambridge.
Podlach, A. (1984) "Repräsentation", *Geschichtliche Grundbegriffe* 5, p.509-47.
Polleross, F.B. (1986) "Repräsentation der Habsburger in der bildenden Kunst" in Feuchtmüller e Kovács, p.87-103.
________. (1987) "Sonnenkönig und Österreichische Sonne" *Wiener Jahrbuch für Kunstgeschichte* 40, p.239-56.
________. (1988) *Das sakrale Identifikationsporträt,* 2 vols., Worms.
Pommier, E. (1986) "Versailles", in Nora, 1, p.193-234.
Posner, D. (1959) "Lebrun's Triumphs of Alexander", *Art Bullerin* 41, p.237-48.
Poussin, N. (1964) *Lettres et propos sur l'art,* org. A. Blunt.
Pozzi, E. (1990) "Il corpo del Duce", in *Gli occhi di Alessandro,* org. S. Bertelli, Florença, p.170-83.
Pribram, A.F. (1894) *Franz Paul, Freiherr von Lisola,* Leipzig.
Price, S. (1984) *Rituals and Power,* Cambridge.
Prior, M. (1959) *The Literary Works*, org. H.B. Wright e M.K. Spears, 2 vols., Oxford.
Quartier, P. (1681) *Constantin ou le triomphe de la religion.*
Quinault, P. (1739) *Théâtre*, 5 vols.
Quiqueran de Beaujeu, H. de (1715) *Oraison funèbre de Louis XIV.*
Racine J. (1951-2) *Oeuvres complètes*, org. R. Picard, 2 vols.
Rainssant, P. (1687) *Eplication des tableaux de la galerie de Versailles.*
Rance A.-J. (1886) *L'Académie d'Artes au 17e siècle,* 3 vols.
Ranum, O. (1980) *Artisans of Glory,* Chapel Hill, NC.
Rapin, R. (1677) *Instructions pour l'histoire.*
Raunié, E. (org.) (1879) *Chansonnier historique du 18e siècle,* 10 vols.
Rave, P.O. (1957) *Das Ladenschild des Kunsthändlers,* Gersaint, Stuttgart.
Récit (1685) *de ce qu'est fait à Caen,* Caen.
Reinach, S. (1905) *Cultes, mythes e religions.*
Relation (1660) *was für Ceremonien Magnificentz... bey Vollziehung des königl. Heyraths zwischen Lodovico XIV... und Maria Teresia* (sem local de publicação).
Relations (1687) *de l'erection de la statue à Poitiers,* Poitiers.
Roche, D. (1978) *Le siècle des lumières en province,* Paris, Haia.
Römer, P. (1967) *Molières Amphitryon und sein gesellschaftlicher Hintergrund,* Bonn.
Roosen, W. (1980) "Early modern diplomatic ceremonial: a systems approach", *Journal of Modern History* 52, p.452-76.
Rosasco, B. (1989) "Masquerade and enigma at the court of Louis XIV", *Art Journal* 48, p.144-9.
Rosenfield, L.C. (1974) "Glory and antiglory in France's age of glory", *Renaissance Studies in Honor of I. Silver,* Lexington, MA, p.283-307.
Rothkrug, L. (1965) *The Opposition to Louis XIV,* Princeton, NJ.
Rothschild, J. de (org.) (1881) *Lettres en vers,* 2 vols.

Rotrou, J. (1950) *Cosroès,* org, J. Scherer, Paris.
Rousset, C. (1865) *Histoire de Louvois*, 2 vols.
Roy, A. (1983) "Pouvoir municipal et prestige monarchique: les entrées royales", in *Pouvoir, ville el société,* org. G. Livet e B. Vogler, p.317-22.
Sabatier, G. (1984) "Le roi immobile", *Silex* 27-8, 86-101.
________. (1985) "Versailles, un imaginaire politique", *Culture et idéologie dans la genèse de l'état moderne,* Roma, p.295-324.
________. (1988) "Le parti figuratif dans les appartements, l'escalier et la galerie de Versailles", *17e siècle* 161, p.401-26.
Sagnac, P. (1945) *Formation de la société française moderne,* 2 vols.
Sahlins, J.M. (1985) *Islands of History,* Chicago.
Saint-Maurice, T. F. de (1910) *Lettres sur la cour de Louis XIV 1667-73*, org. J. Lemoine, 2 vols.
Saint-Simon, L. de (1983-8) *Mémoires,* org. Y. Coirault, 8 vols.
Schama, S. (1988) "The domestication of majesty: royal family portraiture 1500-1850" in *Art and History,* org. R.I. Rotberg e T.K. Rabb, Cambridge, p.155-83.
Schieder, W. e C. Dipper (1984) "Propaganda", *Geschichtliche Grundbegriffe,* Stuttgart, 5, p.69-112.
Schmidt, P. (1907) "Deutsche Publizistik in den Jahren 1667-71", *Mitteilungen des Instituts für Österreichische Geschichts-forschung* 28, p.577-630.
Schnapper, A. (1967) *Tableaux pour le Trianon de marbre, 1688-1714.*
________. (1988) "The king of France as collector in the seventeenth century", in *Art and History,* org. R.I. Rotberg e T.K. Rabb, Cambridge, p.185-202.
Schochet G. (1975) *Patriarchalism in Political Thought,* Oxford
Schramm, P. (1939) *Der König von Frankreich,* 2 vols., Weimar.
Schramm, W. (1963) "Communications research in the United States" in *The Science of Human Communication,* org. Schramm, Nova York, p.1-15.
Schwartzenberg, A. (1977) *L'État-spectacle.*
Shwoerer, L.G. (1977) "Propaganda in the revolution of 1688-9", *American Historical Review* 82, p.843-74.
Scudéry, M. de (1654-61) *Clélie.*
________. de (1669) *La promenade de Versailles*, rpr. 1920.
________. de (1671) *Discours de la gloire.*
Sedlmayr, H. (1954) "Allegorie und Architektur", rpr. in *Politische Architektur in Europa,* org. W. Warnke, Colônia, 1984, p.157-74.
Seux, M.-J. (1967) *Epithètes royales akkadiennes et sumériennes.*
Shils, E. (1975) *Center and Periphery,* Chicago.
Silin, C.I. (1940) *Bensarade and his Ballet de Cour,* Baltimore, MD.
Simson, O. von (1936) *Zur Genealogie der weltliche Apotheose in Barock,* Leipzig.
Sohier, J. (1706) *Gallerie... dédiée à la gloire de Louis-le-Grand,* ms., B.N., fonds français 6997.
Solomon, H. (1972) *Public Welfare, Science and Propaganda in Seventeenth-Century France.* Princeton, NJ.
Sonnino, P. (1964) "The dating and authorship of Louis XIV's memoirs". *French Historical Studies* 3, p.303-37.

Sonnino, P. (1973-4) "Louis XIV's *Mémoire pour l'histoire de la guerre de Hollande*", *French Historical Studies* 8, p.29-50.
Soriano, M. (1968) *Les contes de Perrault,* 2ª ed. 1977.
________. (1972) *Le dossier Perrault.*
Souchal, F. (1983) "Des statues équestres sous le règne de Louis XIV", in *Pouvoir ville et société,* ed. G. Livet and B. Vogler, p.309-16.
Southorn, J. (1988) *Power and Display.* Cambridge.
Spanheim, E. (1900) *Relation de la cour de France,* org. E. Bourgeois.
Speck, W.A. (1972) "Political propaganda in Augustan England", *Transactions of the Royal Historical Society* 22, p.17-32.
Spitzer, L. (1931) "St-Simon's portrait of Louis XIV", trad. inglesa em seus *Essays on Seventeenth-Century French Literature,* org. D. Bellos, Cambridge, 1983, cap.2.
Ssymank, P. (1898) *Ludwig XIV in seinen eigenen Schriften und im Spiegel der zeitverwandten Dichtung,* Leipzig, Diss.
Stankiewicz, W.J. (1960) *Politics and Religion in Seventeenth-Century France,* Berkeley, CA.
Stern, J.P. (1975) *Hitler: the Führer and the People,* Londres.
Stopfel, W.E. (1964) *Triumphbogen in der Architektur des Barock in Frankreich und Deutschland,* Freiburg, Diss.
Storer, M.E. (1935) "Information furnished by the *Mercure Galant* on the French Provincial Academies in the Seventeenth-Century", *Publications of the Modern Language Society of America* 50, p.444-68.
Strong, R. (1984) *Art and Power,* Woodbridge.
Swift, J. (1983) *Complete Poems,* org. P. Rogers, New Haven, CT e Londres.
Syme R. (1939) *The Roman Revolution,* Oxford.
Tambiah, S. J. (1985) "A reformulation of Geertz conception of the theatre state", em seu *Culture, Thought and Social Action,* Cambridge, MA, p.316-38.
Tamse, C.A. (1975) "The political myth" in J.S. Bromley e E.H. Kossman, *Some Political Mythogies,* Haia, p.1-18.
Taton, R. (1985) "Espoirs et incertitudes de la science française", in Duchene, p.9-17.
Taylor, L.R. (1931) *The Divinity of the Roman Emperor,* Middletown, CT.
Teyssèdre, B. (1957) *Roger de Piles et les débats sur les coloris au siècle de Louis XIV.*
________. (1967) *L'Art au siècle de Louis XIV.*
Thireau, J.-L. (1973) *Les idées politiques de Louis XIV.*
Thomas, K.V. (1971) *Religion and the Decline of Magic,* Londres.
Thompson, J. (1987) "Language and ideology", *The Sociological Review* 35, p.516-36.
Thuau, E. (1966) *Raison d'état et pensée politique à l'époque de Richelieu.*
Thuillier, J. (1963) *Exposition Lebrun,* catálogo e introdução.
________. (1967) "The birth of the Beaux-Arts", in *The Academy,* org. T.B. Hess e J. Ashbery, Nova York, p.29-37.
________. (1983) "Félibien", *17e siècle* 138, p.67-90.
Tovar de Teresa, G. (1988) *Bibliografia novohispana de arte* 2; Cidade do Mexico.
Treitinger, O. (1938) *Die Oströmische, Kaiser und Reichstdee,* rpr. Darmstadt, 1956.
Trilling, L. (1972) *Sincerity and Authenticity,* Londres.
Tronçon, J. (1662) *L'Entrée triomphante de leurs majestés dans la ville de Paris,* rpr. Möseneder (1983), p.259-322.

Trout, A.P. (1967-8) "The proclamation of the peace of Nijmegen", *French Historical Studies* 5, p.477-81.
Truchet, J. (1960) *La prédication de Bossuet,* 2 vols.
Tumarkin, N. (1983) *Lenin Lives! The Lenin Cult in Soviet Russia,* Cambridge, MA.
Tyvaert, M. (1974) "L'image du Roi", *Revue d'histoire moderne et contemporaine* 21, p.521-47.
Valdor, J. (1649) *Les triomphes de Louis le Juste.*
Vattel, E. de (1758) *Le droit des gens,* rpr. Washington, 1916.
Verlet, P. (1985) *Le Château de Versailles.*
Verney, F.P. e M.M. Verney (orgs.) (1904) *Memoirs of the Verney Family,* Londres.
Vert, C. de (1706-13) *Explication simple, littérale et historique des cérémonies de l'Eglise,* 4 vols.
Vertron, C.-G. de (1686) *Le nouveau panthéon.*
Veyne, P. (1988) "Conduct without belief and works of art without viewers", *Diogenes* 143, p.1-22.
Viala, A. (1985) *Naissance de l'écrivain: sociologie de la littérature à l'âge classique.*
Viguerie, J. de (1985) "Les serments du sacre des rois de France", *Le sacre,* p.205-16.
Vincent, M. (1979) "Le *Mercure Galant* et son public féminin", *Romanische Zeitschrift für Literaturgeschichte* 3, p.76-85.
Visconti, P. (1988) *Mémoires sur la cour de Louis XIV, 1673-81,* org. J.-F. Solnon.
Vocelka, K. (1981) *Die politische Propaganda Kaiser Rudolfs II,* Viena.
Voss, J. (1972) *Das Mittelalter im historischen Denken Frankreichs,* Munique.
Vries, P. de (1947) *Het beeld van Lodewijk XIV in de Franse geschiedschrijving,* Amsterdam.
Walton, G. (1986) *Louis XIV's Versailles,* Nova York.
Warmington, B.H. (1974) "Aspects of Constantinian Propaganda", *Transactions of the American Philological Association* 104, p.371-84.
Weber, G. (1985) *Brunnen und Wasserkünste in Frankreich im Zeitalter von Louis XIV,* Worms.
Whitman, N. (1969) "Myth and politics, Versailles and the Fountain of Latona", in J. Rule (org.) *Louis XIV and the Craft of Kingship,* Ohio, p.286-301.
Wittkower, R. (1961) "Vicissitudes of a dynastic monument", rpr. em seu *Studies in the Italian Baroque,* Londres, 1975, p.83-102.
Wolf, J. (1968) *Louis XIV,* 2ª ed., Londres, 1970.
Woodbridge, B.M. (1925) *Gatien de Courtilz,* Baltimore.
Zanker, P. (1987) *The Power of Images in the Age of Augustus,* trad. inglesa, Ann Arbor, 1988.
Zobermann, P. (1985) "Généalogie d'une image", *17e siècle* 37, p.79-91.
Zwiedineck-Südenhorst, H. von (1888) *Die öffentliche Meinung in Deutschland im Zeitalter Ludwigs XIV,* Stuttgart.

Índice remissivo

Nota: Os números das figuras estão em itálico.

ESTA OBRA FOI COMPOSTA POR FLAVIA ROCHA CALANDRINI EM
ADOBE GARAMOND PRO E IMPRESSA EM PROCESSO SOB DEMANDA PELA UM LIVRO
SOBRE PAPEL OFFSET PARA A EDITORA SCHWARCZ A PARTIR DE 2025

FSC
www.fsc.org
MISTO
Apoiando o manejo florestal responsável
FSC® C128038

A marca FSC® é a garantia de que a madeira utilizada na fabricação do papel deste livro provém de florestas que foram gerenciadas de maneira ambientalmente correta, socialmente justa e economicamente viável, além de outras fontes de origem controlada.